100세 시대 인생공부 다시 할래요

| 김현기 지음 |

프롤로그 | 내가 알고 있는
　　　　　　모든 것을 의심하라!

　이 책의 70%는 다시 한 인생공부의 내용을 담았다. 30%는 지난 삶의 반성문이다. 인생의 공부와 반성은 내가 알고 있는 모든 것을 의심하는 것에서 시작해야 한다. 언제 의심하게 되는가? 누구나 인생의 의구심이 드는 나이가 49세다. 이보다 빠르면 더 좋다. 늦으면 곤란하다. 의구심이 들면 어떻게 해야 하는가? 공부해야 한다. 공부는 어디서부터 시작해야 할까?

　사람들은 무슨 일이든 합리적 이성적 논리적 체계적으로 진행되길 원하는 것 같다. 나 자신도 항상 그렇게 생각해 왔다. 그러나 어떤 경우에도 계획된 방향으로 진행되지 못했다. 때론 무 대포와 닥치는 대로가 정답일 수 있다. 인생에서 공부도 이와 같다. 정도와 진도에 맞춘 공부는 어디에도 마련되어 있지 않다. 공부해야 할 범위도 가늠할 수 없다. 무 대포와 닥치는 대로 진행 하다 보면 비록 얼개는 엉성할지 몰라도 어느 순간 제 위치를 찾아 들어 간 모습을 보게 된다. 그리고 좀 더 촘촘히 채워 나가면 된다. 범위도 조금씩 확장해 나가면 된다. 그렇다고 내가 그 경지에 도달한 것은 아니다. 여전히 무대포와 닥치는 대로를 즐기고 있다. 무대포와 닥치는 대로는 무엇을 시도하고 현장을 찾아가고 누군가를 만나는 과정이 필수다. 그러니 자리에 앉아 배움을 추구하지 않고 밖으로 다녀야 한다.

100세 시대라고 한다. 계속해서 생기는 호기심과 하고 싶은 질문은 어떻게 해야 하나? 나는 나로 살고 있는가? 막상 오래 산다고 하니 49세 이후 새로운 오십 년은 진짜 나답게 살고 싶다. 그런데 나답게는 무엇인가? 사랑하며 사랑 받으며 살고 싶다. 100세 시대의 사랑이란 무엇인가? 결혼이란 무엇인가? 행복하게 살고 싶다. 행복한 삶이란 무엇인가? 나도 언젠가 반드시 죽는다. 죽음이란 무엇인가? 죽음을 예비할수록 현재에 충실 한다고 한다. 그럼 죽음을 예비하는 방법은 무엇이 있는가? 우리에게 책이란? 책은 100세 시대를 공부하는데 혜안을 제공할 것인가? 그런 책은 무엇이 있을까? 독서와 글쓰기는 반드시 필요한 걸까? 인생에서 단 하나 추천하고 싶은 습관이 있다. 그것은 일기쓰기다. 일기만 썼을 뿐인데 삶이 변했다. 일기는 어떤 역할을 한 것일까? 100세로 길어진 인생, 궁금한 게 너무 많다. 하고 싶은 일이 너무 많다. 가 보고 싶은 곳이 너무 많다. 읽고 싶은 책이 너무 많다. 배우는 장소에 모두 참여하고 싶다. 기록해 두고 싶은 일이 넘친다. '노년 노후 은퇴, 그리고 인생을 공부하면 무엇이 달라지나요? 공부를 하면서 느낀 점을 얘기해 주세요'란 질문을 받는다. 우리는 모르거나 가보지 않은 낯선 환경을 두려워한다. 알고 나면 오히려 담담해 지고 너무 두려워한 자신이 미울 때가 있다. 내가 꼭 그렇다. 공부와 배움은 노년 노후 은퇴에 대한 철저한 대비를 알려주기도 한다. 반면 꼭 그러한 준비가 되어 있지 않아도 알게 된 내용을 바탕으로 내가 살아 갈 길을 찾게 해 준다. 알게 된 만큼 자유로워지고 편안해 진다.

『100세 시대 인생공부 다시 할래요』는 위 내용을 담으려 노력하였다. 특히 6장 천 권의 서재, 백 권의 독서노트! 100세 시대를 독(讀)하다는 100세 인생을 관통하는 10개의 주제를 정하고 각 주제 별 열 권의 책을 선정하여 독서 노트한 내용을 안내하고 있다. 보는 방법으로 블로그와 QR 코드를 소개하고 있으니 각별한 관심을 요청한다.

어떤 책도 출판의 과정은 쉽지 않다. 여전히 짧은 재주를 탓하며 오래도록 끌어왔기에 과연 출판할 수 있을까 하는 의문이 늘 따라다녔다. 과감한 결단이 필요하고 실천해야 했다. 그 과정에서 든 생각이다. 세상에는 여행기와 현장 방문기 등 체험과 경험을 바탕으로 쓴 많은 책들이 있다. 그렇다면 100세 시대를 배우며 듣고, 보고, 느낀 점들과 만난 사람들, 읽은 책들, 나의 소중한 경험에 대해 쓴 배움기도 있어야 마땅하다. 지금 하지 않으면 나중에 후회 할 것이 뻔한 일을 하지 않음은 인생에 대한 방기다. 채찍과 편달은 받으면 그 뿐이다. 그러면 출판해야 한다는 생각이 들었다.

몇 번의 출판에서 저자의 글이 출판사와 편집자의 손을 거쳐 매우 정교하게 다듬어지는 과정을 지켜보았다. 저자에게 매우 필요한 과정이나 때로 문장이 수정되고, 사라지는 아픔을 맛 보았다. 이번에는 이런 과정을 겪지 않으려 헤아릴 수 없을 정도의 자체 편집과정을 진행했다. 여기에 가족의 도움이 컸다. 특히 두 딸 정은이와 채은이는 몇 번의 재독을 거쳐 단락과 문장을 다듬어 주었다. 그 고마움을 여기에 표현해 둔다. 저자는 자신의 책 디자인을 가장 고민한다. 디자인 회사 레몬 애드의 황병길 님과 노애란 님은 나의 고민을 말끔히 해소 해 주었을 뿐만 아니라 섬세함과 노련한 감각으로 책의 품격을 높여 주었다. 지극한 정성으로 최선을 다해 준 고마움을 여기에 새겨 영원히 간직하려 한다. 이 자리를 빌어 '신한 Neo50 연구소'를 만들어 노년 노후 은퇴와 연금 등의 연구와 강연활동, 저술및 기고를 할 수 있도록 배려해 준 신한금융투자에 감사의 마음을 전하려 한다. 연구소의 일들은 수익과 연결되는 결과물을 따지지 않는 환경 조성이 매우 중요하다. 여건을 마련하여 마음껏 연구할 수 있게 해준 고마움을 적시해 둔다.

연구소에서 김현기

차 례

프롤로그

내가 알고 있는 모든 것을 의심하라! ... 002

PART 1
100세 시대를 배우는 방법

01 내가 알고 있는 모든 것을 의심하라 ... 012
02 우리는 습관과 태도로 배우지 못했다 ... 016
03 나에게 필요한 공부를 하는데 내 돈을 사용해 본 적이 없다 ... 022
04 세.심.포.아 참여로 인생공부를 시작하자 ... 030
　|사례-1| 세.심.포.아 참여로 배우는 인생공부 ... 032
　|사례-2| 한 학기에 하나씩 아카데미에 참여하자 ... 039
　|사례-3| 한국사람 민요교실로 한풀이를 했다 ... 044
05 스스로 선택하여 살아야 내 인생이다 ... 050
06 지금 만나는 사람이 당신을 표현한다는 말은 사실이다 ... 058
07 자격 조건과 활용가치가 필요하다 ... 064

PART 2
호기심 하나면 100세 인생이 즐겁다

- 01 누구나 호기심과 질문하는 능력을 갖고 태어났다 074
- 02 질문의 크기가 내 삶의 크기를 결정한다 080
- 03 영원히 죽지 않을 듯 살다가 살아 보지도 못한 것처럼 죽어간다 086
  - |김현기의 생각 정리| 행복을 이야기하자! 090
- 04 호기심 하나면 평생을 버틸 수 있다 092
- 05 자로 잰 듯 살지 않아도 괜찮아 098
- 06 달콤한 우리 집은 거짓말이다 102
- 07 100살은 몰라도 90살 이상 사는 건 사실이다 108

PART 3
49세! 새로운 50년은 나를 중심으로

- 01 49세! 새로운 50년은 나를 중심으로 116
  - |김현기의 생각 정리| 은퇴 준비 10원칙 124
- 02 100세 인생! 1361일이 좌우한다 126
- 03 딸! 아빠는 이 결혼 반대다 132
- 04 아버지가 맘에 드는 분 손들어 보세요? 138
- 05 100살까지 살면 열 번의 로맨스를 할 수 있다 144
  - |김현기의 생각 정리| 점점 더 행복해지는 방법 149
- 06 아름다운 인생을 만끽, 짜릿, 실컷, 딴짓하며 살자! 150
  - |김현기의 생각 정리| 거꾸로 생각하면 보이는 여유 있는 삶! 156
- 07 100세 인생은 내신성적을 잘 관리해야 한다 158
- 08 뿌리가 튼튼하면 언제든지 다시 일어설 수 있다 166
- 09 오빠! 외로움을 해결해 드릴게요 174

PART 4
살아 100년! 죽어 천년! 죽음도 배운다

01	죽음은 펼쳐보지 않은 책과 같다	184
02	나이가 드는 것은 투쟁이 아니다. 대학살이다	192
03	잘 죽는다는 것은 잘 산다는 것과 같은 말이다	200
04	부음을 받는 날은 내가 죽어 보는 날이다	206
05	북망산천이 멀다더니 내 집 앞이 북망일세!	214
06	죽음을 탁상 위에 놓고 공론에 붙여라	220
07	죽는 것은 두렵지 않으나 치매 걸려 죽을까 두렵다	228
08	나는 못 했으나 독자 여러분은 반드시 실천하세요	234
09	나는 존엄과 가치를 유지하면서 죽고 싶다	242

PART 5
일기쓰기는 '자신의 인생을 발견'하는 것!

01	일기는 1년에 책 한 권 쓰는 것과 같다	250
02	Every Day 기적記積 - 치열했던 그때부터 일기를 썼더라면	256
03	Every Day 기적記積 - 누가 보든 안 보든 스스로 잘한다	262
04	Every Day 기적記積 - 군대! 만남은 끝나도 긍정적 영향은 영원하다	268
05	Every Day 기적記積 - 군대는 역사상 최대 규모의 습관 형성 실험실이다	272
06	Every Day 기적記積 - 꽃은 반드시 핀다. 다만 피는 시기가 다르다	278
	|김현기의 생각 정리| 기록과 일기의 좋은 점	282
	|김현기의 생각 정리| 기록과 일기 쓰는 방법	284
07	일기장은 책을 만드는 훌륭한 원고다	288
08	김 소장! 출판해 주세요	294
09	일기 쓰기는 '자신의 인생을 발견'하는 것!	300

PART 6
천권의 서재, 백권의 독서노트! 100세 시대를 독(讀)하다

01 독서가 무조건 좋기만 할 것인가?   308
    |김현기의 생각 정리| 지속적인 독서가 왜 좋은 걸까요   316
02 책을 읽습니다. 재미있게, 닥치는 대로, 밑줄을 긋고   318
03 천 권의 서재! 백 권의 독서노트! 100세 시대를 독(讀)하다   324
    3-1. 독서노트 100선 소개 및 당부사항   330
    3-2. 독서노트 100선 책 사진   331
    3-3. 독서노트 100선 목록   332
    3-4. 독서노트 100선 구성도   336
    3-5. (예시) 독서노트 미리보기 - 『어른들의 사춘기』   337
    3-6. (예시) 독서노트 - 『어른들의 사춘기』   338
    3-7. 독서노트 블로그로 보는 방법   341

에필로그

참고문헌, 자료 및 참관

많은 사람이 당연하다고 여길 때 왜 그것이 당연한지
의심하고 질문할 줄 아는 사람들이 과학의 시대를 열었다.
정답을 의심하라. 의심하지 않으면 질문할 수 없다. 과학도,
정의도, 정치도, 신도, 심지어 나의 존재조차도 의심하라.

이진우 교수 책 『의심의 철학』 중에서

PART 1

100세 시대를 배우는 방법

01
내가 알고 있는 모든 것을 의심하라

트러스톤 연금포럼은 2015년 8월 7일 금융투자교육원에서 일본 FPG 투자고문의 시모무라 미츠오 사장을 강연자로 한 연금교육 세미나를 개최했다. 주제는 '일본의 20년 장기불황 경험에서 배우는 초 저금리 시대 가계자산 운용 방법'이었다. 투자 전문가인 시모무라 사장은 이 세미나에서 두 가지를 강조했다. 첫째, 단순한 삶을 살아라. 둘째, 해외 투자를 고려하라. 그는 해외 투자의 경우 환율도 중요하다면서 환율 유지를 위해 노력하는 '착한 나라'에 투자하라고 말했다. 투자로 수익을 내더라도 환율 때문에 손해를 입는 경우가 많으며, 최악의 경우 투자와 환율 모두 손해를 볼 수 있기 때문이다. 그러나 착한 나라가 항상 착하지만은 않다는데 문제가 있다. 국민들이 흔히 그대로 믿는 정부도 사실은 언제 무슨 일이 일어날지 모르는 하나의 유기체와 같은 존재이기 때문이다. 그렇기에 그는 *"정부를 무조건 믿어서는 안 된다."* 는 말을 덧붙였다. 환경이 어려워지면 궁극적으로 정부를 믿었던 국민이 피해를 본다는 것이 그 이유다. 다시 말해 투자하는 사람은 정부가 하는 일과 말에 대해 합리적으로 의심하고, 변화의 가능성을 열어둔 채로 투자해야 한다는 것이다.

2015년 11월 27일 금융투자교육원에서 거창고등학교 교장 직을 역임했던 전성은 선생님은 '100세 시대의 자녀 교육 어떻게 바꿔야 할까'를 주제로 강연했다. 주요 내용은 '모든 문제 있는 아이의 부모는 문제가 있다. 문제 있는 부모의 아이는 방황한다. 방황하지 않으면 그게 더 이상하다', '사랑 한번 제대로 하고 가는 것이 인격이다', '부부간의 사랑은 점점 성숙되어야 한다', '사랑을 성숙하게 하는 것이 부모의 역할을 다하는 것이다' 등이었다. 전성은 선생님의 세미나는 2017년 1월 17일 영등포 50+센터에서도 계속되었다.

이날은 '부모의 미래, 자녀의 미래'를 주제로, '교육해야 할 한가지는 독립적인 인간이다', '독립적 인간의 3대 요소는 경제적 독립, 생각의 독립, 사랑의 독립이다', '부모가 자녀에게 보여 주어야 하는 것은 서로 노력하는 모습과 서로 성숙되어 가는 모습이다' 등을 강조하셨다. 나는 전성은 선생님의 세미나마다 많은 질문을 했다. 그 중 핵심 질문은 '학교에서 인성과 인격 교육을 기대해도 되는가?'였다. 이에 대해 전성은 선생님은 명확한 결론을 내려 주셨다. '학교를 믿지 말라'는 것이었다. 역사적으로 학교는 국가가 필요로 하는 행정 관료와 국방에 필요한 장교 등을 육성하기 위한 만들어진 장소로 학교의 교육은 이에 맞는 교육내용으로 진행한다. 따라서 학교 교육에서 기대하고 있는 인성과 인격, 사랑 등은 가정교육으로 이루어져야 한다는 말씀이셨다.

50+ 중부캠퍼스에서 진행된 2017년 4월 14일 시민학교 프로그램 중

'비판적 언론 읽기' 세미나에선 언론 협동조합 프레시안의 박인규 이사장이 강연하는 모습을 볼 수 있었다. 이날 박인규 이사장은 언론은 어느 정도까지 독립적일 수 있을까라는 질문을 던지면서, '언론의 위상은 현실적 권력관계의 반영이다', '신문을 보지 마라. 신문만 보는 머리에서 무엇이 나오겠느냐(시인 김수영)', '언론은 본질적으로 그 나라 사회체제의 산물이다. 정치경제적 세력들의 이익에 봉사하는 도구적 존재일 수밖에 없다'(미 언론학자 허버트 알철) 등의 내용을 말했다. 그리고 외국과 국내의 정치 경제 상황 변화에 맞춰 언론이 어떤 모습을 보여 주었는지를 설명해 주었다. 이에 나는 언론의 무엇을 믿어야 하는가에 대한 물음을 던졌고, 박인규 이사장은 한마디로 딱 잘라 말했다. '언론을 믿지 말라' 그는 이에 대해 '언론은 주로 불안과 공포를 판다', '바른 언론은 유료 독자층의 확보로 독립이 가능하다', '언론의 독립은 권력과 금권으로부터의 독립' 등으로 압축하여 설명했다.

우리는 주로 믿음이 있는 사회를 기본으로 여기며 살아간다. 그런데 우리 주변에서 그 분야의 전문가를 만나면 한결같이 그 분야를 너무 믿지 말라고 한다. 이게 사실이라면 우리는 너무 믿은 나머지 어려움에 봉착하는 것이라는 생각이 든다. 그럼 이를 우리는 어떻게 받아 들여야 할까?

철학자 이진우 교수는 공대생들을 위한 『의심의 철학』 책에서 '많은 사람이 당연하다고 여길 때 왜 그것이 당연한지 의심하고 질문할 줄 아는 사람들이 과학의 시대를 열었다'(프롤로그)고 하면서 유명한 철학자들 또한 다양한 것들을 의심하였다고 말했다. 이진우 교수는 철학도 이처럼 의심에서 시작하므로 '정답을 의심하라. 의심하지 않으면 질문할 수 없다. 과학도, 정의도, 정치도, 신도, 심지어 나의 존재조차도 의심하라'고 강조했다.

우리는 급변하는 시대, 정보의 홍수 속에서 빠르게 결론을 도출하는 것과 이미 내려진 정답에 대해 의심 없이 수용하는 것을 당연하게 여긴다. 그러나 우리가 배우고자 하는 공부는 교육敎育 즉, 가르치고 기르는 것을 단순히 받아들이는 것이 아니다. 배운 내용이 왜 그러한가, 다르게 볼 수는 없는가, 여기서 더 나아간 공부는 무엇인가 등으로 보아야 진정한 공부라 할 수 있다. 공부는 사실을 그냥 인정하는 것이 아니라 '합리적으로 의심'하는 것이다. 우리가 익히 믿음을 가지고 보는 모든 것은 그저 믿으면 안 된다. 그것은 사실인지, 내가 모르는 다른 부분이 있는지 의심해 보아야 한다. 그것이 공부다.

노년, 노후, 은퇴를 공부의 관점에서 들여다보자. 은퇴설계, 노후 설계와 관련된 각종 교육의 내용을 그대로 받아들여도 될까? 합리적으로 의심해야 한다면 그것은 무엇일까? 그 질문은 아래와 같다.

1. 전반기 삶에서 배운 것들로 후반기를 살아 낼 수 있는가?
2. 건강, 가족, 자산, 일, 친구 등을 준비하면 노후 준비는 충분한가?
3. 종합 은퇴설계 교육 한 번으로 노후 설계가 완성될 수 있는가?
4. 강사들은 넓고 깊이 있게 연구한 것인가? 강사 본인의 노후 준비는 어떻게 하고 있는가?
5. 받은 교육 내용을 정답으로 생각하고 그 틀에 나의 후반 인생설계를 해도 되는가?
6. 나만의 은퇴 설계 방법이 따로 존재할 수 있지 않을까?

영국의 철학자 버트런드 러셀은 "인간 만사는 오랫동안 당연시해왔던 문제들에도 때때로 물음표를 달아볼 필요가 있다. 의심은 결코 나쁜 것이 아니라 내가 아는 것조차 스스로 의심하는 사람이 오히려 상상력이 있고 이해도를 갖추었다."라고 말했다. 우리는 의심까지는 아니더라도 물음표를 생활화하는 인생을 살 필요가 있다.

02
우리는 습관과 태도로 배우지 못했다

한국에서 하면 안 되는 얘기가 세 가지 있다. 돈(Money), 성(Sex, 사랑을 포함), 죽음(Dying)이 그것이다. 그런데 이 세 가지는 나이가 들어갈수록 더 중요하게 부각된다. 그럼 과연 이 세 가지를 학교에서 제대로 배웠는가?

먼저 돈 얘기를 해 보자. 나이 들어 돈이 본성을 드러낼 때는 이미 늦었다. 우리는 살아가면서 돈에 대해 너무 모르고 그 중요성을 간과한다. 탈무드에 **"사람을 상처 입히는 세 가지가 있다. 번민, 말다툼, 텅 빈 지갑이다. 이 중에서 텅 빈 지갑이 가장 큰 상처를 입힌다."** 는 말이 있을 정도로 돈은 중요하다. 돈에 대한 애착이 이 세상 불행의 절반을 만들어내고, 돈의 부족이 그 나머지 반을 만들어낸다고 말하기도 한다. 100세까지 살아가는 우리 세대는 누구도 돈에 대한 고민을 비켜 갈 수 없다. 그만큼 돈에 대해 알아야 할 것이 많고 따라서 돈 교육은 꼭 필요하다. 만일 내가 학교 선생님으로 교단에 서서 돈에 대해 이렇게 말을 했다고 가정해 보자.

"돈은 사람의 피이며 영혼이다. 따라서 돈이 없는 사람은 살아 있는 사람 사이를 돌아다니는 죽은 사람이다. 이 말은 17세기에 시피옹 드 그라몽이라는 사람이 한 말이다. 돈이란 서로 주고받을 땐 세종대왕과 신사임당께서 환하게 웃으시지만, 만일 빚이 많아 돈을 너무 갈망하면 돈이 천장에서 떨어지는 꿈을 꾸는데, 떨어지는 돈의 모양이 칼날처럼 보인다. 선생님은 세상을 살아 보니 기회가 있으면 위기도 있었다. 장담하건대 여러분은 열 번의 기회가 있으면 열 번의 위기가 있다. 그런데 어떤 사람은 위기 때마다 뻥 터져 버린 웅덩이 안에 있어 힘들어한다. 어떤 사람은 위기 때마다 기회로 활용하여 큰 부자가 되기도 한다. 그러니 여러분은 위기에 빠지지 말고 기회로 활용하기 바란다. 여러분이 백 살 이상 살면 부모님에 비해 2~3배 더 많은 돈이 필요하다. 그러려면 자산관리의 핵심인 돈을 잘 알아야 한다. 그러니 지금 공부도 중요하지만, 돈에 대해서도 미리 공부해야 한다."

이 말을 들으면 학생들은 부모님께 이렇게 말할 수도 있다. "엄마, 오늘 선생님이 돈은 사람의 피고 영혼이라고 하셨어." 그러면 이 내용을 교육청에 얘기하는 부모가 있을지도 모른다. 하라는 공부는 안 시키고 엉뚱한 얘기를 한다고 말이다. 교육청에서 조사가 나오면 얘기를 한 것은 사실이니 안 했다고 할 수 없고, 왜 이러한 말을 했냐고 물으면 설명이 쉽지 않다. 선생님이 할 수 있는 말은 "황금 보기를 돌같이 해야 한다. 돈은 사람을 치사하게 만들고, 성격을 버리게 한다. 학생은 공부를 열심히 하고 돈은 사회로 진출해서 고민하기 바란다. 지금은 열심히 공부만 하면 된다."

이렇게 가르쳐야 한다. 선생님들 대상의 강의장에서 물어본다. "*학생들에게 돈에 대해서 가르쳐 주고 계시나요?*" 그러면 다양한 말씀을 하신다. 가르쳐 주기도 하지만 대부분 쉽지 않다고 한다. 우리는 누구도 학교에서 돈에 대해 배우지 않았다. 자산관리 설명회에서 이 얘기를 하면서 학교에서 돈에 대해 배운 분이 있는지 꼭 물어본다. 어느 회사에서 이 순간 아주머니 한 분이 갑자기 벌떡 일어나 살짝 떨리는 큰 소리로 "*맞아요. 학교에 가서 따져야 해요.*"라고 하셔서 당황한 적이 있다. 학교에서 돈에 대해 미리 그 실체를 교육해 주었으면 돈 관리를 더 잘 했을 텐데 하는 원망이 섞여 있다.

두 번째, 성(Sex, 사랑을 포함하는 개념)적인 얘기를 해 보자. '100세 시대! 행복한 노후를 리딩하라' 강의 말미에 질의응답 시간을 가진다. 이때 받은 질문에는 이런 내용도 있다. "*살아보니 성적性的인 것, 즉 섹스가 중요한데, 이것을 가르쳐 주는 곳이 왜 없을까요?*" 말문이 막혔다. 어떻게 설명해야 하는가? 우리가 궁금해하고, 호기심이 넘치는 무엇은 이해하여야 직성이 풀린다. 성性적 내용은 반드시 터부시해야만 하는가? 알고 나면 해롭기만 할까? 각자 알아서 해야만 하는 걸까? 성적인 얘기는 오히려 꽁꽁 숨겨 두고 있으면 문제를 일으킨다. 공개적으로 할 수 없으면 관심 있는 사람들을 대상으로 열린 강좌가 필요하다. 실제 그런 강의가 진행되고 있다. 관건은 찾아 다닐 수 있어야 한다. 불러 앉혀 강의하지 않기 때문이다. 다만 문제는 학교에서 강의하기에 적합하지 않기에, 당연히 관련 내용을 배울 수는 없었다.

세 번째, 죽음은 어떻게 교육받았을까? 한국에서 죽음에 대한 보편적 인식을 기술해 본다. 죽음은 어린 학생들에게 너무 멀리 있는 일이어서 얘기하지 않는 편이 낫다. 어려운 얘기를 지금 해서 무슨 분란이 일어날지 모른다. 죽음은 꽁꽁 싸매어 절대 열어 보지 않는 방법으로 저 멀리 두어야 한다. 가정에서 자연스러운 배움이 있을 뿐 학교에서 할 수 있는 교육이 아니다. 이러한 인식의 저변으로 우리는 누구에게나 닥치는 죽음을 예비하도록 교육받은 적이 없다.

이 밖에 우리가 학교에서 받지 못한 교육은 너무도 많다. 우선 인정하고 가자. 세상을 살아가는 많은 부분을 우리는 학교에서 다 배우지 못한다. 다시 말해, 학교에서 배우지 못한 그 밖의 내용은 가정에서, 사회에서 배워야 한다. 배움은 학교에서 그치는 것이 아니라, 죽을 때까지 계속되어야 한다. 에델 배리모어는 '우리는 자기 지평을 넓히기 위해 날마다 해마다 배우고 또 배워야 한다. 사랑하는 것이 많을수록, 관심 가는 것이 많을수록, 즐기는 것이 많을수록, 분개하는 일이 많을수록, 똑같은 일을 겪어도 더 많은 것을 남기게 된다'고 했다. 같은 세상을 살아도 스스로 끝없이 배우는 존재가 더 많은 지평을 넓혀 살고 간다. 충분히 알고 있어 더 나은 세상을 살 수 있었는데 그러지 못함은 순전히 배움을 멈추었기 때문이다. 학교는 배움의 시작일 뿐이다.

한가지 더, 사회는 내가 닮고자 하는 모델을 적극적으로 모방하고 따라 해야 한다. 사이토 히토리의 책 『철들지 않은 인생이 즐겁다』에 '장사가 안 돼서 파리만 날리는 라면 가게가 있는데, 이 집 주인이 라면을 잘 팔려면 요새 가장 잘 나가는 라면 가게에 가서 먹어 보고 자기 가게의 라면 맛을 바꾸면 된다. 그런데 그런 노력을 전혀 하지 않는다. 이 집은 라면이 인기가 없는 것이 아니라 더 맛있는 라면을 만들려 하지 않는 주인이 인기가 없다는 뜻이다'(44쪽)라는 이야기가 나온다. 우리는 다른 가게를 들여다보는 것을 마치 학창시절의 컨닝으로 생각하여 큰 부정이라도 저지른 것으로 받아들이는 것은 아닐까?

이뿐 만이 아니다. 사회는 학교와 달리 만점의 개념이 없다. 얼마나 많은 도전을 하고 그 도전에서 좌절과 실패를 딛고 일어서서 성공하느냐가 관건이 된다. 즉 좌절과 실패도 중요한 성공의 기초이고 도전의 횟수를 늘리는 것이 성공의 지름길이라고 가르친다. 이처럼 학교와 사회는 공부와 배움의 방법도 다르다. 자신만의 방법이 있을 뿐이다.

그럼 학교에서 배우지 못한 것들을 나열해 보자. 경제 금융 투자교육, 사랑과 성교육, 노년 노후 은퇴 교육, 100세 시대 교육, 안전교육, 민주시민교육, 예절 교육, 죽음 교육, 감정 다스리는 방법에 관한 교육, 부부관계 교육, 자녀지도 교육 등 열거한 내용의 속내를 들여다보면 모두 습관과 태도로 익혀야 한다. 즉, 수많은 훈련과 시간이 필요하다. 우리가 학교에서 배운 많은 공부는 습관과 태도로 익힐 여유가 없었다. 여유가 있다 하더라도 우선 당장의 입시에 매몰되어 우선순위에서 밀려 있게 마련이었다. 궁극적으로 예나 지금이나 습관과 태도로 익혀야 하는 많은 부분은 가정에서 이루어져야 한다는 결론이 나온다. 그러니 학교 교육에 모두 의존하지 않아야 한다. 학교 교육으로 다 배웠다고 하면 안 된다. 습관과 태도로 익혀야 하는 많은 내용들을 올바르게 익혔는지 살펴보고, 그렇지 않다면 새로이 배우고 익혀야 한다. 그것이 진정한 배움이다.

03
나에게 필요한 공부를 하는데 내 돈을 사용해 본 적이 없다

'경제협력개발기구(OECD)의 성인역량조사(PIAAC)에 따르면 한국 성인의 학습의지는 OECD 회원국 중 최하위권'. 2016년 7월 22일 동아일보에 실린 내용이다. 성인학습의지를 5점 만점으로 평가한 점수로 나타냈을 때, 핀란드는 4.0, 미국과 덴마크는 3.9, 캐나다 외 세 나라는 3.8점인 반면에 한국은 2.9점이었다. 기사에 의하면 핀란드는 가장 적은 일수를 학교에서 보내고, 숙제는 아예 없거나 길면 10분 정도에, 객관식 시험이 없다. 그럼에도 기본적으로 3개 언어를 한다. 또 학교는 행복을 찾는 곳이고, 자신을 행복하게 하는 방법을 발견하는 곳으로 생각한다고 했다. 한국의 경우 공부는 숙제와 시험 대비를 위한 방편으로 여긴다. 만일 숙제를 하지 않거나, 예상 점수보다 못 받은 시험 성적은 선생님에게 혼난다. 부모님의 눈총도 받아야 한다. 핀란드와 한국의 차이는 배우는 과정을 즐거움으로 받아 들이느냐와 하기 싫은 것을 억지로 하느냐의 차이이다.

김홍도의 서당 그림은 훈장님과 아홉 명의 학생이 앉아 있다. 그런데 한 아이가 훌쩍이며 우는 모습이다. 다른 친구들은 그 광경에 킥킥대며 웃는다. 훈장님의 왼쪽에 회초리가 놓여 있기도 하다. 18세기 그림에서 지금의 학교 모습이 겹쳐 보인다. 예나 지금이나 공부는 그리 달가운 일이 아니었음을 짐작할 수 있다. 우리는 공부를 억지로 해야만 하는 굴레로 여겼을 가능성이 크다. 오죽하면 학교를 졸업하는 날이 공부가 끝난 날로 인식하는 사람도 있다고 할까? 나이 들어 학교를 다시 찾음은 추억의 향수다. 그러나 교실에서 한 공부가 그립다고 말하는 친구는 많지 않다. 나이 들어 동창회에 선생님을 초대하면 가지 않겠다고 하는 친구들이 의외로 많다. 그만큼 학교의 공부 추억은 기억하고 싶지 않다. 그나마 학교 등 제도권은 교육, 학습, 공부가 혼재되어 일정부분 강제되지만 사회로 진출하고 나면 학습자 스스로 해야 하는 배움의 과정만 남는다. 노년 노후 은퇴를 배우기 위해 지긋지긋하고 기억하기 싫은 공부를 다시 해야 한다고 하면 사람들은 어떤 반응을 보일까?

김정운은 책 『에디토롤지』에서 "학교 school의 어원은 그리스어로 스콜레 scole 다. 스콜레는 '여가를 즐기는 것' '교양을 쌓는 것' 등을 뜻한다. 그러니까 공부한다는 것은 본래 '삶을 즐기기 위한 기술을 배우는 것'을 뜻한다. 실제로 가장 행복한 것은 공부하는 거다. 노후의 가장 훌륭한 대책도 뭔가를 배우는 거다. 그러나 근대 이전에는 국가와 신에게 봉사하기 위한 공부가 전부였고, 근대 이후에는 '남의 돈 따먹기'를 준비하는 것이 공부의 목적이 되어 버렸다."(95, 96쪽)라고 적었다.

홍익대학교 건축대학 유홍준 교수는 책 『어디서 살 것인가』에서 "닭을 평생 양계장에서 키워 놓고는 어느 날 갑자기 닭장에서 꺼내 독수리처럼 하늘을 날아 보라고 한다면 어떻겠는가? 양계장 같은 학교에서 12년 동안 커온 아이들에게 졸업한 다음에 창업하라고 요구하는 것은 닭으로 키우고 독수리처럼 날라고 하는 격이다."(26, 28쪽)고 했다. 2018년 11월 11일 조선 라이프 쇼에서 유 교수는 '고등학교를 졸업하는 날 학생들에게 두부를 주어야 한다'고 강변하기도 했다. 우리 학생들이 12년 동안 교도소에 있다 나온 것이란 표현이다. 이렇게 다닌 학교가 좋은 추억이 될 수 있을까? 공부가 하고 싶은 일이 될 수 있을까?

한국 사람들에게 자기 공부가 서툰 다른 특징들을 살펴본다.

첫째, 우리는 학교 가는 날이 정해져 있다. 그러니 학창시절 공부는 학교 가는 날만 하면 된다고 여겼을 가능성이 높다. 하기 싫은 공부를 하기 위해 학교 밖에서도 공부한다는 생각을 하지 않았다. 크게 보면 학창시절만 공부하면 된다고 생각했다. 어른들은 흔히 '공부는 다 때가 있다. 지금 공부하지 않으면 후회한다'고 하셨다. 아이들은 이 말을 공부하라는 강요로, 어른이 되면 공부하지 않아도 된다는 의미로 해석했다. '공부는 사실 세상을 향해 질문의 그물망을 던지는 것이다'는 고전평론가 고미숙의 책 『호모 쿵푸스』의 내용에 비추어 보면 우리 주변이 모두 공부의 대상이다. 공부는 평생에 걸쳐 때와 장소 그리고 대상을 가리지 않는다. 생활의 곁에서 늘 함께 해야 하는 것이 공부다. 비켜갈 수 없는 공부라면 즐거운 공부 방법이라도 알고 사회인이 되었어야 했는데 그러지 못했다.

둘째, 진학을 포함하여 숙제와 시험이 있어야 공부를 해왔다. 그러니

이 두 가지가 없으면 공부할 필요가 없다고 여겼다. 회사의 교육이나 연수과정은 의무와 필수로 정해진다. 일부 선택이 있으나 이마저도 이수해야 할 학점이 있으니 필수 참여다. 각 과정은 빠짐없이 평가 또는 시험으로 마지막 시간을 할애한다. 이를 너무 싫어한다. 교육과정에 하는 첫 질문이 시험이 있느냐, 그 시험이 어려운가로 귀결된다. 가끔 강의에서 사람들에게 이런 질문을 해 본다. "이 과정은 숙제와 시험이 없습니다. 그러면 자발적으로 연수에 참여하실 건가요?" 사람들은 고개를 갸우뚱한다. 아니라는 말이다. 즉, 그 사람들이 연수에 참여하는 것은 필수과정이기 때문이라는 것이다. 사회 공부는 필수도 아니며 시험과 숙제도 없다. 우리는 정해진 날이 없고 필수가 아닌 교육의 기회에 스스로 참여하는 훈련이 되어 있지 않다. 낯선 사람들과 어깨를 나란히 하고 공부하는 것을 너무 어색하게 여긴다.

셋째, 나에게 필요한 모든 교육은 누군가 시켜 준다고 생각한다. 학교는 국가와 사회 및 기업이 필요로 하는 내용을 가르치는 곳이다. 사람들은 그 교육을 받고 보다 나은 곳에 취직하길 원한다. 그렇다 보니 국가와 사회 및 기업이 이 교육의 일정부분을 책임진다. 또한 부모들이 더 큰 인재 또는 취업을 원해 적극적으로 개입하여 교육을 시킨다. 이렇게 하여 사회 각 분야로 진출하면 그곳에서 근무하는데 필요한 지식과 기술을 해당 기관에서 교육한다. 그러니 공부란 나는 교실에 앉아 있고, 선생님이 교실을 찾아와서 학생들에게 가르치는 방법만이 익숙하게 되었다. 내가 찾아 다니며 하는 공부 방법을 알지 못하며 대단히 어색하게 여긴다.

넷째, 나에게 필요한 공부를 하는데 내 돈을 사용해 본 적이 없다. 학교 다닐 때 교육비는 모두 부모님이 주셨다. 심지어 점심값과 교통비까지 챙겨 주었다. 그러니 대한민국 모든 사람들은 교육이 공짜라고 여긴다. 궁극적으로 내가 교육비를 낸 적이 없기 때문이다. 회사도 모든 교육은 공짜다. 필요 교육은 회사가 알아서 다 시켜 준다. 내가 돈 내고 교육받지 않는다. 회사 직원들 대상의 강의 때마다, 여러분에게 이렇게 중요한 교육을 이틀 동안 받는데, 각자 교육비 30만원 내고 이틀은 연차휴가에서 뺀다고 하면 오시겠느냐고 질문해 본다. 처음 반응은 매우 황당해 한다. 대부분이 무슨 그런 얘기를 하느냐는 표정을 짓는다.

위에 든 자기 공부에 서툰 이유 중 단 하나만 꼽아 보라고 한다면 네 번째 이유를 선택하고 싶다. 교육은 공짜가 아님은 자명하다. 특히 사회에서 배워야 하는 많은 내용들은 내가 내 돈을 내고 배워야 한다. 그런데 사회교육도 어디 공짜 교육이 없을까 생각한다. 이렇게라도 찾아 나서면 그나마 다행이다. 준비는 되어 있으니 어떻게든 방법을 찾게 마련이다. 노년 노후 은퇴도 마찬가지다. 노년 노후 은퇴가 그렇게 중요하다면 국가와 사회가 책임지고 시켜 줄 것으로 여기는 사람들이 많다. 또 회사가 일정부분 은퇴 대비 반을 꾸려 교육시켜 줄 것이라 여긴다. 실제 그렇게 이루어지는 교육도 있다. 이렇게 실시되는 교육은 기존 교실의 교육 환경과 같다. 정해진 교육 내용을 정답이라고 제시하는 방법들이다. 그러나 사회에서 이루어지는 교육은 세상 사람들의 숫자만큼이나 다양하다. 그리고 그 중에 나의 현재 상황에 맞는 교육은 단 하나 존재한다고 생각해야 한다. 그것을 찾아 나서야 한다. 그 교육으로 공부를 시작하고 그 다음 단계도 찾아야 한다. 이어지는 질문과 호기심 속에서 자기만의 과정을 만들어야 한다. 언제까지 그렇게 해야 하는가? 할 수 있을 때까지 계속 하면 된다.

이제 배움의 관점에서 학교와 사회가 어떻게 다른지 확인해 보자.

첫째, 학교는 교육, 강의, 세미나, 심포지엄, 포럼과 같은 방법으로 진행된다. 주로 공부의 내용이 머리로 들어온다. 여기까지가 학교 교육의 주된 방법이다. 그런데 사회에서의 교육은 이와 다르다. 반드시 실천을 전제로 공부가 진행된다. 교육, 강의, 세미나, 심포지엄, 포럼 등이 진행되어 결론이 도출되면 이를 사례로 연구한다. 또 역할 연기로 다시 확인한다. 그리고 실제 상황을 대비하여 비즈니스 게임을 한다. 이어서 현장에 접목시켜 프로젝트를 수행한다. 여기까지 해야 완성된다.

이를 100세 시대 자산관리 교육과 연결해 보자. 먼저 책자 온라인 오프라인 등으로 교육, 강의, 세미나, 심포지엄, 포럼 등을 실시한다. 대부분 여기까지만 한다. 그러곤 교육을 다 했다고 한다. 그 밖의 일은 각자 알아서 하라고 한다. 과연 잘할 수 있을까? 이제부터 해야 하는 일이 더 중요하다. 자산관리의 사례를 연구한다. 사례연구 결과를 보고 자신의 상황을 대입하여 1:1로 컨설팅을 받는다. 컨설팅 결과를 확인해보는 시뮬레이션을 실시한다. 적합한 방법이라 판단하면 실제 입금, 운용, 수령을 실천한다. 여기까지 해야 완성된다. 그런데 우리는 학교 교육에 너무 익숙하여 단지 앉아서 듣는 교육, 강의, 세미나, 심포지엄, 포럼만을 참석한다. 그 밖의 과정을 하자고 하면 반대하거나 싫어한다. 사회에서 시행되는 모든 공부의 과정은 실천까지 해야 완성된다.

노년 노후 은퇴도 공부만 해서는 안 된다. 실천하는 나의 모습을 확인해야 한다. 그렇게 하도록 지도하는 교육이 사회교육의 참모습이다.

둘째, 학교는 주로 학생은 앉아 있고 선생님이 교실로 들어와 가르쳐 준다. 대학도 사실 캠퍼스 내 강의장에 학생이 있고 교수님이 들어와 진행하는 구도다. 사회교육은 이와 다르다. 내가 직접 배우고 싶은 내용을 가르쳐 주는 곳을 찾아가야 한다. 고전평론가 고미숙은 책 『나비와 전사』에서 "근대 이전, 학인들은 스승을 찾아 천하를 떠돌았다. 부처님을 따르던 무수한 제자들과 공자의 문도 3,000명을 위시하여, 주자의 강학원을 찾았던 2,000명에 달하는 학인들, 양명의 뜰에 모여든 개성 넘치는 문사들. 비단 이들 대가들만 그랬던 건 아니다. 이름이 알려지지 않은 수많은 문파가 있었고, 그곳엔 가르침을 받기 위해 천리를 마다 않고 오는 학인들의 발길이 그치지 않았다. 그런 점에서 배움터란 기본적으로 '코뮌'이었다. 스승, 도반, 청정한 도량으로 이루어진 앎의 '코뮌'이었다."(588쪽)고 말했다. 코뮌은 '자치적으로 결성된 공동체'라는 뜻이다. 나는 스스로 찾아 나서는 배움에 방점을 찍고자 한다. 100세 시대! 인생 공부는 내가 갖고 있는 궁극적 질문의 혜안을 직접 찾아 나서는 배움의 과정을 실천해야 한다.

04
세.심.포.아 참여로
인생 공부를 시작하자

　공부 방법은 흔히 유치원, 초, 중, 고, 대학과 같이 체계적 단계적 학습법을 떠올린다. 학교 교육은 그렇게 진행하지만 사회에서 공부는 영 딴판이다. 수준과 경계가 없고, 형식도 각기 다르다. 교육기관과 주체에 따라 그들의 특성이 반영되어 있을 뿐이다. 노년 노후 은퇴교육도 똑같다. 그럼 어떻게 인생 공부를 해야 할까?

　오늘날 100세 시대와 은퇴설계는 최고 이슈다. 당연히 관련한 무언가 있다. 그러니 시작점을 찾는데 시간을 다 허비하지 말고 그냥 닥치는 대로 공부하길 추천한다. 그리고 그 방법의 첫 순서를 세미나, 심포지엄, 포럼, 아카데미(이하 세심포아)에서 찾아보길 추천한다. 단순하게 생각하고 머리를 비워 참여하자. 지레짐작으로 수준을 가늠하지 마라. 시간과 공간의 제약을 탓하지 말고 '무조건 간다'를 기본으로 삼아라. 교육 내용이 맘에 안 들어 실망하더라도,

참여자들과 그들의 생각 속에서 배울 수 있다. 그럼 닥치는 대로 몇 번을 가야 할까? 나는 100번을 목표로 한다. 행사의 성격을 굳이 구분하지 않겠다는 뜻이다. 이 정도 범위를 잡으면 대부분의 행사가 참가 대상에 포함된다. 또 관련 전문가를 몇 번에 걸쳐 만나게 되면 그들이 하고자 하는 핵심 내용을 자연스레 익힐 수 있다. 몇 번을 다녔느냐고 묻는다면, 처음엔 횟수를 세면서 다녔으나, 어느 순간 헤아릴 수 없었다고 답해야 한다. 그리고 지금도 계속 다니고 있다. 주제어 별로 구분할 수 있으니 핵심 탐구가 가능하다. 최근에는 '치매', '가족', '인생'을 주제어로 한 행사장을 찾아 다니고 있다.

가끔 강의장에서 "이 분야를 공부하고 싶은데 어떤 책을 보면 되나요?"라는 질문을 받곤 한다. 그럼 나는 어떤 책을 선택하기에 앞서 관련한 세심포아에 최소 10여 회 다녀 보도록 안내한다. 그러면 스스로 어떤 책을 보아야 하는지 기준이 서기 때문이다. 또 다른 질문은 "노년 노후 은퇴를 계속해서 더 알아 가고 싶은데, 어떻게 해야 하나요?"가 있다. 이 경우에도 "정해진 방법은 없습니다. 우선 세심포아를 닥치는 대로, 적극적으로 찾아 다니십시오."라고 얘기한다. 그러면 자기만의 주관적 견해가 생기기 때문이다. 이어서 다른 궁금한 점들을 이해하고 싶다면 해당 장소를 계속 찾거나 책을 보거나 사람을 만나면 된다.

세심포아의 모든 과정은 시작과 끝이 있다. 일단 참석은 하지만, 조금 늦게 오거나 행사의 끝을 보지 않고 중간에 가는 분들이 많다. 효용과 필요, 시간적 제약을 가늠한 결과라 여겨진다. 아카데미의 경우 처음 몇 번은 잘 참석하지만 뒤에는 빠지는 분들이 많다. 나의 경우 무조건 처음부터 끝까지 참여함을 원칙으로 한다. '무엇을 배운다'에 앞서 빠지지 않고 처음부터 끝까지를 목표로 한다. 이런 태도와 습관은 꾸준한 배움을 가능하게 만드는 필요충분조건이다. 닥치는 대로 세심포아를 찾아가고 처음부터 끝까지 함께하는 자신을 확인해 보길 권유한다. 그 결과는 기대해도 좋다.

내가 참여한 세심포아의 사례를 소개한다.
사례1. 세.심.포.아 참여로 배우는 인생공부
사례2. 한 학기에 하나씩 아카데미에 참여하자.
사례3. 한국사람 민요교실로 한풀이를 했다.

사례-1 세.심.포.아 참여로 배우는 인생공부

2013년 6월 23일 제8회 서울 노년학 국제 심포지엄이 열리는 코엑스를 찾았다. 이렇게 큰 행사가 우리나라에서 열리고 있었다. 이날 전남대 심리학과 윤가현 교수는 '이승에서 못된 짓을 많이 하면 지옥 가서 받는 가장 가혹한 형벌이 뭔지 아느냐?'고 하면서 그것은 '아무 일도 하지 못하게 하는 것'이라 했다. 은퇴하고 하는 일 없이 놀거나 쉬고 싶은 게 사람의 마음인데, 일하지 않는 것이 지옥이라 한다. 그럼 은퇴하지 말고 계속 일하란 말인가? 이날부터 은퇴의 정의를 어떻게 규정해야 하는가?라는 질문이 계속 따라다녔다. 그 결과 '은퇴하지 않는 것이 은퇴 설계'란 결론에 도달하였다.

2013년 9월 26일 뉴스토마토가 주최하는 은퇴전략 포럼이 '인구 고령화와 연금의 미래'를 주제로 조선호텔에서 열렸다. 이날 로버트 홀츠만 말레이시아 말라야 대학 경제학과 교수는 "현대 사회의 70살은 과거의 50살과 같다." 라며 호주 남자의 경우 2000년 62세와 1950년 54세와 비교될 수 있고, 프랑스

여자의 경우 2005년 40세는 1952년 30세와 비교될 수 있다고 했다. 그러면서 단순히 나이 많은 사람들이 많아짐을 표현하는 인구 고령화의 개념이 바뀌어야 한다고 했다. 이날부터 고령화를 어떻게 바라보아야 하는가?라는 질문이 계속 따라다녔다. 그 결과 인구 고령화는 사회적 문제일 뿐 개인에겐 축복이 될 수 있다는 확신이 들었다.

2013년 10월 12일(토요일) 코엑스에서 열린 '2013 서울 국제 시니어 엑스포' 마지막 날 행사를 참관했다. 이날 제1부 강의는 '아름다운 마무리 사전 장례의향서'를 주제로 마음건강연구소 변성식 소장께서 '사전 장례의향서'라는 실천 과제를 제시하였다. *"우리 존재는 영원하지 않고 유한하다. 죽음을 염두에 두어야 현재의 삶에 더욱 충실하게 된다. 죽음에 대한 통찰은 책이나 다른 사람들이 하는 말 등에서 배우는 것 이상 스스로 통렬하게 사무치게 절절히 느껴서 받아들이는 과정이 필요하다."*는 내용이 와 닿았다. 변소장님은 강의 중에 '염쟁이 유씨' 연극도 관람하길 권유하였다. 이날부터 웰 다잉 교육, 사전 장례의향서, 웰 다잉 관련 전시회와 공연이 어디서 진행되는가를 염두에 두고 찾아 다니고 있다. '염쟁이 유씨' 연극은 12월 19일 관람했다. 2018년 2월 4일부터 시행된 일명 '웰 다잉법'에 따라 2018년 2월 23일 '사전 연명의료의향서'도 작성하였다.

2014년 2월 10일 '베이비 부머 청책聽策 토론회'가 글로벌 센터에서 열렸다. 청책토론회는 듣고 정책에 반영하겠다는 뜻이다. 토론에서 '베이비 부머 남성은 일, 잠, 술 등 3가지 특징을 갖고 있다', '은퇴자는 수학능력시험이 끝난 고3 교실과 같다', '대기업에서 근무하다 은퇴한 분들은 환자다', '사람들은 자신이 40, 50, 60, 70, 80대가 될 것이란 것을 알아야 한다. 아는 순간 길이 보인다' 등이 언급되었다. 이날부터 베이비 부머는 은퇴를 어떻게 준비해야 하는가?라는 주제를 염두에 두고 관련 행사와 책을 읽는 등 연구를 시작하였다.

2014년 3월 5일 서울인생이모작지원센터 1주년 기념행사의 일환으로 '응답하라 5060' 행사가 시청 다목적실에서 개최되었다. 주제 강연을 한 서울대 한경혜 교수는 *"인생 이모작은 참 멋진 말이지만 살아 내야 하는 것이 될 수 있다."*고 했다. '살아 내야 하는 것'의 의미 속에 낙관적. 긍정적 사고보다 삶의 진지함과 현실의 어려움이 묻어났다. 이날부터 삶의 의미를 포함하여 은퇴준비를 한마디로 표현한다면 무엇일까?라는 생각을 했다. 그 결과 나온 해답이 '명함이 있는 노후'가 되었다.

2014년 6월 9일 '도시농업의 치유기능 현황과 전망' 심포지엄이 국회도서관 지하 1층 강당에서 있었다. 이날의 행사를 요약하면 텃밭과 도시농업은 단순한 농업이 아니었다. 예를 들어 아이들이 텃밭을 만나 그곳에 씨를 뿌리면 계속 들여다보면서 이야기를 한단다. *"왜 싹이 안 올라올까? 무슨 일이 있니. 도와 줄 것은 없나? 얘도 무슨 생각이 있을 거야"*등과 같이 대화를 한다. 그러다 어느 날 싹이 올라오면 탄성을 지른다. 너무 기뻐서 매일 나와 보고자 한다. 아이는 땀을 흘리고 피부가 햇볕에 거슬려지면서 작물의 성장 과정을 들여다본다. 텃밭의 비 경제적 효용은 말로 다 표현할 수 없다. 그러나 아이가 작물의 성장을 보면서 배우고 느끼는 것들의 가치를 어떻게 돈의 가치로 매길 수 있을까? 이날 김심환 굿 보육연구소 소장은 '도시 농업은 아이들에게 자연과의 공생을 통해 사람과 환경이 모두 치유되어가는 과정을 배울 수 있도록 해준다. 따라서 농업은 단순한 농업 그 이상의 의미가 있다'고 했다.

이날부터 모든 사물은 경제적 효용으로만 볼 것이 아니며 사람에게 의미 있는 상호작용을 한다는 생각을 했다. 그 결과 더 넓은 시야로 사람과 사물을 관찰하려 노력하고 있다.

    2015년 3월 26일 서울인생이모작지원센터 2주년기념 세미나가 서울시 청년허브 다목적 홀에서 개최되었다. 이날 서명숙 제주 올레 이사장은 '간세다리 여행길과 이모작'이란 주제로 강연하였다. 그는 Oh my news 시절 '자살한다는 심정으로 그만두었다'면서 그 무엇으로도 대체할 수 없는 결단의 순간을 표현하였다. 미친 듯 바쁘게 살다 보니 이상했고, 이대로 살기에는 숨이 막혔으며, 그래서 내 스스로 퇴직을 시켰다고 했다. 그러면서 40代 후반, 50代, 60代는 인생 이모작을 고민할 것, 이제까지와는 다르게 사는 것을 권한다고 하였다. 서명숙 이사장은 제주 올레길을 개척한 분으로 유명하다. '올레'는 집 대문에서 마을 길까지 이어지는 아주 좁은 골목을 뜻하는 제주어다. 그는 '길은 치유가 가능한 행복한 종합병원'이며, 또 빨리 걷는 것은 아무것도 못 본 것과 같다고 했다. 하면 즐겁고, 못하면 금단증상이 생기고, 할수록 더 세게 하게 되는 긍정적 중독을 강조하는 그의 말에서 보람과 자부심을 느낄 수 있었다. 누구에게나 중요한 결단이 필요한 순간이 온다. 인생의 전반기와 후반기의 경계선이 그 지점이다. 대부분은 스스로 결단하지 못한다. 퇴직과 은퇴를 당하는 직장 생활에 나를 맡겨 둘 것인가? 은퇴 후의 삶도 다른 사람을 모방하여 따라만 할 것인가? 스스로 퇴직을 결정해야 한다. 은퇴 후 삶은 나만의 방식으로 살아야 온전한 나의 삶이 된다는 것을 알게 되었다.

    2015년 4월 23일 미래포럼은 '초고령사회에는 누가 사는가?'라는 주제로 유한킴벌리 그린웨이라운지에서 세미나를 개최 하였다. 세미나는 2026년

인구 5204만명 중 65세 이상이 1084만명으로 20.8%에 이르는 초고령사회가 되었을 때 노인의 특징과 과제를 논의하는 자리다. 이날 사사키 노리코 강남대학교 실버산업학부 교수는 일본은 초고령사회를 어떻게 적응하고 있는지 사례를 보여 주었다. 슈퍼, 마트가 사라지면서 세븐 일레븐이 도시락 택배 사업 등 이동판매를, 치매 유병율이 15%에 이르고 앞으로 네 명 중 한 명이 해당될 것으로 보여 치매 카페가 생겨나고, 도쿠시미현은 나뭇잎 비즈니스를, 고령자들의 식사를 돕기 위한 식사 Cafe도 증가한다고 설명하였다. 이러한 현상의 특징은 모두 마을 단위에서 광범위하게 일어나는 현상이다. 그런데 한국은 왜 마을 단위의 고령화 사회 대책이 활발하지 않은가? 고령자들이 자발적으로 참여할 수 있는 마을 공동체 조직이 많이 생겨나야 한다. 그래야 그 많은 고령자들에게 기회가 생긴다. 마을 공동체가 해답일 수 있다. 그들의 활동이 지방 자치를 활성화시킬 수도 있다.

2016년 가을 학기에 50+ 서부캠퍼스에서 진행하는 '50+세대를 위한 주거전환-비틀거릴 내가 머물 곳은 어디에' 강좌에 참여하였다. 김현식의 노래 '내사랑 내곁에'의 한 대목이 제목에 있었다. '내사랑 그대 내 곁에 있어줘~힘겨운 날에 너마저 떠나면 비틀거릴 내가 머물 곳은 어디에'의 노래 가사가 바로 떠올랐다. 노후의 집은 그 동안 사회생활에 지치고 힘든 나를 안아 주고 붙잡아 쉬게 하는 편안한 공간이어야 함을 강조하고 있었다. 이 강좌는 9월 6일~10월 13일에 걸쳐 총 10회차로 진행되는 아카데미형식의 강좌다. 우리가 노후준비의 과정에서 반드시 생각해 보는 것이 주거환경이다. 부제로 붙인 제목은 '고령사회 실용적 노후 주거의 대안 공동체 주거에 대하여'이다. 집은 노후 준비의 시작이며 끝이다. 내가 살 집을 어떤 기준으로 선택하여야 하는가? 노후에도 오랫동안 머물 수 있는 주거지인가? 자녀, 친구, 친척들과

원활하게 접근할 수 있는 곳인가? 주택을 노후자금으로 활용할 수 있는 방법은 무엇인가? 문화활동, 사회활동, 다양한 사람들과 교류를 골고루 할 수 있는가? 연령대별로 생활 스타일이 변해도 이사를 하지 않고 살수 있는 환경인가? 온도, 습도, 풍경과 같은 자연여건이 적합한가? 노인들의 낙상 사고를 방지할 수 있도록 안전하게 집을 수리할 수 있는가? 간병기가 되더라도 오랫동안 집에 머무를 수 있도록 준비할 수 있는가? 노후 주거의 선택지는 1. 현 거주지 2. 귀농 귀촌 3. 전원주택 4. 은퇴 이민 5. 자녀와 함께 주거 6. 실버타운 7. 살기 좋은 곳을 골라 1~2년씩 살기 8. 공동체 주택 등이 있다. 이러한 내용을 중심으로 공동체 주거에 대해 집중 설명을 들었다. 참여자들은 해외 거주 경험을 포함하여 각자가 살고 있는 주거환경을 함께 토론하고, 어떤 집에서 살면 좋을지 허심탄회한 소회도 얘기했다. 우리는 다 살아 보고 결정할 수 없다. 미리 공부하고 간접체험하고 생각해 보는 시간이 필요하다. 각각의 주거에 대해 미리 장·단점과 나에게 맞는 주거를 검토한다면 후회와 실수를 줄일 수 있고 만족도를 높일 수 있는 선택을 할 수 있다.

2017년 3월 24일 한국노년학회와 한국보건사회연구원이 공동 주최한 2017년 정책 세미나가 '초고령 사회 혁신적 대응전략'이란 주제로 한국 프레스센터 19층에서 개최되었다. 이날 윤종률 한국노인과학 학술단체연합회 회장은 '노후 건강보장 및 돌봄'을 발표하였다. 회장님은 매우 심각한 어조로 노인 건강을 설명하였다. 회장님의 현실 직시는 의사로 환자와 대면하는 현장 경험자이기 때문에 가능한 일로 판단된다. "노화의 가장 핵심은 혈관 노화다. 사회가 발달할수록 만성질환은 증가한다. 수명이 증가해도 건강수명은 제자리다. 성공 노화란? 건강하고, 기능적으로 이상이 없으며, 사회 활동을 할 수 있어야 한다. 건강관리의 핵심은 70대다. 이때 질환이 가장 많다. 노인 주치의 환경을 구축해야 한다. 자가 건강관리를 강화하자. 스스로 건강수첩 등으로 체크하자. 생애 주기 별 건강검진을 적용해야 한다. 지역 포괄 케어 시스템을 갖추어야 한다." 등을 말씀하셨다. 이날 세미나는 초 고령 사회를 건강의 측면에서 매우 긍정적 시각으로 풀어 내기도 하고 심각한 현실 직시의 필요성으로 얘기되기도 했다. 그럼 나의 노후는 건강 측면에서 긍정적인가 부정적인가? 어떻게 대비해야 하는가? 특히 건강에 관한 분야는 연구원, 의사, 교수, 요양원 요양병원 담당자. 언론사 기자, 정책 담당자의 다양한 의견을 들어 보아야 한다. 그리고 나의 건강과 비교하여 당장 해야 하는 일과 대비해야 하는 일을 시작해야 한다는 결론에 도달하였다.

이해의 바탕 위에 질문하고, 또 배우러 다닌다. 처음보다 한결 가벼운 발걸음이다. 기분이 좋아지고, 나의 견해가 생긴다. 그 내용들이 온전히 일기장에 기록되어 있다. 다시 볼수록 생생하다. 세심포아는 지금 이 사회의 각종 이슈를 실시간으로 들여다볼 수 있는 기회를 제공한다. 이보다 빠른 방법은 없다. 참여자들은 교수 및 연구자, 현장 담당자, 정부 담당자, 언론사 기자 등을 망라한다. 그런데 이를 궁금해하는 일반인의 참여는 매우 적다. 최고의 자리를 직접 경험하면 내가 가야 하는 길을 정하는데 큰 도움이 된다.

2017년 4월 7일 50+ 중부캠퍼스 시민학교에서 최병천 전 국회의원 보좌관은 '세상의 전문가는 세 종류가 있다. 현장전문가, 이론 및 제도전문가, 연결전문가가 그것이다. 전문가 삼분론으로 보면 첫째, 아무리 학벌, 스펙이 좋아도 1/3만 전문가이다. 둘째, 모든 시민은, 모든 당사자는 1/3씩은 전문가이다. 셋째, 세상을 바꾸는 전문성은 '삼단 합체'를 해야만 가능하다'고 '전문가 삼분법'을 소개했다. 모든 교육과 행사를 주관하는 단체의 담당자는 연결 전문가이다. 그들은 늘 행사 진행의 주제어를 탐색하고, 누가 이 분야의 최고 이론 및 제도 전문가인지, 현장전문가인지 확인하고 그들과 접촉하여 초청한다. 세심포아의 현장은 우리 사는 세상의 전문가를 직접 대면하는 장소다. 세심포아의 현장은 보고, 듣고, 느끼고, 체험하는 것을 동시에 할 수 있다.

사례-2 한 학기에 하나씩 아카데미에 참여하자

누구나 노년 노후 은퇴를 배우고 싶다. 그러나 그 방법을 잘 모른다. 그러면 이 분야를 먼저 고민한 누군가가 주도하는 아카데미에 참여해 보면 어떨까? 이러한 생각을 바탕으로 2014년 3~4월에 서울인생이모작지원센터(현 서울 50+ 재단)에서 시행하는 '사회공헌 아카데미(이하 사공아) 4기로 참여했다. 당시 35명의 참여자들은 평균나이 59세로 최고령자는 76세였다. 나는 그 중 가장 젊은 몇 명 중의 하나였다. 사공아에서 배운 고마움을 이번 글에서 수료 소감문을 포함하여 표현해 둔다.

3월 11일 개강식에서 김광렬 희망 도레미 대표는 "인생 전반부가 아무리 화려해도 후반부가 그렇지 못하면 아무것도 아니다."라고 했다. 인생 후반부가 중요함을 이렇게 강조했다. 개강식 후 참여자들이 서로 소개하는 시간이 있었다. 진행 팀에서 호號를 지어와 함께 발표하도록 주문하였다. 호는 이름을 사용하지 않고, 친근하게 부를 수 있는 별칭이다. 몇몇 분들은 '호를 짓는 것은 아직은 격에 맞지 않는 것 같다. 좀 더 생각해 보겠다'와 같이 말씀하셨다. 우리나라 사람들이 이름을 짓는 것에 매우 민감하게 생각한다. 호도 이와 같아서 많은 분들이 장고長考 하시는 듯 보였다. 소개 시간에 많은 분들이 호를 발표하였다. 나도 고민 끝에 '지당'이라 호를 지어 소개하였다. 지당은 '지금 나와 함께 있는 소중한 당신', '지금 소중한 사람들과 함께하고 있는 이 마당', '지당至當하신 말씀'에서 따온 이름이다. 함께 수강 하는 분들이 의미가 좋다고 해 주셔서 쭉 사용하려 한다. 호는 쑥스럽고, 나를 추켜 세우는 모습으로 여겨 선뜻 내키지 않을 수도 있다. 그러나 호는 편하게 부르는 이름 정도로 여겨 지었으면 한다. 호가 노년의 분위기를 일신할 수도 있지 않을까? 하는 생각에서다.

교육은 화요일, 목요일 오후 2시부터 6시까지 진행되었다. 교육이 끝나면 그냥 헤어지기가 아쉬웠다. 시간이 되는 분들끼리 후렴 회식을 근처에 있는 식당에서 했다. 회비는 만원이다. 만원이면 일인당 저녁 식사와 소주 1병 또는 막걸리 1병을 할 수 있다. 우리는 이를 '만원 클럽'이라 이름 붙였다. 이외에도 나는 문래 창작촌 방문 소감문을 작성하여 서울인생이모작지원센터에 제출하기도 했으며, 아카데미 수료식에서 소감문을 발표하기도 했다. 아래는 수료 소감문의 내용이다.

사회공헌 아카데미 4기 소감문

'지금 나와 함께 하고 있는 소중한 당신!' '지당' 김현기입니다. '연분홍 치마가 봄바람에 휘날리더라'로 시작되는 노래 '봄날은 간다'처럼 2014년 봄날이 사회공헌 아카데미 4기와 함께 흘러 가고 있습니다. 그리고 수료식을 하고 있습니다. 어느 날 둘째가 학원에 갔다 오더니 재미 있는 얘기를 해 주겠다고 합니다. 수학 선생님이 어머니께 "어머니 이제 2014년이 되었네요. 세월이 참 빠르죠?"라고 했답니다. 이 말에 어머니는

"그렇구나. 2014년도 이제 12달 밖에 안 남았구나!"라고 하셨답니다.

지난 한 달여가 이렇게 빨리 흘렀습니다. 학교 졸업식이 시원 섭섭했다면 오늘 수료식은 가슴은 뭉클하고, 마음은 섭섭하고, 여운이 더 많이 남을 것 같습니다. 사회공헌아카데미에서 사회공헌, 자원 봉사, NPO(비영리조직), 협동조합, 마을 공동체, 공유경제에 대해 배우면서, 앞으로 어떻게 일을 만들어 가야 하는지에 대해서도 알게 되었습니다. 호도 짓고, 새로운 명함도 만들어 보고, 남산 산책도 하고 문래 창작촌도 둘러보고…… 제가 나름 사회공헌 아카데미를 정의해 보았습니다. "은퇴 이후에 재무적으로 준비된 분들도 일은 100% 필요하다. 일을 찾아가는 방법을 가장 잘 안내해 주는 곳이 '사회공헌 아카데미'다." 라는 생각입니다.

한석규 서울인생이모작 지원센터장님! 사공아에 심혈을 기울인 프로그램을 편성해 주셔서 감사 드립니다. "지금 노년은 건강이 못 따라오는 것이 아니라 마음이 못 따라 올만큼 건강하다."는 말씀은 영원히 기억하겠습니다. 모든 사람들의 형님, 누님 같은 푸근함으로 맞아 주신 박재석 선생님과 원유미 팀장께도 감사 드립니다. 두 분이 있어 속이 꽉 찬 교육이 될 수 있었습니다. 사회공헌 아카데미에 참여한 학생들이 꼼짝없이 고분고분하게 말을 잘 듣고 오늘 다같이 수료할 수 있었음은 모두 여은민 선생님 덕분입니다. 항상 맑고 밝은 모습으로 친절하게 대해주고 상세하게 설명해 줘서 고맙습니다.

동기 여러분!

사실 사공아 교육 프로그램에서 배우는 것도 중요하지만, 동기들을 보면서 배우는 것도 정말 많았습니다. 인생의 내공이 배어나는 부드럽고 유연한 태도와 모습, 경륜이 묻어있는 대화, 다양한 경험이 반영되어 공유할 수 있었던 지혜, 과거와 현재를 알고 미래를 내다보는 식견 등 짧은 기간이었지만 함께 할 수 있어 행복하고 좋았습니다. 잠시 사공아 4기들의 모습을 반추해 보겠습니다. 남산 유스 호스텔 워크숍은 국민학교 시절 소풍을 떠나듯 상기된 표정으로 참석해서 동요 부르고, 게임하고, 한밤중 방에서 자지도 않고 노는 모습이라니, 수학여행 온 줄 알았습니다. 남산을 둘러 산책을 나설 때 전날 한잔했음에도 모두 가벼운 발걸음으로 개나리 진달래가 핀 남산을 호기 있게 오르기도 했습니다. 문래 창작촌을 둘러보는 시간에 우리는 문래동 공장들 사이로 어릴 적 골목길을 골목대장 따라 걷고, 달리듯 휙 둘러보다가 멈춰 서서 없어진 친구 이름을 불러보는 광경으로 그렇게 휘젓고 다녔습니다. 잠시 멈춰서 멍하니 옛날 생각에 잠겨 보는 장소가 이만한 데가 있을까? 동네 형 따라 패거리 만들고 당당하게 달 밤을 달리던 그 골목이 문래동에 있었습니다. 카페 치포리에서 차 한잔하는 동기들 얼굴을 찬찬히 보았습니다. 언제 이렇게 나이 들었나 하는 모습은 없고, 이제 막 동네 골목에서 땀 뻘뻘 흘리며 실컷 놀고 돌아온 옛날 어릴 적 모습이 모두에게 보였습니다. 누님들 얼굴이 알록달록 풍경을 보고 그렇게 홍안이 되다니, 누가 시니어라 부를 수 있겠습니까? 그렇게 문래 창작촌은 사공아 4기 가슴을 마구 충동질해 댔습니다. 열정과 호기심에 불을 지폈으니 그냥 갈 수 없어 국밥집으로 옮겨 만원 클럽을 했습니다. 장소가 아담하게 꾸며져 국민학교 교실처럼 훈훈합니다. 이제 정말 어린 시절로 돌아 간 것일까요? 동기들 몇 분께서 살짝 한잔 한 기운을 빌어 가곡 등 노래를 불렀습니다. 문래 창작촌 방문은 우리 모두 살아온 세월을 거꾸로 돌려 어릴 적 끝까지 가보고 그 때의 열정과 순수함을 찾아 보게 한 소중한 하루였습니다.

사랑하고 존경하는 동기 여러분!!
사회에서의 배움은 인적 네트워크, 사회 관계망이 소중하다고 합니다. 사회적 관계망을 얘기하면서 동기 분 중에서 "사회공헌 아카데미만큼 훌륭한 멤버십은 찾을 수 없다."고 말씀하신 것을 들었습니다. 사공아에서 불지핀 새로운 열정과 호기심 그리고 도전 정신으로 Third Age(인생 3기), 제 2의 사춘기, 나이 곱하기 0.7세대, Neo50 시대(50세 이후 새로운 50년)를 살아갔으면 합니다. 사공아와 함께한 소중하고 행복한 봄날이 흘러갑니다. 우리가 함께한 소중한 인연에 깊이 감사 드리며, 지당! 지금 나와 함께 하고 있는 소중한 당신!의 행복과 건승을 기원합니다. 서울 인생이모작지원센터와 사회공헌 아카데미의 무궁한 발전을 기원합니다. 감사합니다.

2014년 4월 8일 사회공헌아카데미 4기 김현기 올림.

나는 이상과 같은 소감문을 수료식에서 아쉬운 감정을 섞어, 봄날은 간다 노래도 부르며 발표했다. 모두 푹 빠져 듣는 모습이 아련한 추억으로 남아 있다. 이 글을 읽는 독자들도 나처럼 다양한 아카데미 형식의 교육 기회에 참여할 것을 추천한다. 한 학기에 하나씩 아카데미에 참여해 보자. 아카데미는 교육내용뿐만 아니라 동료들로부터도 배운다. 사람들 사이에서 배우는 공부의 즐거움을 맘껏 누리는 아카데미를 적극 권유해 본다.

사례-3 한국사람 민요교실로 한풀이를 했다

한 학기에 하나의 강좌 또는 아카데미를 수강하는 것으로 정해 두었기 때문에 어떤 수강을 할 것인지의 고민은 즐거운 의무가 된지 오래다. 2017년 봄 서울 50+ 재단 중부 캠퍼스가 공덕 역 근처에 문을 열었다. 봄 학기에 저자 강의와 시민학교를 수강했다. 가을학기에 무엇을 할까를 고민하던 중 번쩍 눈길이 가는 강좌가 있었다. 서울 50+재단 강의에서 한 번도 개설 되지 않았던, 바로 민요교실이다. 언젠가 한번은 해 보고 싶었는데, 기회가 스스로 찾아 왔다. 한번의 망설임도 없이 등록했다. 9월 6일~12월 13일 매주 수요일 14회차에 걸쳐 진행되는 과정의 수강료는 단돈 5만원이었다.

매 회차 첫 40분은 우리 국악을 공부하는 시간이다. 어느 날 박정경 국립국악원 학예연구관은 국악을 이렇게 설명했다. 첫째, 점점 빠져든다. 왜냐하면, 장단 하나 하나에도 이완의 원리가 숨어 있어, 느린 음악에서 빠른 음악으로, 단순한 것에서 복잡한 것으로 이어지는 조이고 푸는 맛이 있기 때문이다. 둘째, 음악이 살아 움직인다. 왜냐하면, 노래에서 발음의 변화를 주어, 떨고 꺾고 흘러내리는 기법이 있으며 긴 음은 흔들어 대는 등 음에 생명을 불어 넣기 때문이다. 셋째, 누구나 언제나 함께 할 수 있다. 왜냐하면, 노래, 음악, 춤, 놀이가 함께 할 수 있고, 그 속에 슬픔, 기쁨, 그리고 삶의 이야기를 담을 수 있기 때문이다. 특히 우리 민족은 다듬이 장단과 강강 술래 등에서 느껴지듯 무엇이든 음악이 되는 민족이기도 하다고 말씀하셨다.

국악공부에 이어 진행되는 민요수업은 국립국악원 남도민요 유미리 선생님과 서도민요 유지숙, 장효선 선생님이 지도해 주셨다. 유미리 선생님은 장고로 장단을 맞추며 함양 양잠가, 강강 술래, 뱃노래 등을 지도해 주셨다. 배우는 사이 민요가 있는 삶의 즐거움을 설명하셨다. '나이 50이 넘어가면 그냥 꺾어진다. 굴곡을 겪어 봐서 그렇다. 스트레스와 남편 폭력은 목이 간다. 반면 민요는 자신감을 갖게 하고 뿌듯함을 느끼게 하여 스트레스를 풀어주는 효과가 있다. 일상에도 추임새가 있어야 한다. 추임새가 있는 가정이 행복하다' 고 하셨다. 이 말씀을 하시면서 실제 추임새와 율동을 섞어 표현하시는데 너무 아름다웠고, 국악으로 보낸 세월이 진하게 배어 나왔다.

다른 날 유미리 선생님은 '가야금 전공자는 손가락이 세 번 벗어지고, 속살에 굳은살이 박힌다. 거문고는 오른손 사이에 낀 도구를 내려찍기 때문에 손가락 사이가 넓은 멍이 들고, 해금은 두 줄을 잡은 왼 손바닥이 온통 굳은살이어서 너무 애처로워 부모가 볼 수가 없다. 대금을 부는 사람은 아래 입술 밑이 온통 멍이 들고, 피리는 양 볼에 굳은 살이 밴다. 소리하는 사람은 성대 결절이 온다. 그 때 들리는 탁한 소리가 좋게 들리기도 한다'는 말씀을 하시면서 실제 장면을 연기하듯 표현하셨다. 얼마나 구구절절 하던지 무슨 연기를 보는 듯 했다.

유지숙 선생님은 한 오백 년과 정선 아리랑, 청춘가 등을 가르쳐 주셨다. 회심곡 전편을 들려주시기도 했다. 그러면서 우리 민요가 갖고 있는 가사를 생각하며 노래를 하면 절로 고개가 끄떡여지고, 자연스럽게 몰입된다고 하셨다. 특히 한 오백 년의 '지척에 둔 님을 그려 사지 말고, 차라리 내가 죽어 잊어나 볼까'라는 가사는 어찌하지 못하는 사랑을 두고 차라리 내가 죽겠다고 표현하고 있으니 얼마나 사무치면 그렇겠느냐고 말씀하셨다. 어떤 날은 민요 하는 사람들의 삶에 대해 풀어 놓으시면서 신구 탤런트가 *"너희가*

게 맛을 알어?"라고 한 말을 인용하여 "나이가 들고, 삶이 더해져야 느끼고 알게 되는 것이 있다. 나이 든다는 것은 나쁘거나 슬픈 것이 아니라 그 나름의 모습과 즐거움이 있다."고 하셨다. 참 맞는 말이다. 민요교실은 민요를 배우기만 하는 것은 아니다. 민요와 더불어 살아가는 사람들의 인생을 알아가면서 이해하고 사랑하게 된다. 민요를 배우러 갔다가 세상의 한편을 더 아는 덤까지 얻고 있었다. 유미리 선생님과 유지숙 선생님은 민요를 주제로 '100세 인생과 민요'라는 주제로 강연을 하셔도 너무 잘 하실 것 같았다. 그런 자리가 있으면 참여 하고 싶다.

중부캠퍼스는 11월 30일 '모두의 축제, 놀장'이라는 이름으로 한 학기 동안 배운 모든 과정이 참여하는 전시회 및 전체 공연을 한다. 우리 민요 교실 팀도 참여했다. 공연을 위하여 선생님들께 춤사위를 배웠다. 사실 민요교실의 과정이 여기까지 올 줄 몰랐다. 얼마나 행운인가. 평생에 한번 이런 기회를 잡을 수 있을까? 꼭 해보았으면 했던 일이 내 앞에 왔다. 함양 양잠가, 한 오백 년, 청춘가, 뱃노래, 자진 뱃노래로 이어지는 민요를 합창하면서 춤사위를 연습하는 장면은 매우 낯설지만, 그냥 자신감을 갖고 하는 수밖에 없다. 이게 50+의 삶에서 매우 중요하다. 자신감이 절로 생길 리 없다. 적극적 참여가 곧 자신감이 된다. 춤사위는 동영상으로 찍어 공유하였다. 동영상을 보고 스스로 연습도 했다. 주중에는 민요교실에서 녹음한 것을 연습한다. 차 안에서 크게 틀어 놓고 같이 합창한다. 때론 어설프지만 기분이 너무 좋다. 한때 자신 있었던 민요는 민요 나름의 깊이가 있어 절대 경지를 따라 하기 쉽지 않았다. 민요는 숨쉬는 때를 잘 알아야 한다. 그런데 어떤 경우에도 내 호흡은 짧았다. 숨을 헉헉대며 따라가기 바빴다. 호흡이 짧은 줄 처음 알았다. 열심히 하면 자연스러워진다고 여겼지만 학기가 끝날 때까지 잘되지 않았다.

'모두의 축제, 놀장'이 열리는 날! 살짝 긴장되었다. 3시부터 3층 컴퓨터실에서 준비하고 연습했다. 미놀트로키가 목에 좋다 하여 사 갖고 나눠 드렸다. 연세 있으신 분들이 그래도 더 잘 해 보겠다고 모두 빨아 드셨다. 그 모습이 예뻤다. 오늘 민요 발표회에 참여하시는 분은 모두 아홉 명이다. 그 동안 모두 한복을 입고 연습을 했다. 장효선 선생님께서 옷고름을 옷핀으로 고정해주셨다. 섬세한 손길로 아홉 명 모두를 봐 주시는데 빠른 손놀림이지만 한치의 흐트러짐이 없었다.

본 행사는 5시부터다. 우리는 조금 일찍 내려가 '모두의 축제, 놀장'의 포스터를 배경으로 단체 사진도 찍고, 개인사진도 찍었다. 사진을 찍어 주시는 분이 이렇게 해 두면 행사 후 찾을 수 있다고 했다. 한복 입은 남자 두 명과 여자 일곱 명이 1층 홀을 다니니 분위기가 한층 고조되었다. 우리는 4시 50분 1층 무대 제일 앞 줄에 앉았다. 5시에 공연이 시작되었다. 첫 공연 연극이 끝나고 우리 차례다. 맞이 인사를 하고, 함양 양잠가(에야 디야 에헤야 에헤헤 두견이 울음 운다~~ 너는 죽어 만첩청산에 고드름되거라~~ 나는 죽어서 아이 가이가 봄바람 될거나~~)-청춘가(이팔 청춘에 소년 몸 되어서 문명의 학문을 닦아나 봅시다~~) - 뱃노래(어기야 디어어차~~ 부딪치는 파도소리~~)- 자진 뱃노래를 장효선 선생님의 장고와 최광일 선생님의 피리 반주에 맞춰 춤사위를 곁들여, 앞줄과 뒷줄을 교대하며 노래했다. 국립국악원 최고 소리꾼 선생님께 배웠고, 장고와 피리 반주는 국악 한마당을 옮겨 왔으니 공연의 판이 제대로 갖추어졌다. 신명 나게 불러 제쳤다. 연습 때보다 훨씬 우렁찼다. 우리세대는 어린 시절 학예회의 추억이 거의 없다. 자녀들과 손주들의 학예회만 보았던 50대 중 후반과 60대, 70대의 시니어들이 신이 났다. 마치 학예회는 이렇게 하는 거라고 보여주듯 했다. 마무리 인사는 자진 뱃노래가 끝나는 때에 왼손을 먼저 높이 든 다음 오른손을 들어 두 손을 아래로 내리면서 인사했다. 마침내 공연이 끝났다. 장내가 떠나갈 듯 우렁찬 박수와 함성이 이어졌고, '앙코르'를 외치는 소리도 계속 되었다. 사실 앙코르는 준비하지 못했으나, 뱃노래를 한번 더 부르는 것으로 했다. 우리는 더 신명이 났다. 민요교실에 참여하고 뜻하지 않은 공연까지 했으니 우선 한국사람으로 한풀이는 한 셈이다. 놀장 공연이 전부 끝 날 무렵 춤 마당이 펼쳐졌다. 한복 입은 우리는 단연 돋보였고 누구랄 것도 없이 한바탕 춤으로 한껏 흥을 돋우었다. 참석한 분들 중에 민요를 배우려면 어떻게 하느냐고 묻기도 했다. 중부 캠퍼스의 윤비 선생님과 관계자들도 매우 좋아했다. 한국사람이란 증표로 내세울 몇 곡의 민요를 배웠고, 가벼운 춤사위를 곁들여 공연까지 했으며, 이를 어디선가 불러 줄 수 있어 후회 없는 한 학기를 보냈다고 할 수 있다.

12월 13일은 민요교실의 마지막 날이다. 유지숙 선생님을 모시고 점심을 함께 했다. 선생님은 민요를 하게 된 동기를 인생 극장처럼 풀어놓으셨다. 사연이 녹아 있는 말씀 속에 애환과 성취의 기쁨이 그대로 전해졌다. 건배사도 민요로 해 주셨다. 얼마나 운치가 있던지. 배워보고 싶은데 쉽지 않을 것 같다. 열네 번의 민요교실과 공연까지 한번도 빠지지 않은 내가 대견했다. 스스로 칭찬해 주었다. 다음 학기엔 무엇을 배워 이 즐거움을 계속할 수 있을까?

2018년 6월 8일 포천군 가산면 노인대학에서 강의했다. 70세~90세에 이르는 70명의 노인들이 있었다. 그분들 중 남자는 두 분 밖에 없고 모두 여성이었다. 마치 모두 나의 어머님을 뵙는 듯 했다. 제목은 '은퇴하지 않는 것이 노후 설계다'로 붙였으나 어떻게 풀어 내야 할지 고민되었다. 평소 하던 내용을 이 분들께 맞춰 진행 했다. 첫 시간 마지막에 민요교실 공연 실황

동영상을 보여 드렸다. 모두 박수를 치며 따라 부르셨다. 대단한 반응이다. 노인대학에 스스로 참여하고 함께 어울리고 즐거운 한때를 보내며 무엇인가 배운다는 자체가 은퇴하지 않는 노후 설계다. 어머님들께 나의 재롱을 보여 드린 것 같아 뿌듯했다.

05
스스로 선택하여
살아야 내 인생이다

    2017년 4월 9일 용문산 등산을 했다. 정상이 1157m에 이르는 높은 산이다. 비 온 뒤 산행은 더할 나위 없이 좋다. 산은 물이 많아야 인심이 좋기 때문이다. 지난주와 전날에도 비가 내려 계곡물이 넘치고 깨끗했다. 흠뻑 적신 산들이 봄으로 내쳐 달리는 계절이 왔다. 이럴 때 계곡 물 굴러가는 소리는 복잡한 머리를 비집고 들어와 마음을 편안하게 만들어준다. 계곡이 깊으면 오래도록 들을 수 있으니 명산이라 불러 준다. 나무들은 새순이 막 나오려는 듯 작은 멍울이 도톰하게 올라 있다. 엄지손가락 끝 손금으로 만져 본다. 뭉쳐있는 부드러움 같은 게 느껴진다. 겨우내 마른 침 넘기듯 버티어 낸 나무들은 이때가 되어야 물기를 가득 머금어 한결 여유가 있는 모습을 한다. 절정의 계절을 연출할 자신감이 배어 있다. 진달래가 먼저 만개하여 계곡 양쪽 산비탈에서 흔들거렸다. 진달래는 산 나무들이 푸른 잎으로 가득할 때 꽃을 피워 본들 고운자태를 드러낼 수 없음을 알고 있다. 이를 알고 선수를 쳐 서둘러 꽃부터 피어냈다. 그러곤 자신의 잎조차 뒤에 돋게 하였다. 오직 진달래 만이 산의 주인이 되는 짧은 기간이다. 비 온 뒤의 등산로는 촉촉히 젖은 다음 물기를 뺏기 때문에 부드러워 걷기에 알맞다. 돌밭으로 이어진 길조차 포근하게 느껴질 정도다. 정상만을 목표로 걸으면 지친다. 한 걸음 한 걸음에 실리는 근육의 느낌이 좋아야 한다. 걸음마다 산의 기운이 올라오는 기의 순환을 즐겨야 한다. 그래야 산행을 계속 할 수 있다. 한결 가벼운 발걸음은 이내 정상까지 이어지게 한다.

하산 길에 암석 틈 사이 뿌리를 내리고 서 있는 소나무가 보였다. 너무 신기해서 한참을 살펴보았다. 올라갈 때는 왜 보지 못하였을까? 3m 정도 되어 보이는 그 소나무는 암석들 한가운데 좁은 틈에 뿌리를 내리고 있었다. 그러고 보면 뿌리가 좁은 틈을 비집고 바닥의 얕은 흙까지 도달했을 것이 분명하다. 틈이 바닥까지 이어져 있지 않으면 소나무도 버티지 못했을 것이 아닌가. 암석과 맞닿은 부분은 대나무 마디 모양으로 부풀어 올라 있다. 틈새를 가득 채우고 더 이상 굵기를 키울 수 없다는 한탄이다. 더 깊이 뿌리를 내리고 싶으나 쉽지 않은 몸부림 같다. 소나무는 지금의 높이를 최고로 받아들여야 한다. 표시는 해 두지 않았으나 언젠가 용문산을 다시 가야겠다. 이 소나무와 약속을 했기 때문이다. 어떻게 견디어 내고 있는지 궁금하니 꼭 다시 오겠다고.

2017년 5월 5일 북 바위산 산행을 했다. 북 바위산은 제천시 한수면 송계리에 위치한 산으로 월악산과 마주보고 있다. 높이는 772m 지만, 정상까지 산행 길이가 3km에 이르러 왕복 4시간 이상이 걸린다. 이날 산행은 형님, 조카 등 세 명과 함께 했다. 1km쯤 산행하면 오른쪽 계곡 방향으로 마치 큰 북을 붙여 놓은 듯 너른 암벽이 보인다. 북 바위산이라 이름 붙여진 이유다. 북 바위산은 온통 암반과 암벽으로 형성된 절경이다. 송계 계곡을 사이로 월악산 정면이 보인다. 그리고 여기도 암반과 암벽인 바위산 틈새 곳곳에 소나무가 자리를 틀었다. 미리 자리를 선택한다면 그곳에 뿌리를 내리지 않았을 것이다. 생각이 있다면 그곳만은 피했다. 북 모양 암벽에도 소나무 한 그루가 위태로이 서 있다. 나뭇가지는 하나뿐이다. 겨우 버티고 있다는 방증이다. 봐달라고 하지만 이번이 마지막이라고 손짓하는 듯하다. 북 바위산 암반 사이 작은 틈새와 흙이 있는 장소는 여지없이 소나무가 자리를 잡았다. 틈새의 크기와 머금은 흙의 양만큼의 키와 줄기를 갖고 있다. 어떤 소나무는 'ㄴ' 자 모양을 하고 있다. 그 길을 따라 흙이 얕게 이어져 있었다. 드문드문 보이는 이런 소나무는 북바위산 정상에 이르자 군락을 이루듯 분포해 있었다. 잠시 서서 헤아려 보았다. 30여 그루가 넘었다. 용문산 소나무가 무색할 만큼 많다.

2017년 6월 11일 희양산 등산을 했다. 희양산은 높이 999m로 경상북도 문경시 가은읍과 충청북도 괴산군 연풍면의 경계에 있다. 산 전체가 하나의 바위로 보이는 매우 특이하고 웅장한 산이다. 희양산은 거대한 로프 등반을 각오해야 한다. 이날 등산에서 만난 소나무는 로프 등반의 좁은 통로 사이의 암벽 한 귀퉁이에 뿌리를 내린 다음, 그 뿌리가 암벽을 타고 길게 이어진 모양을 하고 있었다. 뿌리지만, 나무의 줄기처럼 보였다. 로프를 잡고 오르는 모든 등산객의 등산화는 이 나무의 뿌리를 밟고 지나가게 마련이다. 그래도 버텨내고 있었다.

배한봉은 시 '빈곳'에서 '암벽 틈에 나무가 자라고 있다. 풀꽃도 피어 있다. 틈이 생명줄이다. 틈이 생명을 낳고 생명을 기른다. 틈이 생긴 구석, 틈은 아름다운 허점'이라고 표현하였다. 산은 거기에 있으되 산행만이 목표가 아니다. 운동을 목표로 삼지 말고 산속에서 즐겨야 한다. 산이 등산로만 있는 것은 아니기 때문이다.

주말은 집에서 왕따를 자처한다. 가족 모두가 바쁘다. 나도 바쁜 척 할 수 있다. 그렇게 하기 싫다. 방법은 하나다. 나름 여유를 부릴 수 있는 생활을 만들어야 한다. 그래서 등산을 시작했다. 혼자만의 산행을 고집한다. 그러기 위해 꼭 필요한 일이 등산할 산과 등산코스를 스스로 정하는 거다. 준비물도 직접 챙긴다. 이 일은 쉬운 듯 어렵다. 먼저 서울 근교 산을 모두 가 보기로 했다. 그 다음은 경기도 산이다. 그리고 범위를 넓혀 가는 거다. 문제는 코스다. 과거 산행은 모임이나 동창회, 회사 등 단체 산행이어서 따라가면 되었다. 따라가는 산행은 그 산의 어디에서 시작하고 어디로 내려왔는지 기억이 별로 없다. 내가 정하여 하는 산행은 가는 방법과 산행의 시작점과 하산 지점을 정확히 기억할 수 있었다. 산에 오르다 보니 요령이 생겼다. 산은 능선을 따라 올라야 한다. 북한산과 도봉산 등은 능선을 따라 산행하고 있다. 대부분의 능선을 다 올랐다. 등산의 달인들은 몇 개의 산을 가지고 무슨 소릴 하느냐고 할거다. 비교를 거부한다. 우리 모두는 나름의 자기 방식이 있을 뿐이다. 결코 백두대간 종주나 전국 100대 명산 등반 등을 목표로 하지 않는다. 목표로 하는 순간 버겁게 느낀다. 다만 계속 하려 한다. 쉴 수 있으되 멈추지 않음이 목표다.

어느 날 지인들과 대화 중 산행 얘기가 나왔다. 산에 갈 때마다 사진을 멋지게 찍어 보내는데 도대체 누가 찍어 주느냐는 거다. 혹시 다른 누구랑 함께 가는지 궁금해하는 눈치다. 산에서는 누구에게 부탁하던지 다 찍어 준다. 잘 못 찍을까 염려하기는 해도 거절 받아 본 적은 없다. 지인들에게 말하길

"스스로 산과 코스를 정해 다니니 시작점과 하산지점을 정확히 알아 다음에 새로운 길로 갈 수도 있고, 내가 정한 코스라 더 당당하게 올라간다. 그럴 때 기분이 좋다." "혼자 하는 산행이니 경치와 풍경이 있으면 마음대로 쉬어 간다. 모두 나의 앞을 질러 가지만 개의치 않는다. 다음에 갈 산을 정하는 시간도 즐거움이 있다." 이렇게 말했더니, 한 친구가 말한다. "친구야! 인생도 똑같다. 누구의 뒤 꽁무니만 따라다니거나 남들이 간 길의 뒤만 따라가면 늙어서 내가 어디서 시작해서 어떻게 나이 들었는지 모른다. 심지어 왜 살았는지 모를 수도 있다. 스스로 선택해서 살아야 실패하든 성공하든 내 인생이 될 수 있다!"

가끔 이런 생각을 한다. 회사가 나의 이력을 쓴다면 어떨까? '어떤 대학생이 1988년 10월 6일 쌍용투자증권에 입사했다. 수습사원을 거쳐 지점에 배치 받았으며, 회사의 주인이 두 번이나 바뀌어 굿모닝증권, 굿모닝신한증권, 신한금융투자로 간판을 바꿔 단 지금까지 꿋꿋이 버티고 있다. 그 사이 몇 곳의 지점에서 근무했고, 본사생활도 했다'로 압축하여 기록될 것 같다. 사실 '버티었다'보다는 '어쩔 수 없었기 때문에'가 더 맞는 표현이다. 압축이라 하였지만 더 풀어 보아도 스스로 개척한 일은 전무할 지경이다. 애초에 쌍용투자증권은 스스로 결정하였다고 할지 모르나, 당시 가장 인기가 좋았던 증권업의 회사 중 가장 먼저 합격하였던 이유뿐이다. 이마에 큰 주름이 여섯 개쯤 자리하고 있다. 그리 넓은 이마는 아니지만 훤히 보이도록 하고 다닌다. 가끔 궁금해 하는 사람들은 처음부터 주름이 있었느냐고 묻고 싶은 눈치다. 증권회사에 근무하다 보니 주가 폭락 때마다 주름이 하나씩 늘었다고 한다. 내가 새긴 주름이 아니다. 증권시장이 스스로 와서 새겨놓고 가버렸다. 30년은 그렇게 지나갔다. 사회생활에서 나의 흔적을 찾을 수 없다. 이렇게 살아가니 궁극에 나는 나로 살았는지 의구심이 들만하다.

    2017년 1월 7일 장영혜중공업 전시회를 보러 아트선재센터로 갔다. 전시회는 1월 6일부터 3월 12일이다. 그러니까 이날은 전시회가 시작되고 이틀날이었던 셈이다. 신문에 전시회의 제목이 '삼성의 뜻은 죽음을 말하는 것이다'라고 되어 있었다. 무슨 굉장한 메시지를 담고 있을 것 같은 호기심이 발동한다. 입구에 장영혜 중공업이 소개하는 '세 개의 쉬운 비디오 자습서로 보는 삶'이라 안내되어 있었다. 바닥과 벽면에 몇 개의 구절이 표현되어 있기는 했지만, 세 개의 비디오가 전부인 전시회다. 그 중 하나는 처음 화면이 "축하해요! 삼성병원에서 태어났군요"로 시작한다. 이어지는 화면은 삼성의 학교, 삼성의 교복, 삼성아파트, 삼성 가전제품, 삼성 자동차, 삼성장례식장, 삼성 상복 등 삼성으로 점철된 인생을 표현했다. 그러면서 "아휴, 삼성 없는 삶은 외롭습니다."라고 한다. 삼성으로 점철된 인생이 비교우위의 삶임을 은근히 과시 했지만 전시회가 던지는 메시지는 이러한 삶을 '죽음'이라 직언하고 있다. 우리는 이와 비슷한 방향으로 모아지는 삶을 따라가며 또 선호한다. 시간이 흐를수록 개인의 색채는 옅어진다. 대개의 사람들이 보이는 하루, 한달, 1년, 평생의 모습이 비슷하게 된다. 비슷한 바탕의 자서전에 개인의 내용이 조금씩 얹혀질 뿐이다. 이러한 모습을 보고 지금 잘 살고 있다고 할지 모르나 결코 '잘 살았다고 표현 할 수 없는 삶'이다. 좀 더 나의 색깔을 찾아야 하고 그렇게 살아야 한다는 결심이 선다.

    김종현 퇴근길 책한잔 대표는 책『한번 까불어 보겠습니다』에서 '우리가 주로 하는 여행의 방식은 여행이 아니라 미션을 수행하는 숙제 같다. 여기에 가면 이것을 먹어야 하고, 그것을 사야 하고, 저기에 가서 사진을 찍어야 하는 미션이 있고, 그것들을 하나씩 클리어해 나가야 하는 숙제 같은 여행'(104쪽)이라 하면서 최영미 시인의 에세이 『길을 잃어야 진짜 여행이다』의 제목과 같이 애초에 길을 찾아 두지 않는 여행을 추천하였다. 인생도 이와 같아서 우리는 이미 나 있는 길을 끝없이 추종하며, 그 길만이 성공이라 여겨 최선을 다한다.

그리고 보면 용문산과 북 바위산 그리고 희양산의 암벽과 암반 사이의 소나무는 스스로 선택하여 장소를 정했는지도 모른다. 그들은 나름의 방법으로 자신들의 삶을 살아가고 있다고 해야 한다. 그것도 매우 당당하게 살고 있다. 그럼 나는 어떤가? 이미 있는 길과 괜찮다고 하는 정해진 길을 따라 살고 있으면서 내 인생을 운운하고 있지는 않은지 되돌아보아야 한다. 남들의 뒤만 따라가면 나를 표현할 길이 없어진다. 장영혜 중공업이 전하는 공통의 삶으로 수렴하는 삶을 거부하며 살아 보는 것도 하나의 방법이 된다. 최영미 시인의 에세이 제목과 같이 때론 길을 잃어도 좋다. 더군다나 나이가 들수록 나만의 길이 많아야 한다. 독불장군이 되라는 얘기가 아니다. 진짜 내가 누군지 알고 싶다면 내가 좋아하고 하고 싶은 일을 찾아 그 일을 해야 한다. 더 늦기 전에 시작해 보자. '이것만이 내 인생'이라고 외칠 수 있는 일이 많아질 수 있도록 살아야 한다.

06
지금 만나는 사람이
당신을 표현한다는 말은 사실이다

　1992년 구미지점으로 발령 받고 2000년 38살의 나이로 지점장이 되었다. *"8년이나 있었으니 구미를 구석구석 잘 알겠네요."* 항상 이런 질문을 받을까 겁이 났다. 사실 지리만 조금 알 뿐 그 밖에 별로 아는 게 없기 때문이다. 그럼 어떻게 해야 하는가? 구미 상공회의소에서 운영하고 있는 직능별 단체인 경리부과장 협의회는 1996년부터 회원으로 참여했다. 참여만 했을 뿐 참여자들의 면면을 아는 노력은 부족했다. 지점장이 되고 나서 소개 마케팅을 핑계로 구미지역 기업 방문을 시작했다. 오전에 한 곳과 오후 두 곳이 목표였다. 우선 구미 상공회의소의 인연으로 만난 분들의 회사를 찾아 다녔다. 그리고 그분들에게 지인들을 소개해 달라고 했다. 구미 상의 직능단체인 인사, 노무, 무역 부 과장 협의회뿐만 아니라 기숙사 사감협의회, 구미경리인 협의회 등을 모두 방문했다. 이어 금오공대와 금오공고 동창회, 대구상고구미동창회, 금오공대 최고경영자과정 회원들도 만났다. 만난 과정과 그 내용은 고스란히 엑셀(Excel)로 요약했다. 그렇게 2년을 다녔다. 어느 날 기업 방문을 했더니, 그곳 부장님이 "김 지점장이 구미지역을 훑고 다닌다고 소문이 파다합니다."라고 말했다. 구미 상공회의소 경리부과장 협의회에서 4년전 부장직함 때부터 알게 되어 교류한 모 기업의 이사님은 회사의 법인계좌를 개설하고 금융상품 등을 가입했다. 그 이사님이 내게 물었다. "내 동생이 모 증권회사에 다니는 것을 알고 있습니까?" "그런가요. 전혀 모르는 일입니다." "나는 김지점장이 알고 있으면서도 계속 방문한다고 생각했습니다. 그리고 보면 김지점장님 대단합니다." 그렇게 영업을 확장할 수 있었다. 구미 공단의 구석구석을 다니다 보니 구미의 환경을 이해하는데 큰 도움이 되었다. 내가 사는 어느 곳이든 조금이라도 더 알고자 하는 노력이 있어야 세상을 더 깊이 있게 살 수 있다.

    2004년에 마산지점장으로 발령받았다. 마산 상공회의소는 구미상공회의소에서 나를 소개해주어 자연스레 참여할 수 있었다. 마산은 전혀 연고가 없어 경남대학교 최고 경영자 과정도 다녔다. 마산과 인근 지역 사람들을 이해하는 이보다 좋은 방법은 없다. 최고경영자과정은 봄 가을로 신입생을 모집하고 두 학기를 한다. 보통은 동기들이 80명이다. 1년 동안 앞선 기수와 뒤 기수 모두를 사귈 수 있고, 그럼 세 기수 240명과 교유관계가 형성된다. 즉, 마산, 창원, 진해를 비롯한 경남 일원의 기관 단체장과 각계 사람들을 고루 사귈 수 있다. 나는 그들의 사는 모습과 사람들 사이에서 어우러지는 교류로 다양한 세상의 경지를 배울 수 있었다. 우리는 관계를 통해 다른 사람들의 세상살이를 좀 더 깊이 알게 된다. 관계와 교류는 나의 삶을 되돌아 보고 깊이 있는 성찰을 하는 계기를 마련해 주기도 한다. 이러한 소중한 경험은 동료 직원들에게 적극 알린다. 그 결과 각종 단체를 소개하여 참여하도록 했고,

내가 그 지역을 떠나올 때 후임자가 참여토록 하기도 했다.

2006년 다시 구미지점장으로 왔다. 그해 6월 28일 센츄리 호텔에서 구미지역 기업 관계자들을 모아 '퇴직연금 컨퍼런스'를 했다. 이젠 구미지역 지인들이 많아 200여 명을 모시는 데 어려움이 없었다. 본사에서 다섯 분이 와서 퇴직연금제도와 관련 내용을 설명했다. 당시 공단지역 지점장으로 당연히 해야 하는 행사로만 여겼을 뿐, 퇴직연금제도가 무엇인지 정확히 알지 못했다. 세시간의 설명회를 집중해서 들었다. 순간 감이 잡히는 무엇이 있었다. 이날 컨퍼런스는 근로자의 노후자산관리가 퇴직연금으로 시작된다고 강조하였다. 나는 퇴직연금 비즈니스가 새로운 영역으로 크게 확대된다는 확신이 들었다. 퇴직연금 비즈니스의 근간은 은퇴를 비롯한 제도 등의 교육과 퇴직연금자산의 운용이다. 오! 교육과 운용은 내가 평생 해 오던 일로 가장 자신이 있는 분야가 아니던가? 이 자신감으로 2007년 퇴직연금부서를 지원하여 본사로 왔다. 지방에만 있었으니 서울 경기 일원을 잘 모른다. 당장 해 보고 싶었던 일은 연금영업과 관련된 회사 200곳을 탐방해 보는 것으로 정했다. 그렇게 부지런히 다녔다. 연금 비즈니스는 매우 까다로운 영업이다. 다만, 그들이 살아가는 세상 구경은 실컷 했다. 서울 경기 지역은 공단을 포함하여 웬만큼 둘러 보았다. 세상을 향한 호기심과 궁금증은 어려운 연금 비즈니스 환경에서 견딜 수 있는 힘이 되었다.

2012년 연구소 소장이 되었다. 나는 원래 노년 노후 은퇴를 전공하는 학자가 아니다. 다만, 관련 분야에 대해 대단한 호기심을 갖고 있었다. 이런 경우에 할 수 있는 일은 관련 세미나, 심포지엄, 포럼, 아카데미를 찾아다니는 것이다. 또 해당 책들을 찾아 공부해야 한다. 2013년 들어 책『노년 수업』을 읽었다. 국내 노년에 관한 책 중에 가장 깊이가 있고, 느낌과 감동이 있었다. 출판사는 '노년교육연구회'였다. 나는 조직이 궁금해졌다. 사이트로 확인해 보니 3월 23일 10시 연세대학교에서 독회를 연다고 한다. 독회 회장을 맡고 있는 한서대학교 노인 복지학과 한정란 교수님께 전화해서 참여해도 되느냐고 여쭈어보았다. 흔쾌히 좋다고 하신다. 이날 독회에 스무 명 정도 참여했다. 한정란 교수님과 첫인사를 했다. 이날 독회는 '우울증 노인 대상의 연극적 방법의 적용'이란 주제로 정신보건사회복지사 지경주 선생님이 1시간 30분 발표하고 질의응답이 진행되었다. 주로 교수님이 많고, 관련 분야 분들과 연구생들이었다. 일반 기업에서 오신 분은 나를 비롯하여 네 명이었다. 이날이 한정란 교수님과 인연의 시작이다. 어떤 모임도 한번 시작하면 1년은 무조건 참여해 본다. 그래야 그들이 어떤 생각을 하고 있고, 어떤 계획을 하고 있는지, 참여하고 있는 분들의 면면은 어떤지를 알게 된다. 아마도 이 모임에서 가장 많이 배운 사람은 나라고 확신한다. 연구자들이 바라보는 이 분야의 관점은 나의 입장에서 매우 신선한 느낌이 들게 했다. 연구자들도 내가 하는 질문의 의외성을 매우 신기해했다. 노년 노후 은퇴의 다양한 분야와 파생되는 문제점들을 정부와 학계, 시설에서 어떻게 인식하고 해결하려 하는지를 많이 들여다보게 되었다. 그러면서 범위를 넓혀 계속 공부했다.

한국노년교육연구회 독회 모임은 2014년 12월 6일 '한국노년교육학회'로 정식 창립하였다. 나는 이사로 참여하고 있고, 학회에 토론자로 참여하기도 했다. 그 후 한정란 교수님이 발제 또는 패널로 참여하시는 각종 행사에 다니고, 추천하는 책과 연극, 박물관, 전시회 등을 다니며 노년 노후 은퇴에 대해 지평을 넓혀 갈 수 있었다. 이런 인연의 결과 2014년 9월 『명함이 있는 노후』책도 출간할 수 있었다. 한정란 교수님은 추천사도 기꺼이 해주었다.

2017년 6월 9일 공무원연금공단은 '은퇴 설계 포럼'을 창립하였다. 포럼의 분과위원으로 모두 31명이 위촉되었다. 나는 자산관리 분과 위원으로 참여하게 되었다. 이는 공단이 포럼을 창립하면서 각계의 전문가를 모시는 과정에서 '한국노년교육학회'가 추천하여 이루어진 일이다. 이 인연으로 은퇴설계포럼에 꾸준히 참여하고 있고 3회 포럼에서 발표도 하였다. 포럼의 참여자들로부터 배우고 또 다른 행사에도 다니고 있다. 2018년부터 연금공단 은퇴 설계 강사로 참여하고 있기도 하다. 그 밖의 다양한 사회 조직들과 이런 방법으로 교류를 확대하고 있다.

지금 만나는 사람이 당신을 표현한다는 말은 사실이다. 이렇게 해보자. 우선, 내가 하고 싶은 분야의 다양한 조직들을 찾아 회원으로 가입하라! 둘째, 어떤 기관과 조직에 참여하게 되면 무조건 1년 이상 다녀라! 그래야 그들을 알게 된다. 알게 되면 이해하게 되고, 점점 더 깊이 있게 공부할 수 있다. 셋째, 그들이 하는 모든 분야를 눈여겨 보고 나의 관점에서 재해석하라! 질문은 나의 관점을 만들어 가는 좋은 방법이다. 시간이 지나면 내가 참여할 수 있는 분야를 찾을 수 있다. 넷째, 참여자들과 진실한 교류를 하라! 세상일은 정말 알 수 없다. 더욱이 100세 시대가 아닌가? 지금 만나는 사람이 나를 대변한다. 진정성 있는 사귐이 만들어 줄 미래 결과를 기대해도 좋다.

나는 사회 조직과 인적 교류하는 방법으로 jtbc에서 말하는 '한 걸음만 더 들어가겠습니다'의 자세를 추천한다. 사람들은 무엇인가 추구하면서 어떤 모임에 지속적 참여를 하지 않는다. 섣불리 지레짐작으로 자신에게 유불리를 판단하기 때문이다. 한 걸음 더 모임과 사람 사이로 들어가야 한다.

07
자격 조건과 활용가치가 필요하다

베이비 부머(1955년~1963년생)는 714만명에 이른다. 서울시에만 140만명이라고 한다. 한국의 직장인이 주된 직장으로부터 퇴직하는 나이가 53세임을 감안하면 베이비 부머는 이미 2008년부터 퇴직하고 있다. 또 60세 정년퇴직의 경우 2015년부터 2023까지 모두 일선에서 물러나게 된다. 이들은 우리 사회에서 고등학교 이상의 교육을 받은 세대다. 그들 중에 공무원, 선생님, 금융회사 등 나름 전문지식을 갖춘 사람들이 많다. 만일 이들이 계속해서 일하고자 하면 우리 사회는 받아 줄 자리가 있을까? 자리는 알 수 없으나 적어도 그들이 일을 계속하고 싶어하는 것은 사실이다. 그래서일까? 일자리를 설명하는 장소는 항상 빈자리가 없다.

서울인생이모작지원센터는 2014년 11월 26일 '서울시 인재뱅크 시니어 마이스터 사업설명회'를 개최하였다. 마이스터 사업은 이 과정을 통과하면 서울시가 마이스터 인증서를 주어 이를 활용하여 일자리를 찾는데 도움을 주려는 목적으로 시행된다. 나는 향후 일자리를 탐색할 기회도 되지만 이를 어떻게 설명하는지 너무 궁금했다. 또 참석자들의 면면과 그들의 기대를 엿볼 수 있으리란 호기심으로 설명회에 참석했다. 다른 사람들도 비슷한 생각이었는지 이날 배움실과 교육 장소는 발 디딜 틈이 없었다. 200명 이상 참석한 것으로 보였다. 서울시는 이 사업을 추진하는 배경으로 첫째, 인적 자원의 수요가 있다. 즉, 지역사회, 마을 공동체, 시민단체, 사회적 경제와 공공 서비스 영역 등 현장은 역량과 경험이 있는 인적 자원이 필요하다. 둘째, 인생 이모작 세대 중 인재를 발굴하여야 한다. 즉, 현장에 대한 이해와 사회공헌에 대한 소신이 있고, 문제해결과 의사소통 능력을 갖춘 인생 이모작 세대 인재들이 있다. 셋째, 수요처와 인생 이모작 세대 인재를 연계할 필요가 있다는 등의 세 가지를 들었다.

시니어 마이스터 선발은 사업 참여 신청, 사업 설명회 참석, 교육 및 자원봉사 참여, 활동계획서 제출, 활동계획서 서류심사, 활동계획서 PT 발표 심사, 활동 계획 수정, 활동계획 수행 평가 심사, 공개 PT 발표 등을 6개월에 걸쳐 진행하여 이루어진다. 이날 안내된 '교육 및 자원봉사' 부분만 6회차의 교육과 자원봉사로 이루어져 있었다. 이렇게 선발된 마이스터의 활동 영역은 강사 분야, 상담 및 컨설팅 분야, 기획 및 운영지원 분야가 된다고 한다. 비교적 그 과정이 구체적이고 상세하다.

위 내용에 대해 참석자들의 의구심은 질문으로 표현되었다. *"이렇게 선발되면 일자리가 생기나요?"* 가 첫 질문이다. 서울시의 의견은 '시니어 마이스터로서 특정 자격은 인정해 주지만 일자리를 제공하진 않는다. 다만,

연계될 수 있으면 그렇게 되도록 지원할 수 있다' 정도였다. 인증자격이 활동하는데 도움을 준다는 설명이다. 그러자 단박에 불만이 쏟아져 나왔다. 서울시가 시니어 동원만 잘하고 구체적 진행은 없다, 행사를 위한 행사를 한다, 교육만 있고 기회는 없다, 기회에 대한 수요 창출 없이 교육만 진행한다, 참여 기반을 만들고 교육을 진행해야 한다 등이 이날 쏟아진 내용이다. 나는 이날 '시니어 일자리는 생각보다 절실하다', '국가기관이 일자리를 만드는 것은 한계가 있다', '누구나 참여할 수 있는 일자리는 없다', '어떻게 일자리를 만들어야 하는지 시니어 각자가 생각해야 한다' 등을 명확하게 알았다.

2015년 금융감독원은 금융교육 전문 강사 인증제도를 시행하였다. 금융교육의 강사들을 일정 기준에 따라 인증하여 그들의 자격을 부여하여 금융교육의 질을 높여 보고자 하는 취지가 담겨 있다. 인증신청서와 강의 경력 확인서, 그리고 강의안이 제출되었다. 이어 9월 30일 금융감독원 회의실에서 세 명의 심사 요원이 있는 가운데 강의 평가를 실시했다. 강의 평가는 지원자가 준비한 PPT 자료를 10분 정도 시현하고 질의응답을 받는 방식으로 진행되었다. 나는 합격 후 인증서를 받았다. 첫해인 2015년 인증을 받은 강사는 100명이 채 되지 않았다. 그리고 삼 년이 지난 2018년 7월 13일 전문 강사 인증 보수교육을 받았다. 2018년까지 인증 강사는 모두 497명에 이른다고 한다. 이분들이 각계에서 활발한 활동을 하고 있다. 다만, 금융감독원이 자격인증은 해 주었으나 그들이 활동하는 방법은 각자의 역량에 달려 있다. 인증자격이 전가의 보도로 사용되지 않는다.

그 밖에 매일경제신문은 '전국 고3 금융 교실' 강사 위촉장을, 생명보험 사회공헌 위원회는 '노후설계 전문 강사' 위촉장을, 공무원연금공단은

'은퇴설계교육 외래강사' 위촉장을 일정 선발 과정을 거쳐 수여하고 있다. 그 밖의 각 단체들의 강사 인증 방법은 이와 유사하다. 인증서와 위촉장은 그야말로 자격 조건이다. 자격 조건을 부여받는 과정도 그리 쉽지 않다. 평소 하던 강의 내용과 촬영된 동영상 등을 잘 보관하여야 한다. 강의 안은 계속해서 향상 시켜야 한다. 언제 어디서 쓰일지 모르기 때문이다. 그렇게 해 두어야 기회의 순간에 바로 대응이 가능하다. 자격 조건을 어떻게 활용하느냐는 전적으로 개인에게 달렸다. 나는 이를 두고 자격 조건과 활용가치로 구분하여 설명한다. 자격 조건이 바로 활용가치로 연결될지는 알 수 없다. 대체로 그렇지 않을 가능성이 높다. 자격 조건은 자격 조건일 뿐이다. 지금 사회의 분위기도 이와 같다. 변호사 의사 공인회계사도 자격 조건이다. 자격 조건을 갖춘 사람은 점점 늘어난다. 자격 조건만으로 활용가치가 있던 시대는 지났다. 활용가치는 각자가 알아서 만들어야 한다.

나는 은퇴 후 새로운 일의 기회를 탐색하는 사람들에게 묻는다. "본인의 자격 조건은 무엇인가요?" 그 다음 질문은 "하고자 하는 일의 입장에서 본인의 활용 가치를 어떻게 평가 받을 수 있나요?" 사실 답하기 쉽지 않다. 공무원, 선생님, 금융회사 직원이었던 기간은 경험일 뿐이다. 퇴임과 더불어 어떤 자격 조건도 아니다. 더군다나 활용가치는 그 조직에 몸담았을 때의 활용가치일 뿐 사회에서 그대로 통용되지 않는다. 그러면 퇴임 후 다른 일자리를 찾은 사람은 어떤 사람인가. 그들은 자격 조건과 활용가치가 있는 사람이다. 방법은 하나다. 퇴임하기 오래전부터 자신이 소용될 수 있는, 하고 싶은 분야의 자격 조건과 활용가치를 갖추어야 한다. 문제는 그게 무엇인지 모를 가능성이 크다. 그러니 적극적으로 탐색해야 한다.

가끔 나의 연구소로 찾아와 금융교육 강사가 되고 싶다고 말하는 분들이 있다. 나는 주저 없이 말한다. "평소 세미나 등을 많이 진행해 보셨으니 틀림없이 잘하실 겁니다. 먼저, 두 시간 정도 세미나나 심포지엄으로 할 수 있는 어떤 내용을 제목만이라도 말씀해 주시면 그 내용을 필요로 하는 기관에 소개해 드리겠습니다."라고 얘기한다. 우리가 흔히 하는 프레젠테이션은 회사에 관한 내용이거나 맡고 있는 금융상품 등 직무와의 연관성이 높다. 대외적으로 발표할 수 있는 내용은 평소의 일과 매우 다르다. 그렇다 보니 이렇게 하여 소개한 경우가 드물다.

회사에서 맡은 일로 대외 강의를 하는 직원들이 있다. 금융회사의 경우 주로 연구소, 리서치 센터, 자산관리 분야에서 근무하고 있는 직원들이 그렇다. 보통 이들은 회사를 그만둘 경우 자연스레 대외 강의를 할 수 있을 것으로 생각한다. 그러나 현실은 이와 다르다. 회사를 그만두는 순간 대외 강의가 끊긴다. 단지 회사의 직원으로서 강의 주제를 가지고 있을 뿐 본인이 가진 고유의 강의 주제는 없기 때문이다. 따라서 강사를 꿈꾸는 직장인은 회사직원으로서의 능력과 고유의 능력을 구분하여 볼 수 있어야 한다.

지인 중 한 사람이 대학교의 특정 과로부터 강의 의뢰를 받았다. 요즘 대학은 이론 수업에 덧붙여 현장 경험자의 강의를 접목하도록 하고 있기 때문이다. 시간은 두 시간이다. 관련 내용을 평소 늘 말해 왔기 때문에 강의에 별문제가 없다고 여겼다고 한다. 그런데 두 시간 동안 어떤 내용을 압축하여 얘기해야 하는지, 학생들의 눈높이는 어떻게 맞출 것인지, 강의 내용은 PPT 자료로 어떻게 작성해야 하는지, 바쁜 일과에서 이 많은 준비를 어떻게 할 수 있을지 등 많은 과정이 엄청난 중압감으로 와 닿았다고 한다. 결국 지인은 강의하지 못했다. 말로 한다면 온종일도 하겠다는 자신이 앞섰지만 실제 강의는 이와 다름을 실감한 결과다.

금융투자협회 산하 기관 중 하나인 전국투자자교육협의회는 일반 국민들을 위한 금융투자 강의를 지원하고 있으며, 이를 위해 전문 강사진을 구성하고 있다. 이때 전문 강사는 일정 교육을 이수하여야 기본 조건을 갖춘 것으로 본다. 그 교육이 2008년 2월 29일~3월 1일 증권연수원에서 있었다. 그해 2월은 29일까지 있었다. 나도 이 교육에 참여하였다. 그리고 그해 봄 금융투자협회 3층 불스 홀 에서 실시하는 각종 강의와 세미나 등에 부단히 참석하였다. 그러자 지난 강사양성과정을 진행했던 직원이 내게 묻는다. *"부장님! 정말 한 번도 거르지 않고 오십니다. 대단하십니다."* 나는 *"저도 이와 같은 일을 하고 있어 다른 분들이 어떻게 설명하는지 알고 싶어서요."*라고 대답했다. 그 직원은 이때의 대화를 기억하고 있었던 모양이다. 내게 연락이 왔다. 모 고등학교 선생님을 대상으로 금융투자 강의를 해 줄 수 있느냐고 물었다. 무조건 하겠다고 했다. 이날로부터 열심히 준비해서 성공리에 강의를 마칠 수 있었다. 그리고 불스 홀에서 강의도 했다. 각 강의 장소는 기자나 다른 교육 기관의 진행을 맡은 직원들도 참석한다. 그 강의 내용을 보고 그들 기관의 강의 요청이 들어 오기도 한다. 또 기관의 담당자가 다른 기관에 소개해 주기도 한다. 매일경제신문의 백만인 경제교육, 한국거래소의 국민 행복재단, JA Korea, 청소년 금융교육협의회, 한국공인노무사회, 금융감독원, 생명보험사회공헌위원회, 에셋 플러스 자산운용, 공무원 교육기관 등의 강의는 모두 이런 방법으로 연결되었다.

강의하다 보면 새로운 주제의 강의 요청이 들어 오기도 한다. 당장 해야 하는 경우면 일단 정중히 사양한다. 준비 부족으로 강의가 부실해서는 안 되기 때문이다. 단 그 강의는 꼭 해 보고 싶은데 다음 기회에 꼭 연락 달라고 말해 둔다. 그리고 그날로부터 준비를 한다. 그렇게 시간이 지나면 그 주제의 강의를 할 수 있다. 똑같은 주제의 강의도 강의장의 반응과 내용의 변화를 반영하여 주기적으로 몇 개의 지면은 내리고 또 몇 개의 지면을 새로 올린다.

그러니 만약 강사가 되고 싶다면 이렇게 해 보자

먼저, 내가 할 수 있는 강의 주제를 정하고 이를 자료로 만든다.
둘째, 관련 기관에 내가 할 수 있는 강의를 알려 둔다.
셋째, 다양한 강의 장소에 참여하여 기관의 담당자와 강사진들과 교류한다.
넷째, 강의 주제를 중심으로 요약본이나 책을 출판한다.
다섯째, 강의 내용을 항상 새롭게 하며, 새로운 주제를 개발한다.

공부란 무엇인가? 학교를 떠나는 순간 공부가 끝나는 것이라면,
생로병사에 대한 통찰력은 언제, 어디서 배워야 하는가? 학교에선 왜 독서하는 힘을
길러 주지 않는가? 독서와 공부는 서로 다른 것인가? 존재의 근원은 무엇인가?
행복의 조건은? 등등 공부란, 세상을 향해 이런 질문의 그물망을 던지는 것이다.
"크게 의심하는 바가 없으면, 큰 깨달음이 없다."(홍대용)
고로, 질문의 크기가 곧 내 삶의 크기를 결정한다!

고미숙 고전평론가 책 『공부의 달인 호모쿵푸스』 중에서

PART 2

호기심 하나면
100세 인생이 즐겁다

01
누구나 호기심과
질문하는 능력을 갖고 태어났다

연세 드신 노인분들이 '사는 게 재미가 없다'는 말씀을 많이 하신다. '오래 살면 뭐하느냐 재미가 없는데'의 표현이다. 평생을 재미있게 살기 위한 방편이 무엇일까?

삶을 예술로 가꾸는 사람들 대표 장길섭은 김재진의 책『물음표 혁명』추천사에서 "사는 것이 답답하다고 한다. 볼 것이 이렇게 많고 들리는 것이 이렇게 많은데 사람들은 왜 답답하다고 할까? 그것은 답을 갖고 살기 때문이다. 이미 답을 갖고 있어 그 답에 삶을 맞추려고 해서 '답답'한 것이다. 삶은 답을 달아야 할 문제가 아니라 물음을 갖고 물음을 통해서 만나가는 경험이고 신비이다. 그래서 물음을 가진 사람들은 삶이 답답하지 않고 재미있다. 흥미롭고 아름답다. 활기차고 신이 난다."(7쪽)고 하였다. 이 책의 저자인 김재진은 "마침표는 씨앗처럼 생겼다.

씨앗은 씨앗 상태로 머문다면 어떠한 성장도 발전도 없다. 씨앗은 싹 트길 기다리고 있다. 물음표도 아랫부분은 마침표처럼 씨앗 모양이다. 그런데 물음표는 씨앗 위로 구부러진 무언가가 있다. 마치 씨앗에 싹이 나서 자라고 있는 듯한 생김새라고 해야 할까? 싹트지 못한 씨앗이 마침표라면, 그 씨앗이 싹을 틔워 자란 것이 물음표이다."(101, 102, 103쪽 요약) 라고 마침표와 물음표를 표현했다. 씨앗으로만 존재하는 마침표 인생을 살지 말고 씨앗의 싹을 틔우는 물음표 인생을 살도록 권유하고 있다. 삶을 재미있게 살아가는 가장 간단한 방법이 물음표에 있다. 그럼 물음, 즉 질문은 사람들이 보편적으로 가진 능력인가? 특별한 사람들만이 가진 능력인가?

광화문 교보문고 본사 외벽 '광화문 글판'은 1991년부터 계절마다 내용을 바꾸어 게시되고 있다. 그 동안 모두 100편 이상이나 소개되었다. 글판의 내용은 광화문의 열기만큼 뜨겁고, 사람들의 삶의 모습을 보다 더 치열하고 따뜻하고 격한 감정으로 표현하고 있다. 정현종의 시 '방문객' 중 '사람이 온다는 건 실은 어마어마한 일이다. 한 사람의 일생이 오기 때문이다'와 장석주의 시 '대추 한알' 중 '대추가 저절로 붉어 질리는 없다 저 안에 태풍 몇 개 천둥 몇 개, 벼락 몇 개'를 보는 순간 짧은 문장이 울리는 큰 소리가 가슴을 쿵 때리는 듯 했다. 2015년 가을 편의 내용이 여러 신문에 소개되었다. '이 우주가 우리에게 준 두 가지 선물, 사랑하는 힘과 질문하는 능력'이라 표현되어 있었다. 우주가 사랑과 질문할 수 있는 능력을 누구에게나 주었다고 한다. 우리 몸 속에 사랑과 질문은 누구나 갖고 있다. 이 글귀의 내용은 평소 표현하고 싶었으나 짧은 글재주에 막혀 고전하던 고민을 한꺼번에 해소해 주었다. '사람이 100살까지 살면 열 번의 로맨스가 온다'고 말하고 있고, '은퇴에 대한 호기심과 질문의 크기가 은퇴 후 삶의 크기를 결정한다'라고 강조하고 있기 때문이다. 노년 노후 은퇴를 공부하면서 '우리 사람의 인생은 사랑이 전부일 수 있다' '질문을 할 수 있는 호기심이 있으면 100세의 삶이 흥미진진하다'고 말해 오기도 했다. '사랑하는 힘과 질문하는 능력'은 100세 인생을 이해하는 핵심 단어임에 틀림없다. 누구나 가진 사랑과 질문은 맘껏 사용하여야 한다. 남김없이 사용하면 더 좋다.

우선 광화문에 이 내용의 글귀가 외벽에 걸려 있는지 직접 확인해 보고 싶어진다. 큰 울림을 가슴에 새겨 넣기 위해 그곳으로 가는 걸음은 한결 가볍다. 호기심은 설렘이기도 하다. 2015년 9월 2일 직접 광화문에 갔다. 신문 속 글귀 사진은 외벽 앞을 지나가는 행인과 겹쳐 보여 준다. 나는 이순신 장군 동상과 거북선을 앞에 두고 글판이 뒤에 나오도록 찍어본다. 그제야 글귀가 온전히 내 것이 된다. 이 글귀는 누구의 책 또는 작품에서 나왔을까? 미국 여류 시인 메리 올리버의 산문집 『휘파람 부는 사람』의 서문에서 가져왔다고 한다. 이때 주저 없이 책을 산다. 책 『휘파람 부는 사람』의 서문에 '이 우주에서 우리에겐 두 가지 선물이 주어진다. 사랑하는 능력과 질문하는 능력. 그 두 가지 선물은 우리를 따뜻하게 해주는 불인 동시에 우리를 태우는 불이기도 하다'라고 표현되어 있었다. 누구에게나 주어진 선물인 '사랑하는 힘과 질문하는 능력'을 우리는 어떻게 사용하고 있고, 활용하고 있는가? 각자의 몸 속에 이 두 가지 능력을 그대로 가두어 두고 있는 것은 아닐까?

소설가 김숨은 『휘파람 부는 사람』 추천사에서 '메리 올리버 그녀의 이름을 부르는 것만으로도 잃어버린 영혼이 돌아오는 걸 느낀다'고 하였지만 사실 나의 호기심은 거기까지다. 그리고 책을 덮었다. 더 이상 책을 읽지 않았다. 두 해가 지난 2017년 7월 17일 매일경제신문 35면 '시가 있는 월요일'에 메리 올리버의 시 '생이 끝났을 때'가 소개되었다. '나는 호기심과 경이로움에 차서 그 문으로 들어가리라. 그곳은 어떤 곳일까, 그 어둠의 오두막은'이란 구절이 나온다. 죽음마저 호기심으로 여긴 작가 메리 올리버! 광화문 글판과 책으로 만난 시인이 선명하게 기억이 났다. '생이 끝났을 때'의 설명문에서 시인이자 문화 전문 기자인 허연은 "*19세기 미국 시단에 헨리 데이비드 소로가 있었다면 20세기에는 메리 올리버가 있다. 두 사람은 모두 자연이 주는 경이와 그 속에서 살아가는 사람들의 생명력을 빛나는 언어로 그려냈다.*"고 적었다. 메리 올리버가 이렇게 유명한가? 이제 '생이 끝났을 때' 시를 몇 번이나 읽는 나를 발견한다. 그리고 다시 책『휘파람 부는 사람』을 펼쳐본다. 그렇게 시인과 더욱 가까워진다. 그리고 책 속 몇 편의 시를 읽는 나를 확인한다. 호기심이 지평을 좀 더 확장 시켰다. 그리고 19세기 미국 시단의 최고로 꼽힌 헨리 데이비드 소로의 책『월든』을 사서 정독한다.

2018년 5월 11일 매일경제신문이 매년 주최하는 재테크 박람회인 서울 머니 쇼가 열리는 코엑스에 갔다. 마침 매일경제신문이 북 카페를 운영하고 있었다. 어떤 책들이 전시되었을까? 대부분 재테크 관련 서적이 전시되어 있는 사이에 까만 표지 위 하얀 글씨로 허연 지음이란 책이 눈에 확 들어왔다. 책 제목이『그 문장을 읽고 또 읽었다』이다. 허연 기자는 매일경제신문 '시가 있는 월요일'에 시를 소개하는 문화전문 기자로 메리 올리버의 '생이 끝났을 때'를 소개하기도 해서 익숙한 이름이 아닌가? 한참을 쳐다보며 내용을 훑어보았다. 작가들의 삶과 책 속의 내용 중 가장 와 닿은 문장을 뽑아 설명하고 있었다. 주저함이 없이 구매했다. 그날 바로 100쪽을 읽었다.

교보생명은 2017년 7월 사람인(人)을 크게 그려 넣은 책『광화문에서 길을 찾다』를 발간하였다. 광화문, 삶과 사랑의 시(詩)라는 부제로 광화문 글판의 내용 중 32편을 모은 책이다. 메리 올리버의 책『휘파람 부는 사람』서문은 32쪽에 소개되어 있었다. 여전히 반가웠다. '사랑하는 힘과 질문하는 능력'은 본질적 자질이므로 마음껏 사용하여야 한다. 지금 그렇게 살고 있는지 항상 자문하고 있다.

02
질문의 크기가
내 삶의 크기를 결정한다

　매년 4월 23일은 유네스코가 정한 '세계 책과 저작권의 날'이다. 광화문 청계광장에서 이날을 기념하는 행사가 매년 열린다. 2017년 4월 23일 광화문에 나가 보았다. 특별한 일이 없더라도 책과 관련된 행사이니 일단 궁금하다. 어떤 다채로운 행사와 전시가 사람들로 하여금 이목을 집중시킬 것인가? 사람들은 어떤 책들에 관심이 있을까? 행사는 책 읽기를 장려할 수 있을까? 행사장 무대에서 '두근두근 책 속으로'라는 주제로 시 낭송과 책 낭독이 진행되고 있었다. 광장에는 출판사들이 부스를 운영하고, 몇 권의 책을 전시하는데 잘 살펴보면 정말 의미 있는 책을 찾을 수 있다. 이날 두 권의 책을 샀다. 김경민의 책 『세상을 바꾼 질문들』과 이현수의 책 『엄마 냄새』가 그것이다. 이 두 권의 책은 당시 목적을 갖고 독서하고 있는 주제다. 그 무렵 호기심과 질문, 그리고 가족에 관한 책을 묶음으로 독파하고 있었다. 2~30개의 비좁은 좌석이 놓인 작가의 방에서 강연을 하기도 한다. 이날은 옛날

만화가게와 교실의 풍경을 청계광장에 꾸며 놓아 그곳에 앉아 옛 생각에 잠겨 보기도 했다. 방문 목적이 여유로운 책 속 탐방이었는지 모른다. 공부하는 자는 책과 가까이 있는 자체가 기분 좋다고 하지 않는가?

그런데 이날 청계광장을 찾아가면서 광화문역을 나올 때 벽에 쓰여 있는 문구에 눈길이 확 갔다. 광화문역 3번 출구 앞 기둥에 책꽂이를 디자인한 그림 사이로 책 속 문구가 몇 개 표현되어 있었다. 그중 하나에 '질문의 크기가 내 삶의 크기를 결정한다' 공부의 달인 호모쿵푸스/ 고미숙/ 북 드라망 이라 되어 있었다. 당시 심취한 주제인 질문과 호기심에 대한 내용이 함축되어 그곳에 표현되어 있었다. 질문이 핵심 공부 방법임을 항상 생각해 왔으나 왜 그런지 설명하려면 꽤 시간이 걸린다. 광화문역의 이 표현이 왜 질문해야 하는지를 하나의 문장으로 표현하였다. 사진을 찍고, 한달음으로 교보문고 광화문점에서 이 책을 샀다. 책을 멀리까지 읽을 필요 없었다. 9쪽 머리말에 이 표현이 있었다.

공부란 무엇인가? 학교를 떠나는 순간 공부가 끝나는 것이라면, 생로병사에 대한 통찰력은 언제, 어디서 배워야 하는가? 학교에선 왜 독서하는 힘을 길러 주지 않는가? 독서와 공부는 서로 다른 것인가? 존재의 근원은 무엇인가? 행복의 조건은? 등등 공부란, 세상을 향해 이런 질문의 그물망을 던지는 것이다. "크게 의심하는 바가 없으면, 큰 깨달음이 없다."(홍대용) 고로, 질문의 크기가 곧 내 삶의 크기를 결정한다!

지은이 고전평론가 고미숙은 공부하는 인간을 호모 쿵푸스(Homo Kungfus) 라 했다. 호모 쿵푸스는 인생의 모든 순간을 학습한다고 적었다. 고미숙은 또 다른 책『조선에서 백수로 살기』에 '공부는 쿵푸다. 인생과 세계에 대한 탐구로서의 쿵푸! 그것이 시험과 다른 점은 크게 두 가지다. 하나는 아는 만큼 기쁘다는 것, 다른 하나는 그 기쁨을 통해 신체의 교감 능력이 확장된다는 것, 요컨대, 쿵푸는 앎과 삶과 몸이 매끄럽게 이어지는 흐름이고 파동이다'(215쪽)라고 표현하기도 했다.

'질문의 크기가 내 삶의 크기를 결정한다'는 표현을 빌어 강의할 때 "은퇴에 대한 호기심과 질문의 크기가 은퇴 후 삶의 크기를 결정한다."고 말한다. 학생들이 대상일 경우 "금융에 대한 호기심과 질문의 크기가 큰 부자를 만들기도 하고, 금융위기에 빠지지 않도록 도와준다."고 말하기도 한다. 하나의 공부는 두 개의 질문을 갖게 한다. 배울수록 질문하고픈 것이 더 많아지게 마련이다. 그런데 누구는 질문하지만 대부분 참아내며 겉으로 물음을 던지지 못한다. 광화문역을 나가고 들어 갈 때마다 이 문구가 있는 기둥을 꼭 쳐다본다. 여전히 맞는 말이라 맞장구를 친다.

독립서점 '퇴근길 책한잔'의 대표 김종현은 책『한번 까불어 보겠습니다』에서 '우리가 가지는 모든 물음은 위험하다. 특히나 그 물음이 삶과 세상의 본질에 맞닿은 것일수록 그 위험은 배가 된다. 물음이란 답에 복종하지 않는 것이며 적극적으로 대항하는 것이다. 그래서일까? 우리는 어려서부터 물음을 참는 훈련을 하고 자란다. 내 주변 사람들과 세상은 나에게 물음을 터뜨릴 시간을 주지 않았고 대신 그 자리에 그들이 정해 놓은 답을 집어넣을 뿐이었다. 사회가 나에게 주입했던 답이라는 것은 내가 아닌, 사회가 필요로 하는 고분고분한 하수인을 만들기 위한 훈련일 뿐이었고 나는 과감히 이를 거부하기로 했다. 어느 순간 내 안에서 물음이 터져 나왔고 바로 그때부터 나는 더 이상 이전의 '나'가 아니었다. 물음을 던질 수 있는 '나', 답을 집어넣으려는 손길을 거부하는 '나'가 된 것이다'(209~210쪽) 라고 표현했다. 사회가 정한 정답에 맞추어 사는 삶이 아니라 스스로 끊임없이 질문하면서 사는 삶이 '나' 답게 사는 삶이라 한다.

EBS 교육 방송에서 2014년 1월 20일부터 1월 29일까지 6부작으로 방송한 '다큐 프라임-우리는 왜 대학에 가는가'의 내용이 책『왜 우리는 대학에 가는가』로 발간되었다. 조벽 동국대 석좌 교수는 추천사에서 "대학은 모두가 도달해야 하는 목적지가 아니라 인생이란 긴 여정에서 선택하는 한 갈래이며, 성공과 행복에 대한 정답이 아니라 더 깊은 질문을 할 기회일 뿐이다."라고 설파하였다. 그럼 오늘날 우리 대학은 질문이 넘쳐나는가? 대학생은 질문으로 시작하고 질문으로 마치는 수업을 하고 있는가? 질문하지 않는 이유가 질문이 수업을 방해할 우려와 질문의 내용이 부끄러운 수준이라고 생각하기 때문만은 아닐 것이다.

책의 말미에 연세대 철학과 김형철 교수의 학기 마지막 수업 광경을 풀어내고 있다. 김 교수는 1층 로비에서 질문전시회를 한다고 했다. 수업 시간에 무엇이든 질문하되, 질문이 너무 많은 경우 시간이 오래 걸리므로 종이에 써서 내라고 하였고 그렇게 모인 질문지를 전시하고 수업을 한다고 했다. 상상의 범위를 넘어선 질문의 숫자와 질문들에 답을 하며 토론하는 학생들의 모습은 놀람을 넘어 탄성을 지르며, 질문이 꼬리를 문다고 적었다. 책의 마지막 페이지에 표현된 김형철 교수의 말을 옮겨 본다.

모르는 것은 죄가 아닙니다.

그러나 모르면서 질문하지 않는 것은 죄가 성립합니다.

왜냐고요?

아는 척하는 것이니까요!

(중략)

답을 원하십니까?

질문을 던지세요.

왜냐고요?

우리는 물어보지 않고 답을 알 수 있는 길을 알지 못하니까요! (312쪽)

현재 갖고 있는 호기심과 질문이 자신의 모습이다. 호기심과 질문이 많으면 젊게 살 수 있다. 처음부터 자신감을 갖고 질문을 할 수 없기 때문에 질문도 그 시작이 중요하다. 그저 생각나는 질문으로 시작하면 된다. 계속 질문하는 자신을 발견하면 자연스러운 배움의 길로 나섰다고 할 만하다. 질문의 시작점이 '호기심'에 있음은 두말할 필요가 없겠다. 나는 '세미나, 심포지엄, 포럼에 참석하면 반드시 질문한다'를 정해두고 실천하고 있다. 그렇게 계속하다 보니 첫 번째 질문과 설명이 있고난 뒤 자연스럽게 두 번째 세 번째 질문하는 모습을 보게 되었다. 반드시 질문한다는 각오는 강의에 집중하게 하는 효과도 있다.

03
영원히 죽지 않을 듯 살다가
살아 보지도 못한 것처럼 죽어간다

사실 어떤 전시회를 처음부터 가 보리라 마음먹기는 쉽지 않다. 어떤 계기가 마련된다면 발걸음이 가벼울 수 있다. 신문 속 전시회 소개는 계기가 될 수 있을까? 신문은 관심 있는 분야뿐만 아니라 다양한 세상의 모습을 들여다볼 수 있게 해 준다. 신문에 나온 전시회는 마음에 닿는 제목과 설명문이 계기이자 유혹이다.

2017년 2월 9일 'YOUTH − 청춘의 열병, 그 못다 한 이야기' 전시회가 한국경제신문에 소개되었다. '디뮤지엄'에서 오늘부터 5월 28일까지 열린다고 한다. 신문은 〈미술관에서 만나는 '청춘의 열병'〉이라는 주제어 밑에 '디뮤지엄, 오늘부터 YOUTH−展'이 열린다고 하고 *"미래에 골몰하느라 현재를 소홀히 하다가, 결국에는 현재도 미래도 놓쳐 버리고요. 영원히 죽지 않을 듯 살다가 살아 보지도 못한 것처럼 죽어가죠."* 라는 말이 디 뮤지엄

2층 전시실 바닥에 씌어 있다고 했다. 어떤 표현은 그 자체가 전율을 느낄 만큼 가슴에 와 닿는 경우가 있다. '현재와 미래도 놓치고, 살아 보지도 못할 수 있다' 한 번쯤 생각하는 나의 삶에 대한 반성이 확 되는 순간이다. 이 말은 파올로 코엘료 산문집『흐르는 강물처럼』에 나온다고 한다. 이 표현은 압축하여 오늘을 어떻게 살아야 하는지를 말해준다. 우리가 흔히 Now, Here(지금, 여기)를 강조하지만 그렇게 살지 못한다. 나는 온몸으로 지금을 살고 있는가? 그럼 이 표현을 온몸으로 받아들이면, 내 삶을 지금, 여기에 몰입할 수 있을까? 그렇다면 온몸으로 받아들이는 방법은 무엇일까? 그것은 잘 모르지만 우선 파올로 코엘료 산문집『흐르는 강물처럼』을 사서 해당 내용이 어느 페이지에 나오는지 알고 싶다. 이런 방법은 책을 구입하는 동기를 만들고, 에세이 등을 접할 기회를 제공한다. 또 책을 좀 더 깊이 있게 읽을 수 있도록 도와준다. 파울로 코엘료는 세계적으로 인기 있는 신비주의 작가로『연금술사』책으로 유명하다. 책『흐르는 강물처럼』272쪽에 '인간 존재의 흥미로움'이라는 제목 밑에 관련 내용이 있었다.

한 남자가 내 친구 제이미 코언에게 물었다. *"사람의 가장 우스운 점은 뭐라고 생각하십니까?"* 코언이 대답했다. *"모순이죠. 어렸을 땐 어른이 되고 싶어 안달하다가도, 막상 어른이 되어서는 잃어버린 유년을 그리워해요. 돈을 버느라 건강 따위는 안중에도 없다가도, 훗날 건강을 되찾는데 전 재산을 투자합니다. 미래에 골몰하느라 현재를 소홀히 하다가, 결국에는 현재도 미래도 놓쳐버리고요. 영원히 죽지 않을 듯 살다가 살아 보지도 못한 것처럼 죽어가죠."* 라고 표현되어 있었다.

이제 전시장에 가볼까 하는 마음이 생겼다. 책에 이어 실제 위 문구를 전시장에서 확인하면 지금 여기에서 내일 죽을 것처럼 살아갈 수 있을 것 같아서다. 전시회를 소개한 한국경제 양병훈 기자는 '고개를 들면 생명력이 넘치는 청춘의 사진들이 시선을 사로잡는다. 액세서리, 문신, 술, 벗은 몸, 지금 이 순간을 최고로 여기는 욜로(YOLO-you live only once)가치관이 잘 드러나는 사진들이다'고 표현 하였지만 전시보다 파울로 코엘료의 표현을 확인하고 싶은 마음이 급했다. 2017년 3월 4일 한남동 디 뮤지엄 전시장을 찾아갔다.

전시장은 젊은이들로 발 디딜 틈이 없었다. 1층의 각 전시공간을 보는 둥 마는 둥 2층으로 올라가 해당 문구가 어디에 있는지 전시장 바닥을 찾았다. 안쪽 바닥에 흰 글씨로 네 줄에 걸쳐 "미래에 골몰하느라~~살아보지도 못한 것처럼 죽어가죠"라고 쓰여 있었다. 한참을 들여다보고 그 곁에 쪼그리고 앉아 전시장 스텝에게 부탁하여 몇 장의 사진을 찍었다. 전시회는 관심이 적고 오직 그 글귀에 집중하며 사진을 찍는 나의 모습이 이상하지 않았을까?

보고 싶은 글귀를 보고 난 그때부터 전시회의 모습이 제대로 눈에 들어오기 시작했다. 사진으로 가득한 전시회다. 래리 클라크, 라이언 맥긴리, 고샤 루브친스키등 젊은이들의 문화를 주도하고 있는 예술가 28명의 작품이 전시되고 있었다. 1층 전시물 통로 사이 위쪽에 이런 표현들도 있었다. '내가 니를 어찌 키웠는데/ 나는 엄마에게 속았어요', '씨발놈 착한 척하기는'과 같은 내용이다. 전시회는 누드화가 많아 다소 민망한 눈길로 바라보았다. 그러면 나는 이 전시회에 어울리지 않는 걸까?

2017년 3월 7일 조선일보에 '청춘의 열병' 전시회가 '일탈 꿈꾸는 청춘

(靑春)의 순간… 2030 열광시키다'는 제목으로 다시 소개되었다. 2월 9일 개막이래 3주 만에 5만 명을 돌파하였다고 했다. 김윤덕 기자는 "사진을 보니 좀 더 화끈하게 20대를 보냈어야 했다는 아쉬움이 든다." "내게도 저런 시절이 있었나 싶어 가슴이 뭉클했다."는 관람객의 인터뷰도 실었다. 열병은 청춘만이 앓는 특권이 아니다. 모든 세대가 그 나이에 겪는 열병이 있기 마련이다. 우리는 지금, 여기의 삶에 얼마나 열병을 앓고 있을까? 열병이 결코 나쁜 것이 아니다. 열병은 그만큼 시대를 겪어 내고 있음을 의미한다. 반드시 겪어야 할 열병을 겪지 않으면 그 시기를 지나 후회한다. 간직하고 있는 열병은 눌러 자제하지 말자. 열병은 아니더라도 내일 죽을 것처럼 생각하고 행동하며 살면 되돌아보아 후회를 덜 할 수 있다. 그런데 사람은 마음먹는다고 행동과 태도가 바로 바뀌지 않는다. 신문을 보고, 책을 읽고, 전시회에서 확인하는 등, 서로 연결하여 몸으로 체험하는 방법을 적극 추천한다.

| 김현기의 생각 정리 |
행복을 이야기하자!

행복은 일상생활 속에 있는 체험과 함께해야 한다.
- 미래에 누릴 것으로 생각하고 현재를 희생하는 것이 아니다.
- 일상생활의 당연한 일들을 감사하게 받아들여야 한다.

행복은 재미와 의미가 함께 해야 한다.
- 재미만 있는 것은 쾌락일 수 있다.

행복은 비교가 아니라 주관적 경험치가 더 영향을 미친다.
- 비교는 불만족을 만들어 낸다.
- 자기 자신을 사랑하는 사람은 더 행복하다.
- 사랑, 운동, 산책, 독서, 여행 등 자율적 행동은 행복을 증진 시킨다.

사람들 사이에서 감사하는 마음과 함께할 때 행복하다.
- 행복은 인간관계에서 오는 결과물이다.

평생 배우는 것을 즐거워하는 사람은 행복하다.
- 호기심이 있는 배움은 즐겁다.

이기적 행동보다 이타적 행동이 더욱 행복하게 만든다.
- 이타적 행동은 세상에 태어난 존재 이유를 확인하게 해준다.

행복은 틈이 있는 것이다.
- 완벽한 행동은 행복이 들어올 틈이 없다.
- 예외를 허용하고, 때론 멍 때리고 있어도 된다.

어떤 위치에 있더라도 평범한 삶을 추구하면 행복하다.
- 자신이 가진 모든 것을 함부로 사용하지 않아야 한다.

행복은 결과의 성취뿐만 아니라 과정 속, 곳곳에 함께 있어야 한다.
- 과정을 소홀히 하는 성공은 허무감을 동반할 수 있다.

몰입의 경지로 빠져드는 일을 하는 것은 나를 더욱 행복하게 한다.
- 무아지경의 상태로 빠져들 정도의 하고 싶은 일을 하는 것은 행복하다.
- 지금 하는 일을 좋아하고 즐겁게 하면 행복하다.

평생 사랑할 수 있는 사람은 행복하다.
- 우리는 사랑 받고, 사랑하기 위해 이 땅에 왔다.

행복은 스스로 만들어 가는 것이다.
- 누군가로부터 받는 것이 아니다.
- 어디에 있는 것을 찾아오는 것이 아니다.

종교와 함께 하는 삶은 행복하다.
- 종교는 내 마음속에 평화와 안정을 찾는 데 도움을 준다.

04
호기심 하나면
평생을 버틸 수 있다

환경 1) 시간적 여유를 보내는 방법은 한가함과 지루함으로 나눌 수 있다. 한가함은 주어진 시간을 즐기는 것으로 시간을 긍정적으로 보내는 것이다. 즉, 아무것을 하지 않아도 지겹지 않은 상태다. 일반적으로 한가함을 즐기거나 여유롭게 받아들이기는 쉽지 않다. 그런데 지루함은 무언가 하고 싶은데 할 수 없어서 따분해하거나 조급함을 느끼거나, 아무것도 하지 않아 무료한 주관적인 감정이다. 즉, 시간의 여유를 견디지 못하는 상태다. 만일 은퇴 후 지루함을 느낀다면 은퇴가 지니고 있는 특유한 시간에 적응하지 못하고 있다는 뜻이다. 우리들은 은퇴 이후 주어진 많은 시간을 지루하게 느낄 가능성이 매우 높다.

환경 2) 현대를 살아가는 우리들은 바쁘다는 말을 입에 달고 다닐 정도로 분주한 일상을 살아간다. 당연히 근심·걱정도 어느 정도 있고, 위험도 있게 마련인 환경이다. 보통 우리는 이것을 매우 꺼리고 멀리하려 한다. 그렇다면 은퇴 이후에 바쁘지 않고, 근심 걱정이 없고, 위험한 일이 전혀 없는 건 정말 원하는 환경일까? 실제로 얼마 지나지 않은 기간에 생활의 단조로움과 일상의 반복 등으로 매우 지루하다고 여길 가능성이 높지 않을까? 따라서 우리는 은퇴 후 그 많은 시간을 어떻게 살아갈지 고민해야 한다.

환경 3) 프랑스의 수학자이자 철학자인 파스칼은 "인간의 불행은 누구라도 방에 꼼짝 않고 있을 수 없기 때문에 생겨난다. 방에 가만히 있을 수 없다는 말은 방에 혼자 있으면 할 일이 없어서 안절부절하며 이를 참아 내지 못한다. 즉 지루해한다는 의미다. 그저 방에서 가만히 있으면 좋으련만, 당최 그러지 못한다. 그래서 굳이 스스로 불행을 초래하고 만다. 이는 인간이 겪는 모든 불행의 원천이다."라고 말했다. (책 『인간은 언제부터 지루해 했을까』 32, 33쪽) 사람들은 의식주가 해결되었더라도 그저 가만히 집안에만 있을 수 없는 존재다. 세상 모든 사건과 문제는 가만히 있지 못하는 사람들의 고유 특성 때문에 생겨났다는 말이 있을 지경이다. 그러나 무작정 일을 벌일 수는 없다. 그렇다면 무언가를 하고 싶은데 어디서 시작해야 할지 모른다면 어떻게 해야 할까?

앞서 말한 지루함, 단조로움, 많은 시간, 조용해서 뭔가를 하고 싶은 마음을 모두 끌어안고 갈 방법은 무엇일까? 그 단서는 호기심에서 찾을 수 있다. 호기심은 어떤 것에 대하여 궁금증, 의문점, 질문하고 싶은 심정, 태도를 말한다. 예를 들어 왜 그럴까? 이러한 현상은 왜 생겼을까? 그렇게 생각하는 이유는? 등이 호기심이다. 호기심은 알게 되면 해소된다. 알기 위해서 답을 찾으려 한다. 더 많이 배우려 한다. 더 많이 참여하려 하고, 더 많은 사람을 만나려 한다. 이렇게 하여 호기심이 충족되면 삶에 여유가 생긴다. 모르면 불안하지만, 알고 나면 평안해지기 때문이다. 아는 것이 힘이 되어 삶에 자신감도 생겨난다. 또 새로운 도전이 자연스러워진다. 호기심이 긍정의 에너지를 끊임없이 불어 넣어 주어 도전의 자세가 만들어졌기 때문이다. 호기심은 새로운 호기심을 갖게 하여 호기심이 꼬리를 문다. 호기심은 앎의 경계선에 위치한다. 많이 알아 갈수록 경계 범위가 넓어져 호기심이 더 많아진다. 인생을 흥미진진하게 해 주고 죽을 때까지 지치지 않는 에너지를 불어 넣어 줄 수 있는 단 하나가 호기심이다. 이보다 중요한 필수 노후 준비물은 없다.

브라이언 그레이저Brian Grazer는 책 『큐리어스 마인드』에서 '위대한 업적은 '왜'라는 아이 같은 호기심에서 탄생한다.(26쪽) 인간의 마음에서 발견할 수 있는 가장 단순하고 우선적인 감정은 호기심이다.(33쪽) 호기심은 우리가 지금 하는 방식이 유일한 방법도, 최선의 방법도 아닐 수 있다는 가능성을 허용한다.(89쪽) 호기심에서 비롯된 만족감은 삶에서 가장 중요한 행복의 원천이다(242쪽)'라고 호기심을 표현했다.

그러나 사람마다 호기심의 정도가 다르고, 아예 호기심 자체가 없어 보이는 경우도 있는 것 같다. 따라서 우리는 호기심에 불을 붙이는 발화점을 찾아야 한다. 나는 그 발화점이 메모, 기록, 일기에 있다고 주장한다. 이 세 가지는 작은 의지와 노력만으로 가능하다. 생활 중 어느 장소에서든 갖고 다니며 적을 수 있다. 독서, 각종 세미나 심포지엄, 포럼, 아카데미와 사람들과의 교류에서 느낌이 온 내용을 요약 정리한다. 이를 바탕으로 궁금한 점을 적어 본다. 그리고 반드시 질문한다를 기본으로 정해 두고 실천해 보자. 발표자의 저서와 소개된 책을 찾아 읽고, 언급된 장소를 찾아가고, 모임과 학회에 가입하여 활동해 보기를 권유한다. 잘 만하면 새로운 세상이 열린다고 장담한다. 교육기관이나 행사장에서 나눠 준 책자와 리플렛에 적는 것은 메모나 기록이 아니다. 세월이 지나면 어디에 있는지 모른다. 반드시 본인의 손으로 직접 적어야 메모 기록 일기가 된다.

서민 단국대 교수는 2017년 3월 9일 서울 50＋중부캠퍼스에서 '글 잘 쓰는 비결'을 주제로 강연했다. 그 비결로 매일매일 조금씩 쓰라고 한다. 그러면서 "노트와 펜을 가지고 다니다 글감이 있으면 간단히 얼개를 써 놓을 것, 노트를 가지고 다니면 우리네 삶이 글을 쓸 소재로 가득 차 있다는 것을 알게 된다."고 설명하였다. 바로 호기심이 발동했다. 서민 교수님의 노트는 어떻게 생겼을까? 질의응답 시간에 "교수님의 노트를 보여 주실 수 있나요?"라고 질문했다. 교수님은 가방 안에서 노트를 꺼내 확 펼쳐 보여 주셨다. 과감한 행동은 마치 이 질문을 기다린 듯했다. 거의 다 쓴 노트다. 펼쳐진 공간은 내용들로 빼곡하게 채워져 있었다. 습관화된 '메모, 기록, 일기'는 호기심을 펌프질하는 마르지 않는 샘물이다.

이래저래 세상살이는 어렵다. 그런데도 잘 버텨 내고 있다. 무슨 연유가 있어 꿋꿋하게 버티고 있을까? 단 하나 호기심이 있었다. 가끔 내가 죽어 무덤에 묘비명을 세운다는 상상을 해본다. 묘비명에 대해 박영만은 책 『묘비명으로 본 삶의 의미 인생열전』에서 '후세에 전할 목적으로 고인의 출신 내력과 생시의 행적, 특징, 남긴 말 등을 새겨 장례 후에 무덤 앞에 세우는 것이다. 죽은 자는 말이 없지만, 그가 생전에 뜻하고 염원하며 몸부림쳤던 자취들은 영롱한 묘비명으로 남아 후세에 전한다. 그러기에 우리는 죽은 자의 회한과 깨달음과 소망을 한꺼번에 압축하여 웅변하는 이 묘비명들에서 그 어느 가르침보다도 더 많은 지혜를 배울 수 있다'(7쪽)고 적었다. 나는 죽어 묘비명에 [호기심 하나로 평생을 버틴 사람]이라 적고 싶다. 지금은 호기심 하나로 평생을 버티고 있다고 해야 한다. 호기심이 계속되고 있다. 잘만하면 묘비명으로 쓸 수 있겠다.

05
자로 잰 듯
살지 않아도 괜찮아

어느 때나 집안의 물건들이 가지런히 정리된 적이 없다. 각자의 방은 물건이 넘쳐나고 어지러이 펼쳐져 있다. 이러한 모습은 늘 불만이다. 각 잡힌 군대 생활을 한 사람들은 더 그렇게 받아들일 가능성이 높다. 일상은 시간표대로 움직여야 했고, 둘만 있어도 줄이 맞아야 하는 생활이 습관으로 이어졌기 때문이다. 직장 생활은 모든 문서가 양식과 형식에 맞아야 하고, 예의는 바르게 하며, 품행은 방정해야 한다. 어디서나 나를 지켜보는 눈길이 있으니 곧은 자세를 유지해야 한다. 흐트러진 모습은 바람직한 직업인의 모습은 아니다. 그렇게 30년을 살았다. 한마디로 규칙과 각이 있는 삶을 살았다. 그렇다고 그렇게 살고 싶었는지는 알 수 없다. 그렇게 해야 한다는 당위성 속에 나를 몰아넣었을 가능성이 크다. 그 생활이 그리 즐거웠을리도 없다. 자유분방함과 무질서가 오히려 본성에 가깝다.

조선일보 2018년 3월 27일 문화면에 변희원 기자가 〈'자로 잰 듯' 살지 않아도 괜찮아〉라는 제목으로 김승주 작가의 온 더 라인(On the Line) 전시회가 리안 갤러리 서울에서 열리고 있음을 소개했다(2018년 3월 16일~4월 28일). 변 기자는 우리의 인식 속 자에 대해 '삐뚤삐뚤 마구 선을 그어대던 아이도 초등학교에 들어가는 순간, '자를 대고' 반듯한 선을 그어야 한다. 회사 일도, 공장에서 만들어 낸 물건도 모두 '자로 잰 듯' 규격에 맞아야 한다. 자는 규범, 획일, 규율의 도구였다'라고 설명하면서 전시회는 자의 본래 속성인 규칙과 정확성과 획일성을 왜곡하고 싶은 작가의 심정을 담았다고 했다. 궁금증이 발동했다. 자면 자이지 자에 의미를 부여하여 새롭게 해석한다는 내용이 무엇인지 궁금하다. 4월 4일 현장으로 향했다. 갤러리 1층 안으로 들어가니 대형 자가 원 모양의 곡선 형태로 구부러져 몇 번의 회전을 했는데, 각각 원의 크기가 다르게 제작되었고, 그 끝은 연결되지 않게 표현되어 있었다. (201x 114x 215cm) 아래층은 더 다양한 자들이 가로 방향과 세로 방향의 궤도 모양으로 둘러쳐 있기도 하고, 무질서한 회전을 수회 반복한 다음 서로 이어져 있는 형태로 벽에 붙어 있기도 했다. 그렇게 온 더 라인은 자의 직선적 계측의 의미를 완전히 벗어 놓고 제각각의 모습을 하고 있었다. 자의 속성인 획일성은 어디에도 없고, 비로소 있는 그대로의 모습으로 자신이 표현하고 싶은 모양을 만들어냈다. 전시회는 앞서 말한 작품들을 비롯해 선에서 끌어낼 수 있는 다양한 잠재적 형태의 곡선과 그 곡선으로 구성할 수 있는 갖가지 입체 조형성 작품을 전시하였다.

	우리는 원래 액체였는데 조직이라는 틀 속에 직함이라는 디자인으로 담겨 있었다. 이제 이 두 가지 조직과 직함이 없어지면 그 액체는 어떤 모습일까? 자유로운 액체 상태는 매우 낯설게 느낀다. 빨리 새로운 틀 속 디자인을 찾아

나서려 할지 모른다. 그러나 새로운 틀을 찾을 수 없다면 어떻게 해야 할까? 나의 모습을 특정 지으려 하지 말고 그때 그때 새로운 모습으로 변하면 된다. 그렇게 살아가도 된다. 100세 시대는 기존에 살아오던 자신의 모습을 한 번쯤 되돌아보는 시간이 반드시 온다. 지난 시간이 옳지 않았음의 반성이 아니다. 다만 지금까지와 다른 모습으로 살 수 있는 때가 온다. 그때 알아야 하는 첫 번째 사항은 지금 자신의 모습이다. 나는 어떻게 지금의 모습이 되었을까? 지금의 모습은 부모님으로부터 영향 받기도 했고 사회의 규범과 도덕률이 그 틀 속에 나를 가두어 두었는지도 모른다.

역사학자 베네딕트 앤더슨 Benedict Anderson은 "학교가 상상의 공동체인 국가를 만드는 최전선이었으며, 체계적으로, 심지어 마키아벨리식의 권모술수까지 동원하여 민족주의 이데올로기를 주입하는 과정에서 핵심역할을 담당했다."고 주장하였다. (김용한 책 『행복하려면 먼저 자유로워져라』 106쪽) 이 표현은 우리가 배운 학교 교육이 국가와 사회가 필요로 하는 인물상에 맞추어 있었음을 뜻한다. 먼저 '나는 나로 살아가도록 교육받지 못했음'을 인정하자. 그리고 이제 단 한 번 나로 살 기회가 열린다고 가정해 보자. 지금까지와 전혀 다른 모습으로 살아야 진정한 나의 모습을 알게 된다. 나를 찾아가려면 지금과 다른 세상살이를 경험해 보아야 한다.

2018년 6월 12일 류종형 사상심리연구소 소장의 '사상체질로 소통하고 힐링하라' 강의를 들었다. 먼저, 참석자들이 자신의 체질을 설문으로 확인한다. 소양인, 태양인, 소음인, 태음인이 그것이다. 같은 체질인 사람들을 모아 한 테이블로 앉게 하고 그 체질의 특성을 구체적으로 인식하게 한다. 다음은 지금까지와 다른 삶을 살아야 한다고 주문했다. 소양인은 소음인으로,

소음인은 소양인으로, 태양인은 태음인으로, 태음인은 태양인으로 살아가도록 노력해야 한다고 역설했다. 강사는 특히 소음인을 예로 들어 많은 설명을 했다. 소음인은 '분석적, 현실적, 결과 중시, 정밀하고 완벽한 일 처리, 신중한 의사결정, 강한 자존심, 너무 열심히 살려고 함' 등의 특징을 갖고 있다. 류 소장은 어떻게 그렇게 힘들게 사느냐, 어떻게 살아남았느냐를 여러 차례 반복하여 말했다. 자로 잰 듯 살아온 인생이 소음인의 삶처럼 느껴졌다. 누구보다 소음인은 소양인의 모습으로 살아야 한다고 했다. 소양인은 '활발하고 열정적이며 수다를 떨고 재미를 추구한다. 활동적인 취미생활을 한다. 쉽게 잘 잊고, 주저함이 없이 활발하게 일을 한다'로 정의하였다.

평균 수명 50세는 자신의 특성과 관계없이 재단된 자의 모습으로 살다 죽을 가능성이 높았다. 이제 100세 시대는 바꾸어 살아야 좋다. 특히 자신의 본래 모습과 달랐던 50년 동안 해온 행동은 쌓인 감정이 많을 수밖에 없다. 그대로 지속하면 몸에 탈이 난다. 반대로 살아야 한다. 이러한 삶의 태도를 한마디로 정의하면 어느 한쪽에 치우치지 않는 유연함과 부드러움을 강조하고 있다.

06
달콤한 우리 집은 거짓말이다

　가족 얘기를 하기 전에 우리 사는 세상 얘기를 먼저 해 보자. 세상살이에 대해 희망, 사랑, 행복, 도전, 열정 등 많은 기대 섞인 말들이 회자 되지만 현실은 이와 다르다. 치열한 응전만이 삶의 기본이 된 지 오래다. 실패와 좌절은 반드시 딛고 일어서야 한다. 단순히 희망만을 간직한 채 살아가기에 세상은 호락호락하지 않다. 나는 삶의 격랑이 덮치는 상황을 겪으면서 힘든 인생의 여정을 표현한 글들을 모으기 시작했다. 사회생활의 처음부터 그렇게 하진 않았다. 단지 삶의 실체가 알고 싶어졌기 때문이다. 이 또한 호기심의 일종이다.

　정신과 의사인 모건 스캇 펙 M. Scott Peck 박사는 책 『아직도 가야 할 길 The Road Less Traveled』 첫 페이지에서 *"인생은 문제와 고통에 직면하는 것. 삶은 고해苦海다. 이것이 삶의 진리 가운데 가장 위대한 진리다.*

이러한 평범한 진리를 이해하고 받아들일 때 삶은 더 이상 고해가 아니다. 그런데 대부분의 사람들은 삶이란 대수롭지 않으며 쉬운 것으로 생각한다. 그러면서 흔히 자신의 문제가 가장 특별하다고 생각한다."고 했다. 2008년 베이징 올림픽에서 9연승으로 우승한 야구 김경문 감독은 등 번호가 74번인데 이는 "야구를 하다 보면, 인생을 살다 보면 행운(7)도 있고, 죽을 고비(4)도 있다. 내가 남보다 나은 것은 어려움을 많이 겪어본 것밖에 없다."라는 의미에서 붙인 번호라 한다. 서울대학교 윤석철 교수는 책『경영학의 진리체계』에서 '인생의 4고苦, 즉 생로병사生老病死에서 생을 포함한 것은 삶 자체가 고달픈 것이기 때문일 것이다'라고 하였다. 소설가 이외수 씨는 2008년 6월 11일 mbc 무릎팍 도사에서 "그대의 인생은 당연히 비포장도로처럼 울퉁불퉁할 수 밖에 없다. 명심하라 모든 성공은 언제나 장애물 뒤에서 그대가 오기를 기다리고 있다. 하나의 장애물은 하나의 경험이며 하나의 지혜이다."라고 하였다. 이 내용들은 내가 쓴 책『금융 오뚝이의 꿈』17쪽에도 표현되어 있다. 살아보면 알게 되는 것들이 있게 마련이다. 그중에 인생이 얼마나 힘든 여정인지 겪어 볼수록 느낀다. 어찌 보면 하나의 인생을 온전히 살아 내는 것만으로도 훈장감이다.

가족과 함께 하는 인생살이는 또 어떤가? 송복 전 서울대 교수는 "가정家庭House은 가족家族(姓)Family(혈통)과 가구家口Household(경제) 그리고 가풍家風Discipline(정신적, 심리적, 교육적, 도덕적 요소)으로 이루어진다. 여기서 가풍이란 집안에 기강이 서 있고 명령이 있으며, 자식을 훈육하는 방식이 있는 것을 말한다."고 했다. 이때 가정이라 표현한 하우스(House)는 일반적인 집이므로 가족과 함께 사는 집은 홈(Home)이 원 뜻에 가깝다. 우리는 흔히 달콤한 우리 집(sweet home)이라고 하지만 들여다본 현실은 이와 영 딴판이다.

분명한 것은 가정 내 가족이란 핏줄로 맺어진 사이라는 점이다. 노년 노후 은퇴를 공부하면서 가족에 대해 우리의 일반적인 상식을 뛰어넘는 표현들을 모아 보았다. 한마디로 삐딱하게 쓴 내용이다.

김승기 박사는 책 『어른들의 사춘기』에서 '가족이란 저마다의 욕망이 얽히고 설킨 위험한 화약고다. 그래서 정신의학자 이사도르 프롬은 "가족은 실제로 존재하지 않는 신이 내린 최악의 발명품"이라고 했다'(83쪽)고 하였다. 가와기타 요시노리는 책 『중년수업』에서 '중년 이후의 부부관계는 전쟁이 끝난 뒤의 전우 같은 관계다'(134쪽)고 하였고, 하르트무르 라데볼트는 책 『인생의 재발견』에서 '형제들은 사랑하는 적이었다'(230쪽)고 적었다. 한상복은 책 『지금 외롭다면 잘되고 있는 것이다』에서 '마음 깊숙이 봉인해 놓은 스스로 인식하지 못하는 가장 미운 원수는 대개 가족 중 한 사람이다. 가족이 준 상처가 남이 준 상처보다 훨씬 더 아프고 오래간다'(145쪽)고 하였다. 소설가 박범신은 소설 『소금』에서 '가족은 자본주의가 만든 '핏줄'이라는 이름으로 된 빨대'(330~331쪽) 라고 표현했다. 기타노 다케시 일본 감독은 1997년, 《하나비》로 베니스영화제 그랑프리를 수상하였다. 그는 하나비 개봉 후 한 어느 인터뷰에서 "가족은 남들이 보지 않을 때 내다 버리고 싶은 존재"라는 발언을 했다고 전해진다. 영화 올 더 머니 All the Money는 대사 중에 "자식을 가진 남자는 자식에게 인질이 된다."(0:34:21-영화 34분 21초 부분)는 내용이 나온다. 자식의 인질이 부모다. 인생의 끝까지 인질의 역할을 충실히 하는 존재가 부모인지 모른다.

그럼 원래부터 가족의 관계 설정이 이렇게 무시무시한 것이었을까? 부모의 입장에서 자식은 늘 힘들기만 한 존재였을까? 아마도 현대사회가 만들어 낸 어떤 환경 때문에 가족 관계가 변한 것은 아닐까?

먼저, 가족 치료사인 존 브래드 쇼의 책 『가족』에서 자식에 관한 내용이 있어 소개한다.

아이들, 특히 남자 아이들은 한 때 가족의 가장 큰 자산이었다. 오래된 중국 격언은 "아들 없이 부자인 사람을 내게 보여 주시오. 그러면 내가 그 사람의 부가 그리 오래 가지 않으리라는 것을 보여 주겠소. 아들이 많고도 가난한 사람을 내게 보여 주시오. 그러면 내가 그 사람의 가난이 그리 오래 가지 않으리라는 것을 보여 주겠소."(54쪽)

이 내용은 아들이 큰 자산임을 강조하고 있다. 그러고 보면 오래지 않은 과거에 아이들은 큰 자산이었으나 오늘날 아이들은 가장 큰 부담이 되었다고 해야 한다.

또 다른 책 유발 하라리 Yuval Noah Harari의 『사피엔스』에서 가족에 관한 내용을 정리해 본다.

산업혁명 이전에 가족은 복지, 의료, 교육, 건축, 노동조합, 연금, 보험, 라디오, TV, 신문, 은행, 심지어 경찰의 역할을 했다. 어떤 사람이 병에 걸리면 가족이 그를 보살폈다. 그가 늙으면 가족이 그를 부양했고 아들딸이 그의 연금이었다. 그가 오두막을 원하면 일손을 보탰고, 이웃과 분쟁이 생기면 가족이 끼어들었다.(503쪽)

이러한 환경에서 가족은 많을수록 유리하다. 마찬가지로 자식도 많아야 한다. 유발 하라리는 산업혁명 이후 그 역할을 국가, 정부, 사회가 담당하게 되었다고 했다. 국가라는 개념이 보다 명확해지면서 국방과 치안을 담당하게 되었고, 확장된 공동체가 전체 복지를 책임지는 방향으로 발전하였다는 것이다.

그럼 가정의 역할은 약해지고 있다는 말인가? 사실 그렇게 진행되어 왔다. 그러나 오늘날 우리는 여전히 산업혁명 이전의 오래된 관점에서 가족을 이해하고 있다. 가족이 앞에서 말한 각종 역할을 수행해 줄 것이란 믿음, 특히 자식은 가장 믿을 수 있는 복지시스템이란 믿음 말이다. 오늘날 이것이 가능할 수 있을까? 내 새끼라는 혈연의식을 바탕으로 무한 사랑은 계속될 수 있을까? 무한 사랑은 나의 노후를 자식이 책임진다는 무한 믿음을 바탕에 깔고 있다. 이젠 이 믿음이 거의 옅어지고 있다. 누가 누구에게 완전히 의지할 수 있는 사회환경이 아니다. 그리고 부모와 자식 간에 형성하고 있는 연결고리에 대하여 보다 심도 있는 해석이 필요하다.

권수영은 책『한국인의 관계 심리학』에서 동·서양에 있어 '나'란 개인을 어떻게 인식하는지 이렇게 표현하고 있다. "서구 문화권은 '나'를 울타리가 있는 외딴집에 독립해 사는 존재로 이해한다면, 동양 문화권은 '나'를 큰 기와집에 식구들과 함께 모여 사는 방식으로 이해한다. 전자를 '독립적 자기 해석'이라고 부르고, 후자를 '상호의존적 자기해석'이라고 부른다. (34쪽) 그러면서 특히 한국은 '미우나 고우나', '죽으나 사나', '피는 물보다 진하다'(43쪽), '군사부일체'(君師父一體)(79쪽)로 받아 들인다."고 했다.

그럼 이제 부모와 자식간의 관계를 어떻게 설정해야 하는가? 칼릴 지브란은 '당신의 아이는 당신의 아이가 아니다. 그들은 그 자체를 갈망하는 생명의

아들, 딸이다. 그들은 당신을 통해서 태어났지만, 당신으로부터 온 것은 아니다. 당신과 함께 있지만 당신의 소유물이 아니다. 당신은 그들에게 사랑은 줄지라도, 당신의 생각을 줄 수는 없다'고 했다. 마광수 교수는 '효도'에서 '어머니, 전 효도라는 말이 싫어요. 제가 태어나고 싶어서 나왔나요? 어머니가 저를 낳고 싶어 하셔서 낳으셨나요? 또 기르고 싶어 하셔서 기르셨나요? '낳아 주신 은혜' '길러 주신 은혜' 이런 이야기 듣고 싶지 않아요. '난 널 기르느라 이렇게 늙었다. 고생했다' 이런 말씀이란 말아 주세요. 그러나 어머니, 전 어머니를 사랑해요'(부분 발췌)라고 표현하였다.

자식은 나의 핏줄이며 당연히 가족이다. 수백만 년의 역사 기간 동안 자식의 정의는 '내 새끼'였다. 이제 온전히 독립된 개체가 자식이다. 그들도 세상 살기가 힘들고 바쁘다. 가족이 해결해 주는 데 한계가 있다. 산업사회 이후 새로운 가족에 대한 개념 설정이 이루어져야 한다.

07
100살은 몰라도 90살 이상 사는 건 사실이다

"*요즘 모두들 100세 시대, 100세 시대! 합니다. 그래서 나도 100살까지 살 것 같다고 생각하시는 분 손들어 보세요!*" 이 질문에 손을 드는 분이 거의 없다. 100세 시대라고 하지만 여전히 자신의 일로 받아들이지 못한다. 설마 100살까지 살겠느냐는 분위기다. 통계청 국가 통계 포털에 따르면 2016년 태어난 아이를 기준으로 우리나라의 기대 수명은 82.4세다. 기대수명은 당시 태어난 아이를 기준으로 하였으므로 나이 든 나는 이 나이보다 훨씬 적게 산다고 여긴다. 과연 그럴까? 지금 나이에서 몇 살을 더 살 것인지를 뜻하는 기대여명은 2016년 50살의 경우 33.9년으로 83.9세까지, 60살의 경우 24.9년으로 84.9세까지, 70살의 경우 16.4년으로 86.4세까지, 80살은 9.3년으로 89.3세까지 살 것으로 기대된다. 2016년 태어난 아이의 기대수명 82.4세보다 각각 1.5년, 2.5년, 4.0년, 6.9년을 더 산다. 결국 지금 50세 이후 사람의 수명은 2016년 출생아보다 길다.

이제 생존율을 들여다보자. 인류에게 있어 생존율의 변화는 경이롭다. 스웨덴 통계학자인 한스 로슬링 교수가 통계청 초청으로 2015년 10월 16일 '인구변화로 본 한국의 현재와 미래'를 주제로 강연하였다. 이날 강연에서 인류는 1800~1900년까지만 하더라도 부부가 평균 6명의 자녀를 낳았는데, 이들 중 15세 이전 4명이 죽었다고 한다. 그러고도 1950~60년대까지도 평균 6명의 자녀를 낳았고 그중 2~3명이 죽었으며, 이후 1~2명이 죽고, 1900년대 후반에 이르러 사망률이 급격히 낮아졌다고 했다.

2016년 82.4세의 기대여명을 기준으로 생존율 예측치를 보면 2016년 태어난 아이는 60세까지 93.6%, 70세까지 86.7%, 80세까지 68.2%, 90세까지 29.2%가 생존할 것으로 추측된다. 100세 이상까지 생존할 가능성은 2.5%다. 2040년이 되면 기대수명은 86.9세가 된다. 이때 90~94세까지 생존할 가능성은 남자는 34.13%, 여자는 52.87%다. 100세 이상 생존할 가능성은 남자는 3.04%, 여자는 7.25%다. 2065년이 되면 드디어 기대수명이 90세가 된다. 이 때 90~94세까지 생존할 가능성은 남자는 48.51%, 여자는 64.40%다. 100세 이상 생존할 가능성이 남자는 5.96%, 여자는 11.44%다. 2040년과 2065년 통계에서 눈여겨 보아야 할 점은 50% 이상의 사람이 90~94세까지 산다는 것이다.

강의장에서 하는 내용은 이렇다. "오늘 여기 심포지엄에 오신 분들은 모두 자발적으로 오신 분들입니다. 스스로 배움에 호기심이 있어 적극적으로 참여하신 분들은 평균 수명에서 2~3년을 더 삽니다. 또 평균보다 더 잘 사는 분들은 그만큼 더 오래 삽니다. 그러니 여러분들은 2065년 평균수명 90세의 기준을 적용해야 합니다. 즉, 여러분은 남자의

경우 48.51%, 여자의 경우 64.40%가 90~94세까지 삽니다. 이때까지 살아 있으면 100살은 나의 일이 될 가능성이 높습니다."

인류는 평균 수명이 20세에 불과하였으나 지난 2000년 동안 매 100년마다 평균 수명을 한 살씩 늘려 1900년에 드디어 40살이 되었고, 그로부터 70년이 지난 1970년 60살, 또 40년이 지난 2010년 80살이 되었다. 이제 100살을 바라보게 되었다. 이처럼 급작스러운 수명연장은 어떻게 가능하였을까? 공통된 의견을 종합하면 오늘날의 환경, 위생, 영양, 보건이 1900년, 1950년 이전과 현격히 다름에 있다고 한다. 이러한 여건은 자본주의의 발달에 따른 경제적 효과에 기인하였다고 본다. 결국 잘 사는 나라가 못 사는 나라에 비해 오래 살고, 한 국가 내에서도 잘 사는 사람이 못 사는 사람에 비해 오래 산다.

2017년 2월 세계보건기구의 발표 자료도 이와 관련이 있다. 세계보건기구는 2030년이 되면 한국이 전 세계에서 가장 오래 사는 나라가 된다고 한다. 평균 수명은 87세에 이르고 여자는 90.82세, 남자는 84.07세다. 세계 사람들이 한국 학자들에게 물었다. 한국이 어떻게 하여 가장 오래 사는 나라가 되었는지에 관한 질문이다. 한결같은 대답은 첫째, 한국 사람들이 너무 잘 먹는다. 즉 영양 상태가 좋다고 했다. TV 방송도 먹는 방송이 쉬지 않고 나온다. 몸에 좋다고 하면 어떻게든 찾아 먹으려 한다. 둘째, 의료보험체계가 너무 잘 되어 있다. 그만큼 병원을 잘 활용한다고 설명하였다. 세계보건기구의 보고자료를 토대로 추측해보면 2030년 가장 많이 돌아가시는 나이, 즉 최빈사망연령은 90세다. 최빈 사망연령이 90세가 되면 우리 주변에서 이 사람도 100살, 저 사람도 100살, 흔히 100살까지 사는 사람들을 보게 된다고 하여 '100세 시대'라고 한다. 즉, 2030년 최빈 사망연령 90세가 되면 본격적인 100세 시대가 도래한다고 본다.

여기까지 설명을 하고 다시 질문해 본다. "본인이 생각할 때 평균보다 더 잘 산다고 생각하면 당연히 평균 수명보다 훨씬 더 오래 삽니다. 그런 관점에서 볼 때 나는 *100살까지 살 것 같다*라고 생각하시는 분 손들어 보세요!" 좀 전보다 훨씬 많은 사람이 손을 들지만 그래도 100명 중 20명 정도다. 나는 단호히 말한다. "*50%가 손을 들어야 진도가 나갑니다. 적어도 여성분들은 모두 100살까지 삽니다. 모두 손 들어야 합니다.*" 그제야 50%가 훨씬 넘게 우르르 손을 든다.

우리는 100살까지 산다. 100살까지 못살지라도 가능성의 영역으로 확실하게 들어왔다. 당연히 100살을 염두에 두고 생애 설계를 해야 한다. 그런데 강의가 종료되고 나면 몇 분이 다시 묻는다. "*진짜 100살까지 사나요?*" 그렇게 설명했는데도 여전히 의구심을 갖고 있다. 이러한 질문 속에 100살까지 살고 싶지 않다는 생각도 포함되어 있다. 내가 원하든 원하지 않든 100살을 염두에 두어야 함은 당연하다. 그런데 이를 받아들이지 못한다. 왜 그럴까? 이런 현상의 원인은 명백하다. 눈으로 확인 못 할 만큼 너무 빠른 변화여서 미처 보지 못한 것이다.

급격한 수명의 증가를 루지 경기와 비교해 본다. 루지는 누워서 타는 썰매경기로 최고 시속이 약 140km에 이르는, 슬라이딩 종목 중에서 가장 빠른 종목이다. 평창동계올림픽에 루지 경기를 보러 간 분의 얘기에 따르면, 선수가 출발하고 관람석 앞 구간을 지나가는데 얼마나 빠른지 보려고 하는 순간 휙 지나가고, 또 휙 지나갔다고 한다. 사진을 찍으려고 했으나 너무 빨라서 포기해야 했다고도 말했다. 우리의 수명 연장은 이와 같아서 관람석에 앉은 관객의 시선으론 감을 잡기 어렵다. 그러나 내가 루지 선수라면 얘기가 달라진다. 관객이 볼 수도 없었던 속도는 내 몸이 기억하도록 익혀야 한다. 100세 시대는 나의 일이며, 나는 관객이 아니다. 할아버지 세대의 수명을 염두에 두고 60세 인생을 바라보는 시선은 관객이다. 내 앞에 온 100세 인생은 내가 선수로 뛰어야 하는 나의 길이 된 지 오래다.

"100세 인생은 남의 일이 아닙니다.
나의 일입니다.
여러분은 누구나 100살까지 삽니다!"
"100살은 몰라도 90살 이상 사는 건 사실입니다!"

준비하고 미리 공부해야 할 것이 갑자기 많아졌다. 무엇에서부터 시작하여야 할까?

사람들이 겪는 마흔의 위기와 중년의 위기를 '중간항로' Middle Passage라고 한다.
중간 항로에 들어서면 우리는 마음에 지진이 일어난다. 사고방식이 바뀐다.
거짓된 자기를 죽인다. 투사를 거둬들인다. 끝없을 것 같았던 여름이 지나간다.
희망을 줄인다. 우울, 불안, 신경증을 겪는다.

제임스 홀리스 James Hollis 정신분석가 책 『내가 누군지도 모른 채 마흔이 되었다』 중에서

PART 3

49세!
새로운 50년은 나를 중심으로

01
49세! 새로운 50년은 나를 중심으로

　내가 세상에 나왔을 때 나는 이 세상의 모습을 알지 못했다. 스스로 어떻게 살아야 할지 도저히 가늠하지 못했다. 이때 구세주가 있었다. 그들은 부모님이다. 그들은 나의 삶을 설계하고 길을 놓았다. 나는 그 길만이 유일한 길이며 마치 정답처럼 이해하고 그 길을 따라 살았다. 나는 부모님의 설계도에 따라 성격과 습관, 태도가 형성되어 이를 그대로 사용하였을 뿐이다. 어른이 된 나는 부모님이 투사投射된 또 다른 부모의 모습이다. 그렇게 중년의 한 켠에 진입했다. 어느 날 내가 사용한 삶의 기재인 습관과 태도, 세상에 대한 인식이 결코 바람직하지 않은 구석이 있음을 알게 되었다. 지금까지 살아온 모습은 진정 나인가? 가정과 사회생활에서 맡은 역할로 나를 표현하지 않으면 나를 어떻게 드러낼까를 고민한다. 나로 살아왔다고 여겼는데 실재하는 내가 없음을 느낀다. 삶의 인식은 사회생활과 경제적 여건이 어려워 질 때 증폭되어 나타난다. 때로 분노가 폭발할 지경으로 쌓이기도 한다. 건강에 이상 신호가 오면 이보다 확실한 자각은 없다. 중년에 진입한 누구나 겪는 이 현상은 오늘날 세상살이가 그리 호락호락하지 않음을 방증한다. 끊임없이 발전을 거듭했다고 하는 세상의 환경에 우리 개인은 무한 경쟁과 적응을 강요 받았다. 삶이란 지치지 않고 넘어지지 않고 견디어 버텨내면 그 이상의 무게로 나를 짓누른다. 어느 순간 그 한계를 느낀다. 그러나 이제부터 살아 내야 할 인생의 길이도 만만찮다.

정신분석가인 제임스 홀리스 James Hollis는 책 『내가 누군지도 모른 채 마흔이 되었다』에서 사람들이 겪는 마흔의 위기와 중년의 위기를 '중간항로'라고 불렀다. 이 번역서의 원래 제목이 『중간항로 Middle Passage』이다. 제임스 홀리스는 '중간 항로에 들어서면 우리는 마음에 지진이 일어난다. 사고방식이 바뀐다. 거짓된 자기를 죽인다. 투사를 거둬들인다. 끝없을 것 같았던 여름이 지나간다. 희망을 줄인다. 우울, 불안, 신경증을 겪는다'(2장 31~82쪽 요약)고 했다. 중년 또는 나이 40~50 사이에서 겪는 삶의 인식은 지난 삶에 대한 자각이고, 여전히 가야 할 길이 많이 남은 인생을 내다 본 결과다. 이제부터 나의 삶을 살겠다는 각오이며, 스스로 내가 누구인지 탐색한 대로 살아가겠다는 다짐이다. 이런 생각은 평균 수명이 짧았던 우리 이전 세대는 전혀 하지 않았던 고민이었다.

논어論語 위정爲政편에 따르면 사십이四十而 불혹不惑하고 오십이五十而 지천명知天命이라 하였다. 불혹은 혹하지 않는다는 뜻이니 어떤 다른 사물의 내용을 의심할 여지 없이 익히 알게 되어 내가 뜻한바 대로 하여도 문제가 되지 않을 만큼 확신을 갖게 되었다고 풀이할 수 있다. 그런데 지천명은 천명, 즉 하늘의 명령을 알게 되었다고 한바 그 뜻을 가늠하기 쉽지 않다. 천명이란 내가 세상에 태어난 이유란 뜻일까? 내가 세상에 태어나 반드시 해야 할 어떤 일일까? 모리야 히로시는 책『남자의 후반생』에서 '천명을 알게 되었다' 함은 '자신의 한계를 깨달았다'는 말로 표현했다.(33쪽) 또, '인생에는 아무리 노력하고 애를 써도 어떻게 할 수 없는 부분이 있다. 즉 인간의 능력이나 노력을 넘어선 것이 천명인 것이다'(154쪽)라고 했다. 나는 50세가 되었을 때 나의 한계를 깨닫는다는 점에 주목한다. 세상에 나아가 익히 자신의 능력을 펼쳤으나 이제 그 범위를 알게 되었으니 당연히 나를 돌아 보게 된다. 그 나이가 50이다.

찰스 핸디 Charles Handy는 책『텅빈 레인 코트』에서 경제 발전을 이룬 사회에서 드러나는 아홉 가지 역설을 제시하였다. 그 중 두 가지를 소개한다. 먼저 시간의 역설이다. '격동의 시대를 사는 우리는 항상 시간이 부족하다. 여유로운 시간은 더더욱 그렇다. 예전에 비해 수명도 길어졌고 능률적인 사회가 되면서 물건을 만들거나 일을 하는데 소요하는 시간도 크게 줄었다. 당연히 여유로운 시간이 늘어나야 마땅하나 그렇지 못하다'(50쪽) '시간이 상품화되고, 조직에서 직원들의 시간을 사면서부터 문제가 시작되었다. 이런 상황에서 개인은 시간을 많이 팔수록 많은 돈을 번다. 시간과 돈의 교환이 불가피하다. 시간은 혼란스러운 상품으로 변했다. 시간을 아끼려고 돈을 쓰는 사람이 있는가 하면 돈을 벌려고 시간을 쓰는 사람도 있다. 늘 시간에 쫓기는 사람들은 가능한 시간을 아끼기 위해 돈을 쓸 것이다'(55쪽)라고 했다. 우리는 나의 시간을 팔아 돈을 번다. 그렇게 번 돈을 또 시간을 확보하는 데 쓴다. 이 무슨 아이러니인가? 다음은 개인의 역설이다. 찰스 핸디는 '사무실이 밀집한

도심, 블록 쌓듯 하늘 높이 쌓아 올린 마천루들을 보면서 우리는 그 안의 서류 정리함과 각종 단말기들 속에 과연 '나'를 위한 공간이 얼마나 있는지 자문해야 한다'고 했다. 그는 알프레드 하우즈먼의 시 *"나, 이방인으로 내가 만들지 않은 세계에서 떨고 있는 자."*(64쪽)라는 구절이 새삼 가슴에 와 닿았다고 했다. 찰스 핸디는 내가 포함된 타인들의 무리 속에 매몰된 나, 우리라는 무리 속에 매몰된 내가 아니라 나는 그 자체인 나로 존재하고 싶은 심정을 표현하였다. 시간과 개인의 역설은 경제발전의 과정에서 자본화되어 가는 개인의 시간과 조직과 사회 속 존재인 나를 비판하고 있다. 나의 시간이 없고 나의 존재가 없는 삶이 오늘의 생활이다. 그럼 나의 존재감은 어디에서 어떻게 찾을 수 있을까? 이런 생각들이 나이 50을 전후로 삶의 화두가 된다. 묻어 두고 갈 수 없다. 어떤 방식으로든 답을 찾아야 한다.

2018년 가을 학기 50+ 중부캠퍼스에서 '동양고전 탐구'를 신청하여 공부하였다. 주제는 '18세기 백수 지성 탐사'다. 이 과정에서 길진숙 선생님의 강의로 혜환 이용휴 惠寰 李用休(1708~1782)에 대해 배울 수 있었다. 이용휴는 성호 이익의 조카다. 이용휴는 진짜 나로 돌아가는 것과 잃어버린 나를 찾는 일에 평생을 바쳤다고 한다. 책『혜환 이용휴 산문전집』(이용휴 지음. 조남권 박동욱 옮김) 아암기 편에 나오는 내용이다.

나와 남을 마주 놓고 보면, 나는 친하고 남은 소원하다. 나와 사물을 마주 놓고 보면 나는 귀하고 사물은 천하다. 그런데도 세상에서는 도리어 친한 것이 소원한 것의 명령을 듣고, 귀한 것이 천한 것에게 부림을 당하는 것은 어째서인가? 욕망이 그 밝은 것을 가리고, 습관이 참됨을 어지럽히기 때문이다. 이에 좋아하고 미워하며 기뻐하고 성냄과 행하고 멈추며 굽어보고 우러러봄이 모두 남을 따라만 하고 스스로 주체적으로 하지 못하는 바가 있다. 심한 경우에는 말하고 웃는 것이나 얼굴 표정까지도 저들의 노리갯감으로 바치며, 정신과 의사와 땀구멍과 뼈마디 하나도 나에게 속한 것이 없게 되니, 부끄러운 일이다. (『혜환 이용휴 산문전집』 상 47-48쪽 아암기我菴記 편)

각주) 아암은 나의 집이란 뜻이다.

아암집에 대하여 또 다른 책 『혜환 이용휴 산문선 나를 찾아가는 길』(박동욱, 송혁기 옮기고 씀)은 '나의 집(아암我菴). 도발적이다. 내 집이라니 그럼 제 집이 아닌 집도 있던가. 너무도 익숙하게 자신이 주인이라고 믿었던 집에 대한 고정관념을 단숨에 허물어 보인다. 내가 내 집에 살고 있기는 하지만 그 집의 주인이 아닐 수도 있다는 물음을 함께 던져 준다'(75쪽)고 표현하기도 했다. 세상의 무엇과도 견줄 수 없는 귀중한 나는 그저 나를 잊고 남들의 눈치나 살피며, 그들의 하는 행동에 장단을 맞추면서 열심히 살고 있다고 주장하는지 모른다. 단 한번도 소중한 나를 위해 무엇을 해 본 적이 없는 인생으로 끝낼 것인가?

100세 인생은 가만히 있어도 언젠가 스스로에게 아래 내용을 질문하게 되어 있다. 나는 누구인가? 나는 제대로 된 사랑을 하고 있는가? 나는 행복한가? 이 소단원의 제목을 '49세! 새로운 50년은 나를 중심으로'라고 붙였다. 하필이면 왜 49세인가? 늦어도 49세는 위에 언급한 질문이 있어야 함을 표현했다. 빠르면 빠를수록 좋다. 질문은 끝이 없을 것이며, 그 답은 더더욱 요원하다. 그래도 질문은 계속 되어야 한다.

'SKY 캐슬' 드라마는 상류 사회에서 자녀들을 보다 나은 대학에 보내기 위해 펼쳐지는 치열한 상황과 부모들의 욕망을 다루고 있다. 이 드라마가 2018

년 11월 23일부터 2019년 2월 1일까지 jtbc에서 인기리에 방영되었다. 총 20편 중 18편은 극 중 강준상(배우 정준호)이 어머니(배우 정애리)와 아내 한서진(배우 염정아)과 나누는 장면이 압권이다. 나이 50 평생에 얼굴이 어떻게 생겼는지도 모르고, 내가 누군지도 모르겠다고 외치는 장면을 여기 옮겨 본다.

윤여사(정애리 분): 네가 아직 감정정리가 덜 된 모양이다. 나중에 얘기하자.

강준상(정준호 분): 저 주남대 사표 낼 겁니다.

윤여사(정애리 분): 뭐라고?

한서진(염정아 분): 여보!

윤여사(정애리 분): 병원에 뭐를 내? 너 제정신이니? 여기까지 어떻게 왔는데. 병원장이 코앞인데 사표를 내?

강준상(정준호 분): 어머님은 도대체 언제까지 절 무대 위에 세우실 겁니까? 그만큼 분칠하고 포장해서 무대 위에 세워놓고 박수 받으셨으면 되셨잖아요.

윤여사(정애리 분): 뭐? 분칠?

강준상(정준호 분): 어머님 뜻대로 분칠하시는 바람에 제 얼굴이 어떻게 생겨먹었는지도 모르고 근 50 평생을 살아왔잖아요.

윤여사(정애리 분): 내가 널 어떻게 키웠는데. 지금까지 내 덕분에 승승장구 대학병원 의사로써 순탄하게 살아왔으면서 이제 와서 내 탓을 해?

한서진(염정아 분): 여보, 당신 얼굴 뭔데요. 어머님 아들, 우리 예서 예빈이 아빠, 내 남편, 주남대 교수. 그거 말고 당신 얼굴 뭐. 뭐가 더 있는데요.

강준상(정준호 분): 강준상이 없잖아. 강준상이. 내가 누군지를 모르겠다고.

여태 병원장 그 목표 하나 보고 살아왔는데 그거 쫓다가 내 딸 내 손으로 죽인 놈이 돼버렸잖아. 병원장이 뭐라고. 그까짓 게 뭐라고. 내가 누군지를 모르겠어! 허깨비가 된 거 같다고 내가.

나는 이 장면에서 전율을 느꼈다. 나이 오십에 누구나 한번쯤 외치고 싶던 대사가 여기에 있구나 하는 생각마저 들었다.

배철현 교수는 책 『신의 위대한 질문』에서 질문에 대하여 '질문은 이 단계에서 다음 단계로 넘어 가기 위한 문지방이며, 미지의 세계로 진입하게 해 주는 안내자다. 우리는 매 순간 전혀 경험해 보지 못한 미지의 세계로 들어선다. 질문은 지금껏 매달려온 신념이나 편견을 넘어 낯선 시간과 장소에서 마주하는 진실한 자신을 찾기 위해 통과해야만 하는 문이다. 이 질문은 외부에서 오기도 하고, 자기 자신을 관찰하는 데서 오기도 한다. 이 같은 질문에는 마력이 존재한다. 새로운 삶을 찾으려 어둠의 골짜기를 헤맬 때, 사람을 통해서든 자연을 통해서든 들려오는 목소리는 그것에 귀 기울이는 사람의 운명을 한 순간에 바꾸어놓는다' (33쪽)고 말했다.

내가 나에게 하는 한 아름의 질문과 함께 중년의 고비를 넘어야 한다. 질문이 있고 난 뒤, 진정한 나의 삶을 이해하게 된다. 이 장이 끝나기 전에 나만의 질문지를 만들어 보면 좋겠다. 질문의 궁극적인 목적은 '나는 나로 살고 싶다'고 외치는 아우성이다. '내 인생을 살고 싶다'는 몸부림이다.

| 김현기의 생각 정리 |
은퇴 준비 10원칙

배움은 노후에 할 수 있는 가장 큰 즐거움입니다.
- 배움은 어렵고 힘든 고통이 아니라 즐겁고 행복한 과정입니다. 중년에 배움의 즐거움을 알고 실천하면 인생 이모작을 실천하는 데 큰 도움이 됩니다. 넘치는 호기심에 의한 배움은 가장 열정이 넘치는 삶을 살아갈 수 있도록 해 줍니다.

우리만 잘사는 것이 아니라 후손들도 잘살아야 합니다.
- 한 사람의 100세 인생을 결정하는 가장 중요한 시기는 잉태된 순간부터 5세 까지입니다. 이때 형성된 성격과 습관이 태도를 결정하고, 그 태도가 한 사람의 인생과 노후를 좌우합니다. 자녀들의 5세 이하에서 가정 분위기는 부모의 역할이 중요합니다. 우리 자녀의 0~5세 미만 때 서로 사랑하는 행복한 모습을 자주 보여 주셔야 합니다.

외로움에 대비하는 것이 은퇴 준비입니다.
- 외로움은 사람의 인생과 함께하는 동반자입니다. 노년의 외로움이 깊어지면 서러움이 됩니다. 서러움은 매우 위험한 상태입니다. 외롭지 않도록 준비해 두어야 할 무엇이 곧 은퇴 준비입니다. 관계중심의 삶을 추구하되 인생은 어차피 외롭다고 생각하여 고독력을 길러 두면 좋습니다.

어느 정도의 돈은 필수입니다.
- 오래 사는 것은 좋으나 돈보다 오래 살면 안 된다는 말이 있을 정도 입니다. 돈의 효용을 결코 가볍게 여겨서는 안 됩니다. 돈을 빼고 노후 설계를 얘기할 수 없습니다. 어느 정도의 노후 필요 자금을 만들기 위해서 사회 초년 때부터 준비하여야 합니다.

계속 사랑하십시오.
- 사랑은 이 세상에 내가 존재하는 이유입니다. 죽을 때까지 계속 사랑할 수 있는 사람이 행복합니다. 사랑을 받고 사랑을 하는 것이 100살까지 살아야 하는 이유입니다.

죽음까지도 설계하여야 합니다.
- 이 세상에 올 때는 부모님이 준비했지만 죽을 때는 스스로 준비합니다. 사전 연명의료의향서와 사전 장례의향서를 작성합니다. 죽음은 생명이 끝난 것이지 관계가 끝난 것은 아닙니다. 미리 죽음에 대해 대비하는 것은 삶을 편안하게 할 수 있습니다.

몰입할 수 있는 일이 있어야 합니다.
- 삶의 질 연구소 미하이 칙센트 미하이 Mihaly Csikszentmihalyi 는 책『몰입flow』에서 몰입은 우리가 완전히 어떤 것에 몰입했을 때 시간이 가는 것도 모르는 백퍼센트의 주의 집중 상태를 말하는 것으로 일종의 삼매경三昧境 같은 것이라고 하였습니다. 노후에 몰입 할 수 있는 무엇이 있으면 행복합니다.

명함을 만드세요.
- '명함이 있는 노후'를 설계하세요. 직장이 없고 소득이 없더라도 몰입할 수 있는 일을 만들고 그 일을 의미 있게 표현하여 명함을 만듭니다. 이때 역할과 호칭을 함께 준비하면 좋습니다. 가능한 호號도 지어 표현해 보시기 바랍니다.

가족 관리를 잘해야 합니다.
- '가족 관리'를 잘하지 못하면 은퇴 노년 준비의 공든 탑이 한꺼번에 무너질 수 있습니다. 가정이 올곧게 서야 노후가 편안해집니다. 일제강점기에만 독립운동이 필요한 게 아닙니다. 장수시대, 백세시대에 꼭 필요한 게 독립운동입니다. 자녀는 부모로부터 경제·정신적으로 독립을 하기 위해 모든 노력을 기울여야 합니다. '따로 또 같이'의 사고로 가족 관계를 형성해야 합니다.

마음을 내려놓고 나를 중심으로 생활하세요.
- 그 동안 중요하게 여겼던 직업, 직책, 연봉, 승진, 프로젝트 그리고 합리적, 논리적, 이성적, 이기적, 현실적인 것은 가벼워지고 소홀히 생각했던 행복, 가정, 사랑, 배려, 용서, 화해, 관계 그리고 감성적, 정서적, 영적, 종교적, 이타적인 것들이 무겁게 다가섭니다. 그래서 50+ 천칭은 오른쪽으로 기웁니다. 외부가 아니라 내부 즉, 나를 중심으로 생활해야 합니다.

02
100세 인생!
1361일이 좌우한다

우리는 100살까지 산다. 그럼 어느 시기를 가장 잘 보내야 100살까지 잘 살 수 있을까? 예를 들자면 ①잉태된 순간부터 세 돌까지, ②사회에 진출하고 결혼을 하는 등의 기간 10년, ③중년기로부터 정년 퇴임하기 전까지, ④정년 퇴임 후 10년, ⑤죽기 전 10년 등이 있을 수 있겠다. 사람들은 모두 자신의 나이에 견주어 지금의 나이대가 중요하다고 한다. 그래서인지 잉태된 순간부터 세 돌까지(한국 나이로 5살 정도까지)가 가장 중요하다고 하면 모두들 놀라는 눈치다. 100세 시대를 잘 살기 위해서 가장 중요한 시기는 잉태된 순간부터 만 3돌까지, 정확한 표현으로 임신 기간 266일(통계적으로 임신 기간은 수정일로부터 평균 266일이다. 즉 38주다. 마지막 월경의 첫째 날로부터 계산하면 평균 280일. 즉 40주가 된다. 이 차이는 월경 후 배란이 되고 수정이 될 때까지 약 14일을 임신 기간으로 보느냐에 따라 다르다. 네이버 지식백과 차병원 임신 정보)과 태어나서 3년인 1095일을 합한 1361일이 가장 중요하다는 말이다. 이 말의 핵심 정의는 잉태된 순간 어떤 부모를 만났느냐와 세 돌까지의 양육환경이 100세 인생을 결정한다는 것이다. 우리는 나의 100세 인생을 좌우하는 나의 아버지와 어머니를 내가 선택하여 태어나지 않았다. 그 밖에 여러 가지 요소들도 부모를 따라 자동으로 선택된 것이 대부분이다. 더군다나 3살까지의 환경이 평생 간다고 하니 도대체 내가 만들어 가는 나의 삶은 어디 있는지 알 수가 없다.

우리에게 기억이 없는 1361일에 대하여 학자들은 어떻게 표현하였는지 확인해 보자. 인지 과학자 박경숙 박사는 책『문제는 무기력이다』에서 학대와 방치, 강압적인 환경은 어른이 되어서도 스스로 행동하려는 자율성을 제약하여 평생을 무기력하게 살아갈 수 있다고 했다. 정신분석 전문의인 김승기 박사는 책『어른들의 사춘기』에서 어른이 된 지금 하고 있는 습관과 행동, 성격은 다섯 살 이전에 90% 이상이 형성되었다고 하면서 이를 두고 "*현재라는 탈을 쓴 과거*"라 표현했다. 즉, 마치 어른이 되어 스스로 형성한 성격이라 생각할지 모르지만, 과거에 이미 형성된 성격이 어른이 되어서도 그대로 적용되고 있을 뿐이란 것이다. 따라서 어른이 된 지금의 상처를 치유하는 지름길은 전이 감정-과거의 어떤 대상에 대한 감정을 현재의 어떤 대상에게로 옮겨 오는 것-을 통찰하는 게 지름길이라 했다. 미국 정신신경의학회 전문의인 휴 미실다인 W. Hugh Missildine 박사는 책『몸에 밴 어린시절』에서 어린 시절 구타, 학대, 화, 방임, 방치, 강압, 통제, 애지중지, 응석받이, 완벽, 심기증, 애물단지, 응징과 처벌, 애정표현의 미흡, 비난과 경멸 등의 환경에서 자라난 경우 어른이 된 지금도 당신의 삶 안에 그대로 남아서 지속적으로 영향을 미친다고 하면서 이를 내재 과거아 Inner Child라 하였다. 정신분석가 및 심리치료실장인 이승욱 박사는 책『천일의 눈맞춤』에서 '태어나서 3년간은 수유, 응시, 품 안에 있어 무조건적인 사랑을 받아야 한다. 사람들은 어린 시절 자신에게 가장 익숙한 방법으로 사람들을 대한다'고 하였다. 내면아이

치료 전문가인 존 브래드 쇼 John Bradshaw는 책 『상처받은 내면아이 치유』 에서 '상처 받은 내면 아이가 인생을 엉망으로 만든다. 사랑을 받아 보아야만 사랑하는 법을 배울 수 있게 된다'고 했다. 부모교육 전문가인 비키 호플Vicki Hoefle 은 책 『부모의 5가지 덫』에서 부모가 너무 애지중지 자식을 대하는 모습을 자식에게 결코 도움이 되지 않는 5가지 덫이라 하고 간섭의 덫, 모면의 덫, 헌신의 덫, 불안의 덫, 착각의 덫을 얘기했다. 이화여대 함인희 교수는 우리나라 특유의 과잉 자녀 사랑과 가족 사랑을 '자궁 가족'이라 불렀다.

이처럼 어렸을 때 성장 환경은 어른이 되었다고 완전히 잊히지 않는다. 이 기억은 인생의 어떤 사건과 상황을 마주했을 때 다시 되살아난다. 그때 나타나는 행동이 인생 전체를 흔드는 사건으로 발전할 수 있다. 로버트 브라우닝은 이를 '수면자 효과 Sleeper effect' 라 했다.

최광현 트라우마 가족치료 연구소장의 책 『가족의 두 얼굴』에 "주인이 두 번 이상 바뀐 경험을 한 애완견은 더 이상 애완견 역할을 하지 못합니다. 버림받은 충격으로 지나치게 우울하거나 공격적인 성향을 갖기 때문입니다. 강아지도 그러한데 사람은 어떠할까요?"(68쪽)란 내용이 있다. 사람만 그런 것이 아니다. 동물들도 사람과 똑같다.

그럼 어떤 부모를 만나야 할까? 부잣집이나, 학력이 높거나, 기타 여러분이 부러워하는 부모의 환경에서 태어나야 한다는 뜻일까? 이 부분에 대한 결론은 부부가 서로 사랑하는 집안에서 태어나야 한다는 것이다. 부부가 서로 사랑하면 만면에 웃음꽃이 피고 그 마음이 온전하게 아이에게 전달된다. 태교는 그 자체가 아이에게 전달되는 것은 아니지만, 태교로 기분이 좋아진 어머니의 감정이 태아에게 전달된다. 태어난 아이는 아버지 어머니가 서로 사랑하는 모습을 보고 자란다. 이러한 집안 환경은 아이의 자존감을 한껏 높여 주어 세상을 살아가는 긍정의 힘을 길러 준다.

　세상 사람들이 맘에 들지 않는 부모님 밑에서 성장하였다면 모두 엉망인 인생을 살았을까? 꼭 그렇지는 않다. 우리는 부모님 외에도 할아버지 할머니가 있고, 삼촌, 고모, 이모도 있다. 또 동네 사람도 있다. 성장 과정에는 친구들도 있다. 이 모든 환경이 좋지 않더라도 최후 보루는 학교 선생님이 계셨다. 우리 주변에 부모가 아니어도 성장환경에 긍정적 영향을 미친 사람들의 사례는 차고 넘친다.

　그런데 최근 아이들의 성장 환경은 예전과 비교하여 어떨까? 우리 부모님 세대는 아버지는 열심히 일하시고 어머니는 전업주부로 지극정성을 다하여 아이를 키웠다. 요즘은 맞벌이 가정이 51%가 넘는다. 부모가 자녀를 24시간 돌봐주기가 그만큼 어렵다. 그러니 아이가 태어나면 어딘가 맡겨야 하는 상황이 발생한다. 그만큼 헤어져 있어야 한다. 그런데 의존할 수 있는 삼촌, 고모, 이모, 동네 사람, 친구들, 학교 선생님 등이 모두 예전만 못하다. 함께하는 공동체의 삶이 아니라, 각자가 바쁜 삶을 살기 때문이다. 이제 선택할 수 있는 방법 중의 하나는 할아버지 할머니께 맡기는 거다. 할아버지 할머니에게 맡겨도 될까? 할아버지 할머니가 건강하고 열정이 넘치며, 손주를 무조건 사랑으로 보살펴 줄 수 있으면 맡겨도 된다. 이런 환경의 할아버지와 할머니와 함께 자란 손자들이 사회생활을 더 잘한다고 한다. 이를 할머니즘 Grandmotherism 또는 할머니 가설 Grandmother hypothesis 이라 하여 연구되고 있기도 하다. 할머니 가설의 내용에 '대부분 동물은 새끼를 낳고 곧 죽지만, 인간은 자녀를 낳고도 곧바로 죽지 않고 훨씬 더 오래 산다. 그 유전적 이유는 인간의 경우 아이가 보살핌이 필요 없는 나이까지 성장하는데, 할머니의 손길이 필요하기 때문이다'는 내용이 포함되어 있다. 또 할머니도 손자들을 보살피는 데서 존재 이유를 찾을 수 있어 더욱 건강하게 산다.

그럼 살아보니 부모님이 맘에 들지 않으며, 3돌까지의 양육 환경이 좋지 않아 세상 살기가 쉽지 않았다면 어떻게 해야 할까? '아버지가 맘에 드는 분 손들어 보세요?' 편에서 그 해답을 찾을 수 있다.

03
딸! 아빠는 이 결혼 반대다

강의장에서 "딸이 결혼하겠다고 남자친구를 데려와서 인사를 시킵니다. 맘에 들던가요?"라고 물어본다. 그러면 한결같이 맘에 들지 않는다고 한다. 딸 가진 부모의 심정이 그렇다. 그럼 어떻게 해야 할까? "딸아! 아버지는 이 결혼 반대다. 네가 데려온 그 남자가 용모 준수하고 예의 바르고 생활력도 있어 보인다. 너를 너무 사랑하는 모습도 맘에 든다. 그러나 아버지가 세상 살아 봐서 관상을 좀 볼 줄 알아 하는 말인데, 남자 친구의 얼굴에서 어린 시절 좋지 않았던 어떤 모습이 보인다. 어린 시절 좋지 않았던 성장 환경에서 형성된 모습은 세상살이가 너무 힘들면 어느 순간 도저히 견디지 못하고 돌출하게 마련이다. 즉, 네가 연애할 때 몰랐던 어떤 성격, 성깔, 태도, 기질 같은 게 나올 거야. 내가 너를 얼마나 곱게 키웠니. 그런 모습이 나타나면 네가 감당이 안 될 거다. 그래서 아버지는 이 결혼 반대다." 그래도 딸이 결혼하겠다고 하면 어떻게 해야 할까? "네가 끝까지 주장하면 어쩔 수 없이 결혼을 허락할 수 밖에 없다. 자식 이기는 부모가 없다고 하잖니. 단, 나중에 아버지에게 와서 울고불고하면서 그때 끝까지 말리지 왜 허락했느냐고 따지기 없다. 이것 약속하면 허락하마."
이 이야기는 있을 수 있는 일을 가미하여 상상력을 발휘해 구성한 내용이다. 딸을 중심에 두고 전개하였으나 아들의 경우도 별반 다르지 않다.

책『몸에 밴 어린 시절』의 저자인 휴 미실다인(W. Hugh Missildine) 박사는 내재 과거아의 관점에서 결혼은 네 사람이 하는 것으로 보았다. 결혼하는 당사자인 두 사람과 두 어른의 내재과거아를 포함한 네 사람이다. 이 네 사람은 저마다 가진 성질과 성격이 있어, 한 사람은 나머지 세 사람을 서로 존중하며 잘 적응해야 한다고 보았다. 서로 사랑하여 결혼한 두 사람이 살아가다 보면 어느 날 연애할 때는 몰랐던 어떤 성격이나 성질 태도 같은 것이 돌출한다. 이때 보이는 모습이 어린 시절 내재 과거아가 어떤 인생의 장면과 만났을 때 모습을 드러낸 것이다. 강의장에서 *"결혼하고 살다 보니 연애 할 때는 몰랐던 성격이나 성깔이 나타나던가요?" "언제쯤 나타나던가요?"* 라고 물어본다. 대부분 배우자의 내재과거아가 나타났다고 한다. 신혼여행가서 바로 나타났다고 하기도 하고 몇 달 또는 1년, 2년 이내에 나타났다고 한다. 드물게 20년이 지났는데 아직 안 나타났다고 하는 경우도 있다. 그러면 축하의 박수를 보내 달라고 요청한다.

우리는 누구나 '내재과거아'를 품에 안고 살아간다. 내재 과거아는 반드시 나타난다. 이런 이유로 결혼이란 내 속에 있는 내재과거아가 밖으로 돌출되었을 때 이를 사랑으로 감싸 안아줄 사람이 필요해서 하는 것이라 생각했다. 전혀 그런 내재과거아가 없을 거라 생각하고 결혼 하는 것이 아니라 돌출하는 내재과거아를 나의 사랑으로 감싸 안아주는 것이 사랑이라 생각하자.

공지영 작가는 2012년 25년의 작품들 속에 골라 담은 문장들로 책『사랑은 상처를 허락하는 것이다』를 출판했다. 책 속에 모두 365편의 내용을 담았다. 그 중 두 번째 내용의 제목도 '사랑은 상처를 허락하는 것이다'이다. 두 번째 주제어를 책 제목으로 정했으니 그만큼 이 문장의 끌림이 있었으리라. '‥ ‥ 상처받는 것을 허락하는 것이 사랑이라고, 다만 그 존재를 있는 그대로 놔두는 것이 사랑이라고, ‥‥ 그래요. 그러겠습니다. 그렇게 해보겠습니다. 상처받는 것을 허락하는 사랑을 말입니다'라고 적혀 있다. 상처를 허락하는 사랑은 부부가 함께 산 기간이 길수록 공감이 되는 말이다. 공지영 작가의 이 말은 앞선 책『빗방울처럼 나는 혼자였다』에도 나온다. 33쪽의 제목이 '상처받는 것을 허락하는 사랑'이다. 그 내용은 '그래도 당신은 내게 사랑해야 한다고 말씀하시는군요. 그것은 두려운 일이 아니라고, 상처받는 것을 허락하는 것이 사랑이라고, 제게는 어려운 그 말들을 하시고야 마는군요. 그래요. 그러겠습니다. 그렇게 해보겠습니다. 상처받는 것을 허락하는 사랑을 말입니다'라고 쓰여 있다.

우리는 배우자의 내재과거아로부터 상처받는 존재다. 내재과거아는 그대로 두고 그 상처를 허락하는 게 사랑이라 한다. 깊은 상처의 흔적을 치유하려면 사랑의 크기가 커야 한다. 사랑이 위대하긴 하다. 그러나 살다 보면 상처 때문에 사랑이 소진될지 모른다. 그러니 자신의 내재과거아가 나의 배우자에게 너무 큰 상처를 주지 않도록 해야 한다. 상처로 사랑을 시험하지 않아야 한다. 그러려면 자신의 내재 과거아가 어떤 모습인지 알아야 한다. 그리고 관리해야 한다. 새로운 성격, 성깔, 태도와 습관을 만들어야 한다.

사랑하는 딸이 결혼하겠다고 남자를 데리고 와서 인사를 한다. 아들의 경우도 같은 맥락에서 읽어 주기 바란다. 이제 어떻게 말해 주어야 할까? "사랑하는 딸! 네가 데려온 그 남자가 용모 준수하고 예의 바르고 생활력도 있어 보인다. 너를 너무 사랑하는 모습이 너무 맘에 드는구나. 그런데 아버지가 세상 살아 봐서 관상을 좀 볼 줄 알아서 하는 말인데, 남자 친구의 얼굴에서 어린 시절 좋지 않았던 어떤 모습이 보인다. 살다 보면 네가 연애할 때 몰랐던 어떤 성격, 성깔, 태도, 기질 같은 게 나올 거야. 그러면 너의 큰 사랑으로 감싸 주어야 한다. 그것이 점점 성숙한 결혼 생활을 하는 방법이란다. 그렇게 살아가다 보면 어느 날 변화하는 남편의 모습을 보게 된다. 세월이 흘러 너의 큰 사랑을 정말 고마워 할 거야. 이런 마음가짐을 갖고 결혼해야 한다. 그럴 수 있겠니?"

이런 대화는 딸에게도 똑같이 적용된다. "사랑하는 딸, 네가 남편과 살다 보면 너도 성깔이 나타날 때가 있게 마련이다. 내가 너를 너무 곱게 키워서 그게 너의 성깔에 안 좋은 영향을 미쳤으리라 본다. 아마도 그때는 네 남편이 큰 사랑으로 너를 감싸 줄 거라 믿는다. 오늘 내가 보기에 네 남자친구가 그 상처를 안아 줄 만큼 큰 사랑을 갖고 있다는 믿음이 생기는구나."

이제 양가 집안이 서로 만나 상견례를 한다. 미실다인(W. Hugh Missildine) 박사가 결혼은 네 사람이 한다고 했으니 결혼은 집안 간의 혼사이기도 하다. 과거부터 집안을 보고 결혼한다고도 했다. 그럼 뒤 조사를 해 보지 않았다면 이 결혼이 잘하는 것인지 어떻게 알 수 있을까? 상견례 장에서 바로 알 방법은 없을까? 사돈 될 분들의 모습에서 확인할 수 있으나, 워낙 준비를 철저히 하고 용모를 갖추었다면 쉽게 판단하기 어렵다. 다만 이때 결정적인 방법이 있다. 안 사돈 될 분이 행복해 보이는지를 보면 된다. 집안의 분위기는 어머니가 좌우한다. 어머니가 행복하면 집안이 행복할 것이고, 그러면 사위도 행복한 기운을 받아 내 딸을 행복하게 해 줄 가능성이 높다. 그런데 아버지가 행복하다고 집안이 무조건 행복하다고 볼 수는 없다. 그럴 수도 있고 그렇지 않을 수도 있다. 안 사돈이 행복해 보이면 이 결혼 잘하는 거라 생각해도 된다.

강의장에서 여기까지 얘기하고 건배를 제의한다. 컵을 들어도 되고 볼펜을 들어도 된다. 강사인 내가 먼저 *"Happy"* 라고 하면 참석자들이 *"Wife"* 라 하고 이어 내가 *"Happy"* 라고 하면 참석자들이 *"Family"* 라고 한다. 마누라가 행복하면 우리 가족이 행복하다!

"Happy" "Wife" "Happy" "Family"

04
아버지가 맘에 드는 분
손들어 보세요?

우리의 삶은 잠시도 쉬지 않고 어딘가로 이동하고 있다. 내가 원하지 않더라도 옮겨지는 나를 확인한다. 나이가 그러하고 소속된 조직의 변화도 그러하다. 그런데 어느 날은 그 다음 장소가 정해지지 않았는데 이 곳에서 방출되기도 한다. 인생 1막과 2막으로 표현되는 100세 시대는 이와 같은 경계시점이 반드시 온다. 경계시점은 사람에 따라 다르며 주로 50세~65세에 걸쳐 있다. 이쪽과 저쪽은 다른 세계다. 그 경계는 그냥 걸어 넘어 갈 수 없는 공간이 있다. 빙하가 갈라져 생긴 긴 틈 같은 크레바스, 수량이 풍부해 가득 넘쳐 흐르는 큰 강, 혹한과 눈사태가 있는 히말라야 산맥을 넘어 가야 하는 일인지도 모른다. 2018년 2월 27일 공무원 연금공단 제 6회 은퇴설계포럼에서 남경아 서울 50+ 재단 서부 캠퍼스 관장은 '50 이후의 삶, 여가의 의미' 토론에서 "은퇴 후 새로운 단계로의 전환은 서커스의 공중 그네타기와 같은 모험"이라고 말했다. 2막의 진입이 결코 만만하지 않음을 이리 표현했다. 2막을 확실히 깨닫는 나이는 늦어도 50세다. 이보다 일찍 느끼는 사람들도 많다.

나이 50이 되면 무슨 생각이 들까? 열심히 살아왔다는 느낌이 들 수도 있고, 앞으로 50년을 더 살아야 한다는 압박감이 들 수도 있다. 그런데 무엇보다 존재로서 나는 누구인가로 귀결된다. 그 동안 자신을 회사, 직책, 다른 사람과의 관계, 집을 비롯한 소유로 표현해 왔던 것에서 이제는 이런 것들을 생략한 나에 대해 알고 싶다. 이러한 사고는 평균 수명 50~60세에는 굳이 할 필요가 없었다. 지난날에 대한 후회가 있더라도 이를 바로 잡거나 만회하기엔 시간이 부족했고, 또 남아 있는 5~10년 동안 여유로운 생활을 즐기다 죽으면 그만이다고 여겼기 때문이다. 그러나 100세 시대를 맞아 남은 50년을 바라보니 나의 실체적 존재에 대한 의미를 알아가고 싶어진다.

조지프 캠벨Joseph Campbell 은 "중년이란 당신이 사다리 맨 위에 올라가서야 사다리가 엉뚱한 벽에 놓여 있다는 사실을 발견하는 시기"라고 했다. (책 『빅 시프트』 35쪽 저자 마크 프리드먼 Marc Freedmanwj, 한주형 옮김) 중년은 나이 40~65세를 말한다. 이 때 나의 인생을 재조명하고 그 길을 바로 잡을 기회가 주어진다. 엉뚱한 방향의 사다리를 놓고 있었다면 이젠 올바른 사다리로 다시 놓아야 한다. 이때 고려할 것이 '나는 누구인가'이다. 그리고 이를 알기 위해선 세 가지 관점을 살펴 보아야 한다.

먼저, 나의 부모님과 그 이상의 조상들은 어떤 분이었는지를 알아야 한다. 왜냐하면 내가 하고 있는 행동 태도 습관은 부모로부터 왔기 때문이다. 이 부분은 내가 항상 강조하고 있는 '잉태된 순간부터 5세 미만의 가정 환경이 평생에 걸쳐 영향을 준다'의 관점과 일치한다. 그러면 나의 부모님을 알아야 하고, 그 부모님의 부모님도 알아야 한다. 그럼 우리는 아버지와 어머니 중 누구의 영향을 더 많이 받았을까? 어머니의 영향을 많이 받았다고 할지 모르나 이 물음의 정답은 아버지이다. 세상의 어머니는 모두 비슷하다. 항상 지극정성으로 자식을 사랑하고 한결 같은 마음으로 양육을 하기 때문이다. 그러나 아버지는 매우 다양하다. 아버지를 예로 이야기 해 본다.

많은 분들이 이렇게 얘기한다. 다소 심한 표현을 한 부분은 이해하여 주기 바란다. "50살까지 살아오면서 나의 아버지가 맘에 든 적이 없다. 심지어 저 분이 나의 아버지라 생각하니 분통이 터질 때가 한두 번이 아니었다. 아버지의 행동과 태도 습관 때문에 어머니는 늘 힘들어 하셨다. 때론 아버지의 투정을 받아주시는 어머니가 애처로웠다. 어머니를 생각할 때마다 아버지가 미웠다." 이처럼 늘 아버지는 맘에 드는 분이 아니었다. 그렇게 원망스럽던 나의 아버지는 어떤 분이었을까를 다시 생각해보니 아버지의 삶도 격동의 세월이었다. 어려운 가정에서 태어나 제대로 배우지 못했고, 물불 가리지 않고 치열하게 사셨다. 세상의 변화에 적응하기 쉽지 않았고, 많은 자식들을 책임져야 한다는 마음에 몸이 부서져라 일하셨다. 그러니 자식들은 배불리 먹지 못해 불만이었고, 늘 일만 하시던 아버지로부터 충분한 사랑을 받지 못했다. 내가 50살을 살아보니 우리 아버지는 그 당시로 보면 최선을 다해 사셨고, 나름의 방법으로 사랑을 표현 하셨는데 내가 잘 몰랐던 거란 생각이 든다. 나는 자식으로 아버지의 노고에 고마움을 표현해 본적이 있던가? 나는 아버지의 사랑에 한번도 보답을 해 드린 적도 없었던 자식이었다. 50살에 아버지를 생각하니 눈물이 난다. 그저 미워만 했던 아버지를 내가 세상을 살아보니 이해가 되었다. 이 부분에서 통곡을 한다는 이도 계셨다. 아버지의 아버지인 할아버지도 마찬가지다. 우리는 어느 세대이든 자신의 방법으로 최선을 다해 살며 가족을 사랑한다. 미워하고 싫어하는 것은 나의 관점이다. 첫 번째 물음 '나는 누구인가'로 조상님들과 나를 통합해야 한다. 이야기의 편의 상 아버지를 중심에 두고 전개하였으나 각 가정은 매우 상이하며 어머니의 경우에도 적용 될 수 있으므로 참조하여 이해해 주실 것을 거듭 요청한다.

에릭슨은 노년기에 '절망'하지 않기 위해서는 인생이 서로 다른 두 개의 요소, 즉 성공과 실패, 선과 악, 기쁨과 슬픔, 즐거움과 고통으로 뒤섞여 있다는 걸 알아야 하고, 나이가 들면 양면적인 요소를 모두 인생의 조건으로 받아들여 '통합'할 수 있어야 한다는 점을 강조했다. 젊을 때는 결코 인정하고 싶지 않았던 인생의 어두운 부분, 아팠던 과거, 그리고 앞으로 다가올 죽음마저도 자신의 인생 안에 '통합'해야 한다고 말했다. (한혜경의 책 『나는 매일 은퇴를 꿈꾼다』 44쪽) 그 통합에 나를 중심으로 조상님들과의 통합도 있다.

두 번째, 나는 그 자체로 누구인지 알아야 한다. 세상을 살다 보니 가정과 사회생활, 돈 관리 등 모두 쉽지 않다. 나의 습관과 태도, 행동이 맘에 들지 않는다. 그런데 앞으로 50년은 더 살아야 한다니 갑갑하기만 하다. 어떻게 해야 하는가? 우선 내 앞에 나의 모습을 닮은 모형이 하나 세워져 있다고 생각하자. 그리고 모형을 보고 말해야 한다. *"○○아, 그 동안 살아 낸다고 고생 많았다. 살아보니 세상만사가 쉽지 않지? 사실 그 어려움들은 너의 잘못이 아니란다. 부모님으로부터 물려 받은 습관과 태도, 행동으로 지금까지 살아 온 결과이기 때문이다. 부모님만 탓하고 있기엔 아직도 50년을 더 살아야 한다. 그러니 마음에 들지 않는 습관과 태도, 행동은 바꾸어서 살자. 바꾼다는 게 쉽지는 않을 거야. 세상살이를 견뎌낸 끈기만 있으면 못할 것도 없다고 생각하자. ○○○을 응원한다!"* 나의 지금 모습은 인생의 삶 속에서 해온 습관과 태도 행동의 결과이다. 지금의 모습이 맘에 들지 않으면 과거의 나와 과감하게 결별해야 한다. 그 방법은 무엇인가? 우선, 나의 삶에 영향을 미친 습관과 태도, 행동이 무엇인지 알아야 한다. 또한 어린 시절의 상처가 어떻게 형성되어 성인이 된 오늘날까지 영향을 미치고 있는지를 직시해야 한다. 이를 감추지 말고 완전히 드러내어 치유의 시간을 갖는다. 어려운 과정으로 여겨지면 가정심리치료사 등의 도움을 받도록 한다. 어느 가정심리치료사는 황혼이혼은 결혼 후 쌓인 되돌릴 수 없는 감정 때문에 일어나는데, 황혼 이혼 하기 전에 가족 심리 치료를 받아 보도록 권유했다. 심리 치료의 과정에서 남편과 아내가 해온 습관 태도 행동이 어린 시절 가정환경에서 형성된 결과임을 알게 되고, 의도하지 않았던 상처를 서로에게 준 사실을 깊이 받아 들이면서, 앞으로 어떻게 살아 갈지 서로 상의하여 극적인 관계 복원을 하게 된다고 했다.

　셋째, 자녀들이 나를 맘에 드는 아버지로 생각할 것인가? 나를 존경하며, 따르고 싶고, 이분이 나의 아버지여서 마냥 좋다고 여길 것인가? 이 질문이 채 끝나기도 전에 말문이 막힌다. 결코 그렇게 생각하지 않을 것 같다. 심지어 나의 아버지와 내가 한치의 오차도 없이 똑 같다는 생각마저 든다. 이제 어떻게 해야 하나? 막막하기만 하다. 이 때 해야 하는 단 하나의 방법은 집안 분위기를 바꾸는 거다. 그 방법은 적극적으로 배우자에게 애정표현을 해보는 거다. 그것도 농도 짙은 몸짓까지 동원해서 말이다. 시도 때도 없이 자주 안아 주는 방법을 우선 추천한다. 가능한 자녀들이 보는 앞에서 하면 더 좋다. 평소 애정표현과 관련이 없는 생활을 해 왔다면 더 적극적으로 해보자. 이미 성장한 자녀들 앞에서 무슨 추태냐고 하지 말고 어색하더라도 계속해 보자. 이 광경을 지켜보는 자녀들은 처음 보는 광경에 우리 아버지가 미쳤다고 할지도 모른다. 계속 이어지는 아버지의 애정표현을 받아주는 어머니가 더 이상하다고 여길 수도 있다. 사실 어머니는 싫지 않은 거다. 어느 순간 어머니의 얼굴표정이 밝게 변했다. 이젠 어머니가 더 적극적으로 응하는 광경을 보게 된다. 집안 분위기가 예전과는 딴판이다. 그제서야 자녀들이 말한다. 아버지가 미친 게 아니라 변했다. 어머니도 가족 간의 관계가 소원하다면 우선 배우자에게 적극적 애정 표현을 해보자. 어머니의 변한 모습에 자식들이 탄성을 지를지도 모른다.

이제 집안 분위기가 변했다. 집안 분위기가 바뀌면 자녀들과 함께하는 시간을 늘려가야 한다. 추억거리를 억지로 만들지 말라고 했지만, 품을 떠나면 기회가 없고, 자식은 남이 된다. 추억거리를 많이 만들어야 한다. 가족들과 함께 사용한 시간만큼 후회를 줄일 수 있다. 조지 엘리엇 George Eliot 은 '날 사랑해 주는 것도 고맙지만, 내가 정작 필요로 하는 것은 사랑한다는 말이다. 침묵은 무덤 너머의 시간만으로도 충분하다'(토니 험프리스의 책 『가족의 심리학』 176쪽)고 했다. 애정표현의 말과 행동을 주저하지 말고 적극적으로 실천하자.

하버드 대학교 하워드 스티븐슨 교수는 "인생이란 누구에게나 처음이기에 세상은 전환점이라는 선물을 숨겨놨어. 그걸 기회로 만들면 후회 없는 인생을 살 수 있다네"(강의모의 책 『땡큐, 내 인생의 터닝 포인트』 198쪽)라고 인생의 터닝 포인트에 대한 명언을 남겼다. 인생의 여러 전환점 중 나이 50에 맞이하는 전환점은 대 전환점이며, 누구나 짚고 넘어가야 한다. 먼저 존재로서 나는 누구인가의 질문에 답을 해 보아야 한다. 50의 전환점에 존재로서의 가치를 높여 인생을 더욱 풍부하게 하고 영적으로 편안한 삶을 영위하자. 꼭 50이 아니어도 얼마든지 생각해 볼 수 있다. 가능한 빠를수록 좋다.

05
100살까지 살면
열 번의 로맨스를 할 수 있다

바람이 선선하게 분다. 미세먼지도 옅어져 활동하기 무난하다. 너른 광장과 잔디밭에 자리를 깔고, 텐트를 쳐 옹기종기 모여 앉기만 해도 우정과 사랑은 깊어만 간다. 빈자리가 없을 정도다. 거기에 더하여 공연이 펼쳐지고 밤도깨비 야시장이 있어 풍경 자체가 즐겁다. 긴 줄을 서고도 지루해하지 않음은 연인과 함께 있어서다. 플로팅 스테이지는 연인들이 사랑 고백을 하는 무대가 되었다. 그 장면이 풋풋해서 그저 웃음이 났다. 물빛 광장은 아이들이 시간 가는 줄 모르고 장난 치는 서울의 몇 안 되는 장소다. 흠뻑 젖어도 절대 떠나려 하지 않는다. 한강을 축소한 모양으로 물길을 낸 도랑은 어린아이들을 데리고 나온 가족들에게 한 바탕 놀이하기에 가장 적합한 장소다. 양말을 벗고 물길을 따라 거꾸로 걸어 본다. 발끝에 느껴지는 시원한 느낌이 짜릿하다. 한강 다리 밑은 가장 선점되는 가족 공간이다. 하루 종일 전을 펴고 놀다 가는 가족이 많다. 가끔 방송국에서 계절 풍경을 소개하거나, 날씨예보를 하기도 한다. 이 모든 광경은 봄, 여름, 가을 여의도 서강대교와 마포대교 원효대교 사이에서 펼쳐지는 모습이다. 여의도공원을 산책하거나, 양화대교를 지나 선유도 공원을 가볼 수도 있고, 63빌딩을 지나 여의도를 한 바퀴 돌아 보아도 좋다. 선착장에서 유람선을 타 보아도 되고, 하트 모양의 조형물 앞에서 사진을 찍어도 좋다.

어느 날 여의도 한강 공원에 나가 여의나루 역 앞 너른 광장을 지나 한강변으로 갔다. 한강의 물결이 턱밑까지 오는 낮은 둑길을 연인들이 끝이 안 보일 정도로 길게 쌍쌍이 앉아 있었다. 너무 신기했다. 누가 먼저 앉았는지 알 수 없으나 일정한 간격으로 마치 정렬하듯 마포대교 밑까지 펼쳐진 광경은 감탄사가 나올 만하다. 연인들의 어우러진 모습을 멀리서 뒷모습만 보이도록 사진을 찍었다. 이보다 더 아름다운 젊은 연인들의 모습을 어디에서 볼 것인가? 그 후에 그 장소에 가보니 똑같은 장면을 연출하고 있었다. 이 광경의 사진을 강의장에서 보여주고 질문한다. "너무 아름답지 않나요? 이런 시절이 있었지요. 한 번 생각해 봅시다. 100세 인생을 살면 로맨스가 몇 번 올까요?" 참석자들은 세 번을 얘기하는 분도 계시지만 열 번, 수십 번, 심지어 수백 번이라고 얘기하기도 한다. 사랑을 어떻게 정의하느냐에 따라 다를 것이다. 작은 감정의 쏠림조차 사랑이라 한다면 수백 번이 아니라 수천 번도 가능하다. 그런데 사랑은 가는 것이 아니라 온다는 설정을 하고 말씀드렸다. 어떤 사람은 사랑이 저만치 오면 얼른 눈치를 채고 잡아챈다. 어떤 사람은 사랑이 곁에 와서 옆구리를 찔러도 모른다. 어떤 이는 사랑이란 걸 알면서도 함께 사는 사람 때문에 과감하게 떨쳐 낸다. 이 질문은 "*100살까지 살면 로맨스가 열 번 정도 온다.*"가 답이다. 그러면 참석자들의 눈빛이 초롱초롱하다. 나는 몇 번의 로맨스를 했나 하는 눈치다. 나의 두 번째 질문은

"집에 계신 분은 몇 번째 로맨스인가요?"이다. 첫 번째라고 답하기도 하고 세 번째라고 답하기도 한다. 다음 질문은 "100세 인생은 열 번의 로맨스가 있다고 하는데 나머지 못다 한 로맨스는 어떻게 할 건가요? 다 채우지 못한 로맨스는 억울하지 않은가요?"라고 묻는다. 그러면 어쩔 수 없다고 하는 분도 계시지만 기회가 되면 나머지 로맨스를 하겠다고 하는 분도 있다.

내 생각은 이렇다. 우리는 열 번의 사랑을 받도록 태어났다. 또 열 번의 사랑을 하도록 태어났다. '당신은 사랑 받기 위해 태어난 사람'이란 노래도 있다. 결혼은 열 번의 사랑 중 못다 한 횟수의 사랑을 이 사람과 하기 위해 하는 거다. 결혼할 상대에게 이렇게 말해보자. "내가 당신과 결혼하는 이유는 지금 당신을 너무 사랑하기 때문이야. 또 당신이 나를 너무 사랑하기 때문이야. 덧붙여 100세 인생은 열 번의 사랑을 할 수 있다고 하잖아. 당신이 몇 번째 사랑인지 절대 말할 수는 없어. 만일 당신이 세 번째 사랑이라고 가정해보면 열 번의 사랑까지 모두 여덟 번의 사랑을 전부 당신하고 하려고 결혼하는 거야. 보통 사람들은 하나의 사랑이 이만큼 밖에 되지 않지만 나는 하나의 사랑도 엄청 크거든. 그러니 여덟 개의 사랑을 다 합치면 얼마나 클까? 만일 살아가다가 연애할 때 몰랐던 당신의 어떤 성격, 성깔, 태도, 기질이 돌출하여 나에게 상처를 주더라도 나의 큰 사랑으로 감싸 안아 줄 거야. 지난번 어떤 강의에서 외로움에 대비하는 것이 은퇴 준비라고 하더라고. 나는 당신의 인생이 외롭지 않도록 더욱 사랑할 거야. 또 당신이 고독해 할 때마다 내가 지켜줄게. 그리고 우리의 아이도 셋을 낳아서 그 아이들에게 사랑을 듬뿍 주고 키울 거야. 또 나이가 들어 가면서 점점 더 성숙한 사랑을 하고 싶어. 그래야 나의 엄청난 사랑을 다 사용하고 죽는다고 생각해." "그러니 당신도 내가 몇 번째 사랑인지 절대 얘기하지 말고, 나머지 사랑은 모두 나하고 하는 거야. 살아가다가 내 어린 시절 내재과거아가 돌출하여 당신에게 상처를 주더라도 당신의 큰 사랑으로 감싸주었으면 좋겠어. 또 내가 외로워하지 않도록 사랑해줘, 알겠지? 그렇게 성숙한 사랑을 하면 노후에도 당신과 결혼해서 내 인생이 행복했다고 말할 수 있을 거야. 그런데 살아가다 당신이 딴짓을 하거나, 일찍 죽으면 내게 남은 사랑을 다시 시작할 수도 있어. 그러니 우리 서로 사랑하며 함께 100세까지 행복하게 살자!"

한세상 살면서 한 사람을 사랑하며 행복하게 살기도 쉬운 일이 아니다. 결혼은 이런 깊은 뜻을 간직하고 있다. 위 내용은 남녀 누구에게나 해당된다. 결혼과 더불어 쌓여져 있던 불만과 채워지지 못한 사랑이 은퇴와 더불어 폭발할 수 있다. 아직도 40~50년을 더 살아야 하는데 남편 또는 아내로부터 찬밥 신세가 되면 은퇴 준비에 있어 돌이킬 수 없는 치명상을 입을 수 있다. 상명대 조은숙 교수는 이 부분에 대하여 다음과 같이 말했다. "고등학교에서 대학을 잘 가기 위해 내신성적을 잘 관리해야 한다고 합니다. 이와 마찬가지로 100세 시대를 잘 살기 위해 결혼 후 내신성적을 잘 관리해야 합니다. 이때 내신성적은 평소 부부가 얼마나 사랑하며 살았느냐의 성적표입니다. 이 내신성적이 좋지 않으면 은퇴 후 생활이 엉망이 될 것을 각오해야 합니다. 특히 남자들은 명심하기 바랍니다." 이 부분에서 왜 남자만 갖고 그러냐고 하는 이도 있다. 여자들도 해당이 되지만 경우의 수가 남자들에게 더 많기 때문에 표현하였을 뿐이다. 특별한 이해를 부탁한다.

가끔 요즘의 결혼 문화를 생각해 본다. 사람은 누구나 어린 시절의 상처가 있게 마련이다. 그 상처를 안고 결혼한다. 살다 보면 어린 시절의 아픈 상처가 반드시 겉으로 모습을 드러낸다. 배우자에게 치명적 상처를 입힐 수 있다. 그리고 결혼은 아픔과 슬픔, 고난과 역경을 포함한다. 이 모든 것을 극복할 수 있는 힘이 사랑이다. 이 고비는 어떤 부부에게도 있다. 서로를 감싸 안을 수 있을 만큼 사랑이 커야 한다. 이렇게 성숙한 사랑을 하면 100세 인생을 제대로 살았다고 할만하다. 만약 결혼하지 않았으면 이러한 과정을 버거워하기 때문일 수 있다. 그러나 나의 깊은 상처를 감싸 안아 줄 큰 사랑을 가진 배우자가 없다면, 또 나의 외로움을 사랑으로 안아 줄 배우자가 없다면, 이 긴 100세 인생이 얼마나 황량할 것인가? 울고불고하는 한이 있더라도 사랑해야 하고, 결혼해야 한다. 그게 사람의 삶이다. 또 개인의 사랑은 누가 써도 소설이 된다. 단 하나 어디서 끊어지고 멈추었더라도 사랑은 계속되어야 한다. 열 번의 사랑을 채우기 전에 멈추어서는 안 된다.

천양희 시인의 '물음'이란 시 앞부분에 나오는 내용이다. 세 번이나 이혼한 마거릿 리드에게 기자들이 왜 또 이혼했느냐고 물었다. 그때 그녀가 되물었다. "당신들은 그것만 기억하나 내가 세 번이나 뜨겁게 사랑했다는 것은 묻지 않고" 이 시는 당신은 지금 어떤 뜨거운 사랑을 하는지 묻고 있다. 우리 인생에서 사랑이 멈추는 경우는 없다. 다만 쉬고 있을 뿐이다. 이혼했더라도 사랑은 계속되어야 하고, 나이가 들어도 사랑은 끝난 게 아니다. 그게 100세 인생이다. 결혼하지 않는 처녀, 총각에게 특별히 당부한다. "결혼은 안 하더라도 사랑은 하고 사십시오. 사랑한다면 반드시 결혼하세요. 그게 인생입니다."

|김현기의 생각 정리|
점점 더 행복해지는 방법

1. 아내와 제대로 된 사랑을 점점 더 성숙하게 한다.

2. 가족들에게 내가 가진 사랑을 아낌없이 표현하고 몸으로 실천한다.

3. 소중한 사람들과 점점 더 많은 시간을 보낸다.

4. 이야깃거리가 많을 수 있는 일을 점점 더 많이 한다

5. 생활 속 사소한 일들로부터 행복감을 느끼도록 노력한다.

6. 하고 싶은 일을 한다.

7. 몸으로 할 수 있는 일을 점점 더 많이 한다.

8. 쉬고, 놀고, 즐기는 시간을 점점 더 늘린다.

9. 생긴 호기심을 참지 말고 반드시 해결한다.

10. 내 영혼이 자유로울 수 있도록 노력한다.

11. 무조건 용서하고 화해한다.

12. 일기를 적는다.

06
아름다운 인생을
만끽, 짜릿, 실컷, 딴짓하며 살자!

'책을 읽는다'로 그치는 독서는 왠지 밋밋하다. 읽기만 하고 그냥 덮어두는 독서는 못내 아쉬움이 남는다. 이렇게 해보자. 먼저 읽는다. 읽는 방법은 개인의 취향에 맡긴다. 둘째, 독서노트와 서평을 적어 본다. 어렵게 생각하지 말고 단순히 요약하는 방법을 추천한다. 서평은 당장 하지 않아도 된다. 다만 참고할만한 내용을 찾아보기 쉽도록 정리해둘 필요는 있다. 셋째, 저자가 직접 강의하는 자리에 참여하여 함께 공감하는 시간을 갖는다. 나는 직접 찾아가는 대면의 시간을 가장 훌륭한 배움의 방법이라 생각한다. 이 세 번의 과정을 거치면 한결 도움이 된다. 나는 읽고 싶은 책을 닥치는 대로 읽는다. 간간이 독서노트를 하고 서평을 작성한다. 열 권의 책을 읽으면 세 권 정도 잘 선택하였다는 느낌이 온다. 어느 날 내가 읽어 느낌이 있었던 책의 저자가 책의 제목과 비슷한 강의를 한다는 소식을 듣게 된다. 호기심이 발동되기도 하고, 직접 참여하고픈 생각이 굴뚝같이 샘 솟는다. 그렇게 찾아다닌 자리가 오십

곳이 넘어섰다. 앞으로 계속할 거라 다짐하며 실천하고 있다. 향후 '김현기가 만난 저자들'이란 제목의 책이 출판될지 모른다. 그곳 세미나 장소에서 반드시 하는 행동이 있다. 해당 책을 갖고 간다. 강의 내용을 노트에 간략하게 메모한다. 메모의 목적은 일기장 등에 옮겨 정리하기 위함이다. 그래야 느낌을 가슴에 새겨 행동으로 옮길 수 있다. 세미나 말미에 주어지는 질의응답 시간에 반드시 질문한다. 종료 후 저자에게 사인을 받고 사진을 찍는다. 반드시 이 순서대로 한다. 넓은 강연장의 경우 100명에서 200명 정도 참석한다. 그러면 책에 사인 받는 행동이 매우 제한을 받을 거라 생각하지만 실제 그렇지가 않다. 많은 참석자들 중에서 저자의 책을 직접 갖고 와 사인해 달라고 하는 사람은 나를 비롯하여 한두 명에 불과하다. 저자의 심정은 똑같다. 자신의 책을 갖고 왔으니 반갑기만 하다. 사인과 사진은 저절로 따라오는 과정이다. 아직까지 한 번도 거절되거나 행사를 이유로 생략된 적이 없었다.

저자들이 해 주는 사인의 내용이 궁금하다. 저자가 표현하는 한 줄 표현만 기억해도 큰 감동이다. 그 맛에 사인을 적극적으로 받는다. 어느 날 같은 방법으로 사인을 받고 사진을 찍었다. 그런데 사인의 내용이 "*아름다운 인생을 00하세요?*"였다. 00에 무엇이 들어갔을까? 강의장에서 물어보면 아름다운 인생을 즐기세요. 행복하세요. 사랑하세요 등으로 답을 한다. 작가는 아름다운 인생을 '만끽'하세요라고 사인해 주었다. 나는 잠시 쇼크가 왔다. 만끽! 만끽이라니 어디서 들어 본 말이지만 결코 생활 속에 사용해 본 적이 없기 때문이다. 분명히 무슨 뜻인지는 안다. 사전에서 본 적도 있다. 내가 나의 인생을 만끽해도 된다는 뜻인가. 정말 그러해도 문제가 없을 것인가? 순간 번쩍 느낌이 왔다. 그래, 내 인생을 만끽해도 되는 거였다! 그런데 왜 그렇게 하지 못했을까? 학교에서 주로 '국가를 위해 충성하고, 사회를 위해 봉사하며,

가정을 위해 희생하는 것'이 보람되고 의미 있는 삶처럼 배웠기 때문이다. 그것을 절대 선이라 여기며 살았다. 그러고 보면 학교에서 충성, 봉사, 희생과 더불어 때론 자기 인생을 만끽해도 된다고 얘기해 주었으면 어땠을까 싶다. 어쨌든 다행히 지금은 50대 초반이다. 지금이라도 늦지 않았다. 아름다운 인생을 만끽하자고 다짐한다. 만일 세월이 훌쩍 흘러 7~80대에 작가가 똑같이 "*아름다운 인생을 만끽하세요*"라고 적어 주었다면 역정을 냈을지 모른다. 이 늦은 나이에 만끽하라고 하면 어쩌란 말인가. 좀 더 일찍 알려 주면 좋았을 것을. 지금은 이 사인을 해 준 작가에게 항상 감사의 마음으로 살고 있다.

만끽과 비슷한 말이 무엇이 있는지 찾아보았다. '짜릿'이 있었다. '오늘도 짜릿하게'와 같이 사용할 수 있다. '오늘 짜릿하게 보내고 계신가요?' 라고 물을 수 있다. 또 '실컷'이 있었다. 우리는 실컷 울어야 하고, 잘 울어야 한다. 그렇게 하면 이상할까 여겨 주저한다. "*실컷 울고 나니까 한결 나아졌다, 한결 속이 시원하다.*"는 얘길 들어 보았다. 그러니 이제 기회가 되면 무조건 실컷 울어보자. 실컷 울어야 마음이 씻겨진다. 어떻게 보이든 상관 말고 한번 해보자. 대프니 로즈 킹마 Daphne Rose Kingma 는 책『인생이 우리를 위해 준비해 놓은 것들』에서 죽고 싶도록 힘들 때 해야 할 열 가지, 포기하기 전에 반드시 해야 할 열 가지를 제시하고 있다. 그 첫 번째가 '마음껏 울어라 Cry Your Heart Out'이다. 대프니 로즈 킹마는 '힘들 때는 울어야 한다. 우는 것은 당신이 나약하기 때문이 아니다. 울기 시작하는 순간 당신을 괴롭히던 지독한 상실감은 저 멀리 문 밖으로 떠나갈 채비를 한다. 울고 나면, 우리는 다시 태어난다. 그리고 거기서부터 얼마든지 다시 시작할 수 있다'(33쪽) 라고 했다. 실컷 울었으면, 웃고, 떠들고, 놀고, 먹고, 즐기고 해야 한다. 그렇게 해본 기억이 가물가물하다. 만끽, 짜릿, 실컷이 내 몸과 가진 것을 함부로 한다는 뜻은 아니다. 후회 없는 오늘을 살아야 하고, 오늘 꼭 해야 하는 일을 내일로 미루지 말아야 한다는 뜻이다. 어떻게 하면 그렇게 살 수 있을까? 40~50년을 더 산다고 생각하지 말고 당장 내일 죽는다고 생각해 보자. 그러면 당장 해야 하는 일부터 떠오른다. 그 일을 지금 하면 된다.

국립국악원 예악당에서 성주굿 공연이 2017년 4월 5일 있었다. 민요교실 동기들과 함께 보러 갔다. 이날 예악당 로비에서 가훈 써주기 행사가 펼쳐졌다. 모두 세 장을 썼다. '명함이 있는 노후 김현기', '호기심 하나로 평생을 버틴 김현기', '아름다운 인생을 만끽, 짜릿, 실컷 하며 살자. 김현기'가 그것이다. 글 밑에 이름을 꼭 넣어 달라고 부탁했다. 생각할수록 잘했다. 멋진 필체로 써 주신 선생님께 감사드린다. 쓰인 세 장의 글을 사무실 서재에 펼쳐 놓았다. 보기도 좋고 느낌이 있어 더욱 좋다.

사라 밴 브레스낙 Sarah Ban Breathnack 의 책『혼자 사는 즐거움』에 1885년생 미국의 저널리스트 안나 루이스 스트롱이 50살이 갓 넘은 1936년에 고백한 내용이 나온다. *"나는 평생 융단의 뒷면을 짜며 산 셈이다. 모든 씨실*(가로 방향으로 놓인 실)*과 날실*(세로 방향으로 놓인 실) *및 형태를 정확히 익혔지만 정작 앞면의 색감과 광택은 한 번도 보지 못했다."*(29~30쪽) 그는 50년 삶을 최선을 다해 살았으나 정작 자신의 삶을 살지 못했음을 탄식하고 있다. 세상 사람들은 자신의 삶에 최선을 다했다고 한다. 그러나 정작 당신을 위해 살았는가? 라고 물으면 대답이 궁색하다. 마치 나 외의 타인을 위해 열심히 산 인생만이 최선을 다한 삶으로 여긴다. 타인만을 위한 삶은 융단의 뒷면만 보고 산 인생이다. 융단의 앞면을 보고 살자. 내가 만끽, 짜릿, 실컷이 있는 삶을 살 때 함께 하는 모든 이가 더욱 행복할 수 있다. 나는 행복하지 않고 그저 최선을 다해 사는 삶이 타인을 행복하게 해 줄 리 만무하다. 우선 내가 행복해야 한다.

뉴스토마토가 주최하는 '은퇴전략포럼'이 2018년 9월 14일 더 플라자 호텔에서 개최되었다. 이날 정은상 창직학교 맥아더 스쿨 교장은 '금융회사에서 20~30년 이상 근무하고 퇴직한 사람은 외딴 섬에서 살다가 뭍으로 나온 사람' 이라 표현했다. 금융회사는 사회환경의 변화와 더불어 많은 사람을 만나며 살고 있어 직장생활만으로 나름 세상을 겪어 내고 있다는 생각을 했는데, 그저 세상의 한쪽 좁은 길만을 살았다고 말하고 있었다. 그렇게 놓고 보면 공무원 군인 선생님 등 우리가 한 분야로 세상을 산 사람들은 모두 이와 같다. 그렇게 회사원으로 살다 퇴직과 은퇴를 하면 우리가 보지 못한 다양한 세상의 모습이 있음을 알게 된다. 너무 늦은 나이에 자신이 살아온 좁은 길을 알고 나서 후회하지 않아야 한다.

만끽, 짜릿, 실컷에 이어 유사한 단어를 계속 찾아보았다. 강의장에서 물어보아도 추가하지 못했다. 그러던 어느 날 2018년 4월 11일 매일경제신문에 이기진 서강대 물리학과 교수가 '미술전 여는 과학자'로 소개된 글에서 그러한 단어를 찾았다. 이기진 교수는 '과학자의 만물상'이란 개인전을 열고 있다고 한다. 소개의 첫머리에 이 교수는 "나이가 들고 직위가 높아졌다 해서 일에만 몰두하면 안 됩니다. '딴짓'을 해야 삶이 더욱 풍요로워집니다." 라고 하면서 스스로 '딴짓 연구가'라 칭했다. '딴짓'이 유사한 용어임이 틀림없다.

김종현 퇴근길 책한잔 대표는 책 『한번 까불어 보겠습니다』에서 '우리 책방의 자기 소개법'은 이름 나이 직업을 이야기하지 않고 자신을 소개하기라고 했다. 그러면서 유럽 여행 때 그들이 자신을 소개하는 방식을 예로 들어 설명하였다. '생계를 위하여 애들을 가르치고 있는 뮤지션', '생활이 힘들어 레스토랑에서 일하지만, 시를 쓴다'(157쪽) 등이 그 예이다. 우리는 이때의 뮤지션과 시 쓰기를 딴짓이라고 하는데, 하지 않아야 할 무엇으로 보는 경향이 있다. 우리는 하고 있는 일을 하면서도 딴짓을 할 수 있다. 지금 하는 일을 그만두면 다른 딴짓을 해도 된다. 딴짓하면 이상한가? 전혀 그렇지 않다. 적극적으로 딴짓을 하자.

아름다운 인생을 만끽하며, 짜릿하게, 실컷 누리고, 딴짓하며 살자! 나이와 관계가 없다. 언제든 이렇게 살고 있는지 자문해 보아야 한다. 나는 계속해서 이와 비슷한 단어를 찾고 있다. 이 글을 읽는 여러분도 함께 찾아보았으면 한다.

| 김현기의 생각 정리 |
거꾸로 생각하면 보이는 여유 있는 삶!

- 결코 사랑을 가벼이 여기지 마라. 인생은 사랑이 전부다. 모든 것은 사랑받고, 사랑하기 위해서 존재한다. 평생 사랑받고 사랑한 사람이 가장 행복한 인생을 산 사람이다.
- 너무 부지런하게 살려고 하지 마라. 사람들은 원래 게으르다. 따라서 부지런한 사람이 예외인 것이다.
- 재미있게 사는 것이 잘 사는 것이다. 재미를 아는 사는 사람이 세상을 잘 산다.
- 즐거운 삶을 추구해야 한다. 사람들은 원래 즐거운 것을 좋아한다. 따라서 즐겁게 할 수 있는 일을 하면 더 좋다.
- 완벽한 삶을 추구하지 마라! 완벽한 사람을 좋아하는 사람은 없다.
- 남들에게 잘 보이려고 하지 마라. 어색한 꾸미기보다 자연스러운 나의 모습을 사람들은 더 좋아한다.
- 직장이 제1의 인생 목표는 아니다. 직장에서의 성공은 내가 하고 싶은 목표를 이루게 해 주는 유효한 방법이므로 최선을 다해야 한다.
- 시간을 알뜰하게 사용해야 한다는 생각을 버려라! 가끔은 아무 일 없이 멍 때리고 있는 것도 괜찮다.
- 아침형 인간이 성공한다는 등 말을 따라서 할 필요가 있는 것은 아니다. 지나치지 않은 하루 일과가 오히려 낫다.
- 노년 노후 은퇴에 대해 지나친 위기의식을 갖지 마라. 모든 세대가 자신의 시대에 잘 적응해 왔다. 노후에는 생각보다 적은 돈이 든다.
- 혼자 있을 수 있는 장소를 하나쯤 가지고 생활하자! 사람들과 떨어져 고독을 즐기는 것도 때론 큰 즐거움이 될 수 있다.

07
100세 인생은
내신성적을 잘 관리해야 한다

　존 더 그라프, 데이비드 왠, 토마스 네일러의 책 『어플루엔자』에서 어플루엔자란 풍요가 아니라 과소비와 소비중독을 의미한다. 『어플루엔자』는 미국 사회가 세계 인구 5%이면서 세계 자원의 25%를 소비하고 있어 이를 감당하려면 지구가 5개는 더 있어야 한다고 비판했다. 그리고 인류의 소비는 1820년 이후 폭증하였다고 기술했다. 이를 풀어보면 소비는 수백만 년 역사 동안 거의 변화가 없는 수평의 모습이었는데, 1820년부터 수직으로 가파르게 상승하는 모양을 보여 준다. 이러한 상태가 지속되면 지구가 견뎌낼 수 있을까? 만일 지구가 생명체라면 이를 두고만 볼 것인가?

　지구를 무생물인 흙덩이로 보는 것이 아니라 하나의 거대한 생명체로 설명하는 이론이 있다. 이른바 '가이아 가설'이다. 가이아는 2000년 전 그리스인들이 지구를 대지의 여신이란 이름으로 가이아(Gaia)라 명칭 한데서 따왔다. 지구가 살아있는 존재라는 신념은 1789년 제임스 허튼경이 영국 에딘버러 왕립학회에서 행한 연설에서 최초 언급되었다고 한다. 그는 지구에 대한 가장 적절한 연구 방법은 생리학적 방법을 동원하는 것이라 했다. 즉, 지구를 암석이나 물, 대기가 섞여있는 무생물로 보지 않는다. 가설은 지구가 생명체이므로 스스로 항상성을 유지하고, 환경을 능동적으로 조절한다고 본다.

예를 들어 우주 대기는 화학적 평형 상태인 95% 이상의 이산화탄소와 3~4%의 질소, 기타 산소 등으로 이루어져 유지된다. 그런데 지구의 대기는 이와 다르다. 지구는 77%의 질소와 21%의 산소 그리고 미량의 이산화탄소, 메탄 등이 존재한다. 말하자면 화학적으로 엄청난 비 평형상태를 평형상태로 유지한다. 지구의 평형상태는 빙하기 같은 자연환경 돌변이 여러 차례 있었음에도 이를 지속해서 유지해 왔다. 지구는 지구 나름의 상태를 유지하는데 화학적 구성 비율이 적합하기 때문에 그리 선택했는지도 모른다. 그러나 지구가 과잉소비로 위협 받는 지금 상황에서도 평형 상태를 유지할 수 있을까? 능동적 조절이 실패한다면 무슨 일이 벌어질까? 인간은 이를 바로 잡을 수 있을까? 이에 관한 내용이 제임스 러브록의 책 『가이아』에 설명되어 있다. 가이아의 관점에서 인간은 지구를 병들게 하는 병원균이나 종양 같은 존재다. 가이아가 인간에게 복수할 수 있다. 지금 드러난 수단으로 지구온난화가 있다. 이에 대해 러브록이 제시하는 방법은 인간이 과잉 소비를 포기하는 것이다. 이미 가속도가 붙어 있는 상태에서 제어 기능이 작동할 것인가?

미국 사회처럼 소비하면 지구가 다섯 개 필요하다고 했다. 지구를 다섯 개로 늘릴 수는 없다. 나는 인구가 1/5로 줄어들면 된다고 생각한다. 너무 심한 표현일지 모르나, 저출산 현상을 단지 문제로만 볼 수 없는 이유가 여기에 있다. 그럼 저출산을 왜 문제라고 할까? 우선 신문의 기사를 살펴보자.

　2018년 5월 24일 조선일보 8면에 〈아이 가장 많이 태어나는 1,3월조차 저출산 쇼크〉라는 기사가 실렸다. 말미에 전문가의 의견을 옮겨 본다. 미국 경제학자 해리 덴트는 *"한국이 2018년쯤 '인구절벽'에 직면해 경제 불황을 겪을 가능성이 크다."*고 하였고, 조영태 서울대 보건대학원 교수는 *"전쟁이나 국가 부도 상황도 아닌데 이렇게 빠른 속도로 출생아가 줄어드는 것은 세계적으로 유례가 없다. 이대로 두면 경제 전반의 충격을 감당하기 어려울 것이다."*고 했다. 모두 경제적 충격을 우려한다. 저출산은 현재 산업사회가 경제를 유지하려는 방편으로 문제라 여길 뿐이다. 가이아는 오히려 반길 것이다. 인간의 괴롭힘을 견디지 못한 가이아가 저출산으로 보복하고 있는지도 모른다. 우리가 사는 지구의 적정인구는 몇 명일까? 미국과 한국의 적정 인구는 몇 명일까? 과잉 소비는 결국 급격한 인구의 감소로 해결될 것이다. 이 미묘한 현상에 가이아 신이 개입한 것은 아닐까?

　다른 한편으로 인류가 지금과 같은 과잉 소비를 지속하기 위해서는 지속적인 소득 증가가 가능해야 한다. 그러나 지금의 주거비용과 각종 소비행태는 지속 가능할 것인가? 그렇지 않다는 데 문제가 있다. 국민 각자는 생활 환경을 유지하고 지속하기 어렵다는 것을 간파하기 시작했다. 저출산을 국가의 위기로 보는 시각은 국민 개인에게 전혀 설득력이 없다. 저출산을 위기로 보는 시각은 지극히 공동체적인 관점이다. 개인의 입장에서 지금의 출산과 양육환경은 과거와 판이하고 더욱더 어렵다. 국민 개인이 선택한 삶의 적응방법이 출산의 포기로 나타나고 있다. 윤홍식 인하대 교수는 *"저출산은*

현재 한국 사회 상황에 가장 최적화된 행동"이라고 했다. 이러한 현상은 자본주의가 발전할수록 광범위하게 확산될 가능성이 높다.

인간의 수명도 같은 맥락으로 살펴보자. 2~30만 년 전 호모 사피엔스 이후 거의 변화가 없는 평균 수명 20세를 보이다가 예수 탄생 이후 100년마다 한 살씩 늘려 1900년 드디어 40세가 되었다. 그리고 오늘날 평균 수명은 2016년 기준 82.4세다. 통계청 장래인구추계 자료에 의하면 2040년 86.9세, 2065년에 90세가 된다고 한다. 그러면 우리 주변에서 100세까지 사는 사람을 너무나 쉽게 볼 수 있다고 한다. 그래프로 그려보면 예수 탄생 후 아주 완만한 상승이 진행되다가 1900년 이후 급격한 수직 상승의 모양을 보인다. 수명의 급격한 상승은 오늘날의 환경, 위생, 영양, 보건이 1900년, 1950년 이전보다 월등히 좋아졌기 때문이다. 그런데 하필이면 오늘날, 내가 살아가는 세대부터 100세 시대가 되었을까? 만일 100년 후에 100세 시대가 도래하고 지금은 평균 수명이 50~60세라면 현시대가 안고 있는 대부분 고민은 생겨나지도 않았다. 또 1000년 전에 이미 100세 시대가 도래하였다면 사회가 이미 적응했기 때문에 급격한 수명 연장을 가지고 이렇게 부산한 혼란을 겪지 않아도 된다.

이제 오늘날 산업사회와 인간의 수명 연장을 연결하여 설명해 본다.

산업혁명 이후 인간은 급격한 돈의 사회로 이행되었다. 직장과 직책 연봉이 인격이 된 지 오래다. 빠른 승진이 능력이며, 프로젝트는 무조건 성공해야만 한다. 합리적 논리적 이성적 현실적 요소만으로 평가되어야 하고, 그 어디에도 감성적 정서적 요소는 들어 설 자리가 없다. 물질적 소유가 성공의 척도다. 수평적 관계는 없으며, 모든 곳에 서열이 존재한다. 객관적 비교 우위가 서열이다.

만일 신이 있다면 이러한 환경은 전혀 예상치 못했던 현상이다. 원래 인간은 사랑과 행복, 이타적 행동과 영적인 편안함의 추구가 보편적 삶으로 설계되었다. 그리고 그것을 유지해 왔다. 단 하나의 문장 '사랑하는 사람과 아들딸 낳고 행복하게 살았다'로 표현할 수 있다. 그 밖의 요소는 이 문장을 뒷받침하기 위한 도구였다. 어느 날 이것은 사라지고 모든 것을 돈이 대체하기 시작했다. 돈의 잣대로 결혼도 미루거나 하지 않고, 결혼하더라도 자녀를 낳으려 하지 않게 되었다. 인간들은 해석도 거꾸로 하기 시작했다. 즉, 좋은 직장과 직책, 높은 연봉, 빠른 승진을 하면, 나의 사랑과 행복은 자동으로 더욱 증진된다고 여겼다. 그 결과 먼저 직장이 있고 다음에 가정이 있었다. 돈과 일을 위해서 물불을 가리지 않으며, 수단과 방법을 전부 동원한다. 교도소 담장 위를 걷는 것은 훈장쯤으로 여긴다. 돈의 위력 앞에 거짓말과 사기도 넘친다. 심지어 "자본주의가 허용하는 모든 일은 해도 무방하다. 한탕 투기는 필요하며 끝장에 참여하여 인생이 나락으로 떨어지는 사람은 나와 관련이 없다. 소비는 미덕이며 타인을 향한 과시다. 지구가 멍드는 절대 소비 중독은 후대가 고민할 일로 우리세대가 짊어질 이유가 없다."고 여기는 듯하다.

우리가 주로 소득을 발생시키기 위해 소속하여 다닌다고 하는 회사에 대해서도 이나가키 에미코는 책『퇴사하겠습니다』에서 이렇게 설명하고 있다. "경제성장이 멈추고 물건이 팔리지 않게 되면, 가장 중요한 '자기가 하는 일이 다른 사람에게 도움이 된다'는 의미를 상실하게 됩니다. 회사의 이익이라는 대의명분이 있으면 무엇이든 해치우는 사람이 적지 않게 존재하는 것은 그 때문이 아닐까요? 그것이 습관이 되면, 더 이상 죄의식조차 느끼지 못하게 됩니다. 회사 그 자체가 나약함과 욕망의 집합체가 되고, 회사의 존재 의의가 오로지 사원 개개인일 때, 최종적으로 남는 것은 사원들끼리의 약육강식 같은 경쟁뿐입니다. 그런 것을 악덕 기업이라고 한다면, 지금 우리 사회는 어떤 회사든 악덕의 자질이 있는 게 아닐까요? 그리고 사회가 회사 사회라면 이미 나라 자체가 악덕의 길을 걷고 있는 건지도 모릅니다."(169~171쪽 요약) 이나가키 에미코는 회사와 일이 그와 관련한 모든 사람들에게 긍정적 의미를 부여할 수 있어야 하는데 그 자체가 훼손되어 가고 있는 현상을 비판하고 있다.

신은 심각한 고민에 빠졌다. 인류의 역사에서 한시도 문제가 없었던 적은 없었으나 근현대의 200년 기간만큼 인간 속성을 급격하게 침식당한 적은 없었다. 한계를 넘어서고 있다. 인간이 어느 순간 절제하겠거니 생각했는데 거침없는 폭주를 계속한다. 돌이킬 수 없는 상황을 일거에 만회할 무엇이 필요하다. 그럼 어떻게 인간의 사고를 바꾸어 줄 수 있을까? 어떻게 해야 정신을 차릴 것인가? 고민 끝에 방법을 찾았다. 평균 수명 50세를 100세로 늘려 주는 거다. 수명 50세는 이른 죽음이 모든 상황을 종료시킨다. 내가 살아온 궤적을 되돌아볼 틈을 주지 않고, 회고의 시간을 주지 않고, 후회와 반성을 할 시간이 없다. 그저 모든 것을 안고 죽으면 되었다. 그런데 100살을 산다면 완전히 새로운 세상이 하나 더 열려 있다.

50세 인생에서 있었던 모든 일은 그 후 50년 동안 복기 된다. 학창시절 잘못한 일은 반성문 하나로 끝낼 수 있었다. 세월이 지나면 잊히고 만다. 간간이 생각나더라도 웃고 넘어가며 멋진 에피소드가 되기도 한다. 사회생활에서 다른 사람에게 의도와 관계없이 해를 끼친 사소한 일은 당시엔 전혀 문제가 되지 않고 넘어갔다. 누가 반성문을 쓰라고 하지도 않는다. 그러나 인생의 후반 50년에는 끝없이 이때의 장면이 떠오른다. 스스로 반성문을 쓰기 시작한다. 글자를 직접 쓰는 것은 아니다. 마음에 쓴다. 한 번만 쓰는 것이 아니라 잊을 만하면 더욱더 새로워 끊임없이 반성문을 써야 한다. 떠오르는 장면이 많을수록 반성문은 쌓여간다. 괴로울 수밖에 없다. 이럴 줄 알았으면 잘할 걸 하는 생각이 든다. 잘한 일은 매일 기분이 좋다. 두고두고 즐거움이 된다. 마음이 편안하고, 더욱 열정적으로 살 수 있는 힘이 된다. 누가 상장을 주지 않았으나 스스로 마음속에 상장을 쌓는다. 그 기분이 주변 사람에게 전이된다. 말하지 않아도 자녀들에게 자연스레 전달된다.

100세 인생은 내신성적을 잘 관리해야 한다. 내신성적은 인생 전반기의 생활 모습이다. 내신성적이 엉망이면 후반기 50년이 이래저래 괴롭다. 이때 내신성적은 정서적 감성적으로 쌓는다. 물질은 소유한 것으로 쌓는 것이 아니라 그 물질을 어떻게 사용했느냐가 내신성적이 된다. 직장과 직책은 그 이름이 내신성적이 아니다. 그 직장과 직책으로 무엇을 했느냐가 내신성적이 된다. 내신성적은 스스로 매긴 점수다. 직접 점수를 주면 처음엔 매우 후한 점수를 준다. 사람은 스스로 자신을 과하게 평가하는 경향이 있다. 그런데 시간이 지날수록 자신의 내신성적표에 의구심이 든다. 내가 제대로 살았는지 자꾸 생각하기 때문이다.

내신성적을 잘 쌓는 방법이 있다. 감성적, 정서적, 이타적 행동의 성적표가 좋도록 노력하면 된다.

08
뿌리가 튼튼하면 언제든지 다시 일어설 수 있다

앞 개울은 깨끗한 돌이 가득하고 바닥은 이끼 하나 없었다. 항상 맑은 물이 돌 윗부분까지 차서 흘렀다. 돌은 민물고기가 사는 집터다. 족대를 챙겨 냇가로 나가 한 명이 잡고 또 한 명은 돌을 들어내거나 흔들거나 했다. 그러면 신기하게도 퉁가리, 꾸꾸리, 꺽지 등이 잡혔다. 제법 큰 돌을 들어 뒤집어 보면 고기들이 알을 낳아 붙여 둔 모양이 샛노랗게 빙 둘러 있기도 했다. 알을 손바닥으로 훑어보면 촉감이 부드럽고 간지러웠다. 큰 바위는 지렛대를 이용해서 흔들면 제법 많은 고기가 잡혔다. 계곡 맑은 물속 깊은 구멍은 가재들이 산다. 개구리를 잡아 뒷다리를 적당한 나뭇가지에 붙들어 매고 구멍에 넣어 살살 흔들면 가재가 집게로 문다. 그때를 틈타 나뭇가지를 밖으로 빼내야 한다. 가재는 그사이 집게로 문 먹이를 놓지 못하고 딸려 나와 잡혔다. 이때 나뭇가지를 너무 빨리 빼면 안 된다. 적당한 빠르기가 관건이다. 가재가 눈치채지 못할 속도가 가재잡이의 기술이다. 냇가 양 어귀로 버드나무가 물기를 머금어 순을 드러내는 4월 초순이면 호디기를 만들어 불었다.

　집마다 소와 토끼, 염소, 닭 등이 있었다. 한낮 더위가 막 벗어날 때 산기슭으로 소들을 몰고 올라간다. 소들은 고삐를 목에 둘러 쳐주면 저들끼리 알아서 산속으로 다니며 풀을 뜯었다. 함께 간 동네 또래와 형 동생들은 그사이 칡 잎을 딴다. 칡 잎은 한 뼘 길이의 가는 심지를 줄기에 붙여 연결하고 있다. 연결 부위에 손을 대고 거꾸로 가볍게 힘을 주면 쉽게 딸 수 있다. 심지들이 모여 두 손 가득 잡힐 때 칡 줄기로 동여 묶었다. 이것을 여러 개 해 두었다가 소 잔등에 올려 집으로 갖고 온다. 칡 잎은 토끼에게 줄 먹이다. 산속 너른 마당 같은 곳은 함께 씨름도 하고 재미있는 얘기를 하는 이야기 장소다. 해 그림자가 산 속 깊이 들어오기 시작하면 집에 갈 시간이다. 소리를 질러 소들을 부른다. 소들도 집에 갈 시간이란 걸 알고 우리가 있는 곳으로 온다. 얼마나 풀을 뜯었는지 배가 빵빵하다. 오지 않은 소는 워낭 소리로 찾을 수 있었다.

　여름은 온종일 놀아야 한다. 쏘라고 불리는 너른 냇물은 거대한 놀이터다. 동네 아이들이 다 모인다. 당시 동네 또래는 너무 많았다. 시간 가는 줄 모르고 놀았다. 여름 한 철이 지나면 누구나 개구리 헤엄치기 선수가 되었다. 늦은 오후 물놀이가 힘들어지기 시작할 때, 납작하고 세우기 좋은 돌을 골라 동네 골목으로 와서 비사치기를 한다. 엄마가 부르는 저녁 먹자는 소리가 헤어지는 시간이다. 이미 날은 어둡다. 그것도 모자라 달밤을 조명 삼아 골목길을 따라 술래잡기를 했다. 가끔 동산에 아지트를 만들고 편을 가르고, 나무를 일정한 길이로 잘라 칼싸움을 했다. 찌르고 베며 노는데 서로 맞았다고 우격다짐이 벌어지곤 한다. 그런데 누가 거짓말을 하는지 스스로가 더 잘 알고 있어 계속 우길 수는 없다. 그러다가 이 즐거운 놀이에 끼워 주지 않으면 곤란하기 때문이다. 물싸움을 여름내 했으니 계절이 바뀔 때마다 귀앓이를 했다. 가을에는 추수기를 맞아 물을 대지 않는 도랑을 막고 물을 퍼낸 다음 미꾸라지를 잡았다. 한 소쿠리의 반을 채울 만큼 잡은 때도 있었다. 겨울은 냇가 물이 온통 얼어 썰매를 탔다. 한편에 모닥불을 피워 놓고 물에 빠진 양말을 말리다 태워 먹기 일쑤였다. 그때마다 어머니의 호통을 들어야만 했다. 얼음판 아래 물 깊이는 한 곳 깊은 곳을 제외하면 그리 깊지 않았다. 톱을 갖고 얼음을 크게 네모 모양으로 자르고 얼음 배를 타고 놀기도 했다.

초등학교 3학년 때 우리 마을은 전봇대를 세우고 한창 전기 공사를 했다. 공교롭게도 할아버지께서 그 무렵 돌아가셨다. 장례의 편의를 위해 우리 집에 먼저 전기를 개통시켜 주었다. 슬픈 장례에 밝은 전기가 들어온 순간의 교차하는 감정을 잊을 수가 없다. 그 다음 해 아버지는 텔레비전을 샀다. 안테나는 집 높은 곳을 전전하며 옮겨 다녔는데 직직거리는 소리가 나면, 나를 비롯해 누군가 안테나를 좌우 방향으로 돌리곤 했다. 어느 순간 tv가 잘 나오면 '스톱'이라는 고함을 쳐야했다. 전축은 아무리 크게 틀어 놓아도 동네 사람들 중 누구도 탓하지 않았다. 노지 모내기를 하는 날은 열 대여섯 명 정도 사람들이 길게 논에 늘어서서 못 줄 표식 부분에 서넛 포기씩 모를 심었다. 못 줄은 두 칸 간격으로 이동시켰는데 두 칸을 다 심을 무렵 "줄 넘겨"라고 누가 큰 소리로 말하면 양 끝에 못줄 잡은 이가 '어이 넘어간다' 소리를 했다. 이때 두 칸 사이 칸은 못줄 눈이 없어도 알아서 어림잡아 심었다. 그런데도 한 치의 어긋남이 없었다. 우리 집 모내기 날 나는 주로 못줄잡이를 도왔다. 누군가 농요를 부르면 따라 부르기도 하고 다른 사람이 이어 부르기도 했다. 한 사람이라도 더 필요해서 일요일이 꼭 모내기하는 날이었고, 그 다음 날은 기말고사가 있는 날이었다. 농사가 없는 친구들이 너무 부러웠다. 모내기 철은 동네잔치 같았다. 품앗이로 돌아가며 모내기를 하고 온종일 모를 심는데, 점심과 찬이 풍성하게 들판에 차려졌다. 일꾼들뿐만 아니라 온 동네 사람들이 함께 식사했다. 그런 날이 몇 일간 계속되었다. 초가집 지붕은 몇 년마다 새로 엮은 짚으로 바꿔야 했다. 지붕 위에 얹어 놓는 이엉을 엮는 어른들의 모습은 너무 진지해서 무슨 작품을 만드는 듯 보였다. 이엉이 올라가고 새끼로 고정 작업을 하면 초가집은 완성된다. 어느 날 초가집 지붕이 슬레이트로 바뀌는 순간 모두 만세를 불렀다. 드디어 짚으로 이은 초가와 이별하는 순간이었다. 그래도 부엌과 방, 우물은 매년 새로 짓고, 고치기를 계속했다. 이런 기록을 남기면 무슨 시대 얘기냐는 의구심이 들 수 있다. 참고로 나는 1963년생으로 베이비 부머 세대의 막내다. 모든 내용을 가감 없이 기록함을 원칙으로 정해 두었으므로 위 내용은 모두 사실임을 강조한다.

아름다운 추억은 오랜 세월이 지나야 그렇게 기억된다. 당시엔 그저 벗어나고픈 현실이었다. 도시에 대한 동경이 늘 따라다녔다. 중학교를 졸업하고 대구로 진학했다. 그 지긋지긋하던 현실과 드디어 결별했다. 16년을 보낸 고향과 떨어져 지금까지 객지에서 살고 있다. 그런데 어느 순간 어린 시절은 다시 돌아가고픈 장소와 시간이 되었다. 아픈 기억과 못내 떨쳐 버리고 싶었던 깡촌의 기억은 왜 계속 생각이 나는 걸까? 정말 뇌의 어떤 작용으로 아름다운 추억만 기억에 남은 것인가? 고향의 무엇이 그리운 걸까? 왜 타향은 제2의 고향이 되지 못하는 걸까?

저널리스트 다니엘 레히티의 『추억에 관한 모든 것』은 향수(병)에 관한 책이다. 이 책에 로버트 레빈 교수의 '한 사회의 속도를 결정하는 5가지 요인'이 나온다. 경제 발전, 산업화, 인구수, 추운 기후, 성과에 가치를 두는 문화가 그것이다. 레빈 교수는 이 다섯 가지 요인으로 지난 수십 년간 주관적인 삶의 속도가 매우 빨라졌고, 스트레스와 이기주의를 초래했다고 한다. 이는 사람들로 하여금 현재 상황에 만족하지 못하고, 그만큼 더 과거로 정신적인 여행을 떠나려는 경향을 강하게 만든다고 했다.(126쪽) 그렇다면 삶의 속도가 향수의 기폭제 역할을 한 것인가?

돌이켜보면 어린 시절 그 어려운 환경에서 나를 품어 주었던 할아버지와 할머니 아버지 어머니 형제들이 있었다. 식구가 많으니, 밥상머리는 항상 좁았다. 저녁엔 화롯불, 라디오 연속극 소리를 들으려 옹기종기 모여 앉았다. 겨울은 눈도 많이 오고 개울이 온통 얼어붙을 만큼 추웠다. 문풍지 사이로 스며드는 바람에 좁은 방에서 서로 부대끼며 살을 비비댔다. 동네 골목만 나가면 또래가 있고, 동네 사람들 누구나 내 집 자식 대하듯 했다. 향수는 나를 품어주었던 사람들에 대한 그리움이다. 나를 꼭 안아주었던 사람들의 모습이 그리운 거다. 그때는 몰랐던 잔소리마저도 나를 품어 준 말이었다는 걸 이제야 알게 되었다. 향수병은 타향 병이 맞다. 타향 병은 못내 나를 품어 주지 않는 객지의 시름 병이다. 내가 힘들수록 나를 안아 줄 큰 품이 필요한데 타향에는 없었다. 그렇다고 고향에 그 품이 남아 있는 것도 아니다. 그저 옛날의 그 품이 어딘가 있어 여전히 나를 안아 줄 것이라는 착각이 향수다. 그렇다고 모두 고향으로 돌아갈 수도 없다. 다만 고향이 어딘가 있어 언젠가 돌아가면 받아 줄 곳이 있다는 막연한 생각이 오늘 힘들어도 견디어 내게 하는 힘이 된다. 그래서 고향은 현실의 고통을 잠시 잊게 하는 진통제다. 고향은 지금 살고 있는 곳에서 갈 수 있는 현실 도피처이다. 막다른 상황에서 '돌아갈 수 있는 곳'이 고향이다.

우리 조상들은 죽음조차 '돌아가셨다'고 하였다. 이 말을 잘 음미해 보면 원래 있던 곳이 고향이었는데, 이 세상은 타향이었다는 말이 아닐까? 그래서 돌아가는 곳은 편안한 고향의 품이라는 것이 아닐까? 세상살이는 타향살이다. 죽음도 고향으로 가는 것이니 너무 안타깝게 생각하지 말아야 한다.

책 『추억에 관한 모든 것』에 '아름답지 않은 기억은 시간이 흘러가면서 퇴색하고, 아름다운 기억만 남는다. 우리 뇌는 그런 방식으로 우리를 속인다. 특히 어린 시절의 기억이 아름답게 일깨워지면 우리는 변한다. 그것도 긍정적인 방향으로'(79쪽) 라는 말이 있다. 향수가 삶에 긍정적 영향을 미친다는 말을 믿으려 한다. 요즘도 가끔 고향에 간다. 그때마다 편안함을 느낀다. 귀향은 아니더라도 그곳에 따뜻함과 여유가 있음은 사실이다.

영화 '리틀 포레스트'를 2018년 봄에 보았다. 영화는 주인공 혜원이 네 살 때 병든 아빠의 요양 때문에 아빠의 고향으로 내려왔고, 아빠가 돌아가시고도 엄마는 도시로 돌아가지 않고 혜원이 고등학교 졸업 때까지 그곳에 살면서 있었던 일들을 시골 풍경과 함께 소소하게 보여준다. 또 서울 생활을 하던 혜원이 다시 이곳으로 돌아와 농촌 생활을 하며 직접 음식을 만들어 먹는 모습이 담겨 있다. 그런데 혜원은 왜 돌아왔을까? 고단하고 지친 도시 생활이 싫었던 걸까? 고향의 무엇이 다시 찾게 하였을까? 그 답이 엄마가 남긴 편지글 속에 있다. "아빠가 영영 떠난 후에도 엄마가 다시 서울로 돌아가지 않은 이유는 너를 이곳에 심고 뿌리 내리게 하고 싶어서였어. 혜원이가 힘들 때마다 이곳의 흙 냄새와 바람과 햇볕을 기억한다면 언제든 다시 털고 일어 날 수 있을 거라는 걸 엄마는 믿어." 우리는 고향이 뿌리다. 뿌리는 그곳의 흙냄새, 바람, 햇볕을 기억한다. 뿌리가 튼튼하면 언제든지 다시 일어설 수 있다.

나는 100세 시대를 맞이하여 현실의 힘든 상황으로부터 돌아갈 수 있는 곳인 고향을 세 개 준비해야 한다고 주장한다. 이마저 억측이라 트집 잡지 않으시기를 요청한다. 100세 시대는 그만큼 준비할 것이 많음을 강조하려 한다. 첫째, 비상금 고향이다. 비상금은 지금의 생활자금이 갑자기 없어지면 돌아가 의지할 고향과 같다. 1년 정도 견딜 수 있도록 준비해 두어야 한다. 이것이 없으면 초라해진다. 이것이 있으면 든든하다. 반드시 준비해 두라는 얘기가 아니다. 준비하는 과정에 있기만 해도 기분이 좋아진다.

둘째, 제2의 명함이다. 지금 다니는 직장이 아니면 절대 대안이 없을 때 사람은 너무 힘든 직장생활을 한다. 항상 이 일이 아니라면 어떻게 할 것인지 대비해야 한다. 이런 생각으로 노력하는 사람이 지금 직장에도 도움이 된다. 반드시 이직하라는 얘기가 아니다. 새로운 직장을 예비해 두라는 뜻이다. 그런 생각만으로도 힘이 난다. 100세 시대가 하나의 직장으로 끝낼 수 없는 것은 자명하다. 새로운 직장을 염두에 두면 삶에 탄력이 생긴다. 한혜경 교수는 책 『남자가 은퇴할 때 후회하는 스물다섯 가지』에서 스물두 번째 후회로 '나만의 명함을 만들었더라면'을 들고 있다. 한혜경 교수는 '평생 하나의 명함, 회사 이름이 크게 박힌 명함만 쫒던 시대는 지났다. 당신은 앞으로 여러 개의 명함을 더 만들어야 할 것이다. 이왕이면 당신만의 개성, 당신만의 강점을 보여 줄 수 있는 명함을 구상해 보시라. 이왕 만드는 김에 한 대여섯 개쯤 어떠신가?'(210쪽)라고 했다. 나는 책 『명함이 있는 노후』를 2014년 출판하였다. 책의 내용을 바탕으로 '명함이 있는 은퇴설계', '100세 시대! 행복한 노후를 리딩하라', '49세! 새로운 50년은 나를 중심으로'를 제목으로 세미나와 심포지엄을 진행하고 있다. 강의 종료 후 자신이 가진 명함을 내게 전달하면서 '내 나이가 몇 살일 것 같으냐?'라고 묻는 이가 계셨다. 83세라고 한다. 여든이 넘은 나이에 당당하게 직장생활을 하는 자신을 자랑하였다. 그리고 명함이 갖는 의미를 다시 새겨들었다고 했다. 어느 날은 자신이 갖고 다니는 명함이 네 개나 된다고 하면서 보여 주신 이도 있었다. 이를 모두 받아서 다른 강의장에서 교재로 사용하고 있다. 물론 주신 분께 양해를 구해 두었다. 나의 강의를 들은 분을 우연히 만나기도 했다. 강의를 듣고 만든 명함을 보여 주셨다. 정년퇴임 후 오미자 농사를 지으시는데 농장 이름을 넣어 명함을 만드셨다. 명함을 받은 나도 기분이 좋았다.

셋째, 제2의 집이다. 지금 살고 있는 집이 편안할 수 있으나, 벗어나고 싶을 때, 잠시 떠나 있고 싶을 때, 그렇게 하지 못하면 답답함이 엄습해 온다. 그때 생각나는 곳이 돌아갈 수 있는 고향과 같은 집이다. 그렇다고 반드시 두 개의 집을 염두에 두는 것은 아니다. 잠시라도 집을 떠나 쉴 수 있는 나만의 공간을 의미한다. 그 장소가 골방, 다락방, 원두막 같은 모양이어도 관계가 없다. 답답한 도시의 경계를 벗어날 수 있으면 좋다. 조용히 명상하거나 주변을 산책할 수 있고 때론 보고 싶은 책을 며칠씩 읽을 수 있는 공간이면 더욱 좋다. 내 집이 아니어도 그런 거처로 사용할 수 있으면 된다. 고향 근처에 있는 민박과 펜션을 단기간 이용하는 방법도 추천한다.

09
오빠!
외로움을 해결해 드릴게요

출판을 전제로 원고를 쓴다. 원고가 책이 될 수 있는지 출판사를 찾아 편집자의 검토과정을 거쳐야 한다. 어느 출판사에 가서 편집자와 얘기를 하고 있었다. 출판사 사장님이 대화가 끝나면 꼭 보고 가라고 한다. 금융회사 연구소 소장이 왔다고 하니 하고 싶은 말씀이 있는 것 같았다. 사장님은 연륜이 있어 보였고, 말씀을 매우 유쾌하게 잘하셨다. 나를 보더니 대뜸

"김 소장!~~ 요즘 금융회사들이 은퇴자들 돈 빼먹으려고 난리라면서?" 라고 하신다. 나는 잠시 움찔했다. "네. 그렇긴 한데, 금융기관의 특급 비밀을 어떻게 아셨습니까?"라고 여쭈었다. "내가 좋은 방법이 있는데 가르쳐 줄까?" 대단한 비밀을 풀어 놓을 수 있다는 듯하셔서 갑자기 귀가 쫑긋하고 사장님 앞으로 몸을 내밀었다. "예 가르쳐 주십시오." "저기 종묘, 탑골 공원에 가면 뭐가 많지?" "어르신들이 많이 나와 계시죠." "맞아,

거기 가면 할아버지들이 많이 나와 있어. 거기는 할아버지뿐만 아니라 꽃뱀들도 많아." 그러면서 사장님은 꽃뱀들이 할아버지를 척 보면 주머니에 만원, 5만 원, 10만 원, 20만 원 등 돈을 얼마나 가졌는지 정확하게 안다고 했다. "그래요. 처음 듣는 얘기입니다." "그 돈을 어떻게 빼먹는지 알아?" "어떻게 하는데요?" 꽃뱀들이 할아버지께 한마디 만 하면 다 넘어온다고 하셨다. 첫 말은 "오빠!~~"라고 부르고 다음에 "외로움을 해결해 드릴게요."라고 말한다는 것이다. "오빠~~~~~! 외로움을 해결해 드릴게요!" 이 말 한마디에 한 명도 예외 없이 주머니를 다 내어놓는다고 하셨다. 사장님은 여기까지 말씀하시는데 거침이 없으셨다.

그러면서 사장님은 "김 소장이 거기 가서 3일만 지켜보다가 가장 뛰어난 꽃뱀을 10명만 채용해서 금융회사 객장 창구에 배치하는 거야. 그리고 문 쪽에서 은퇴자나 곧 은퇴할 것 같은 사람들이 들어 오면 한 명씩 내 보내 옆구리를 끼고 '오빠 외로움을 해결해 드릴게요'라고 하면 아마도 은퇴자금뿐만 아니라 집에 있는 돈까지 모두 투자 할 거야!"라고 말씀하셨다. 나는 나오는 웃음을 꾹 참아야 했다. "에이~~! 사장님도 금융회사가 그 짓을 어떻게 합니까? 못합니다." 그랬더니 사장님은 "그러면 금융회사는 노년 노후 은퇴 후 그분들의 외로움을 무엇으로 해결해 줄 건데……?"라고 하셨다. 참으로 기가 막힌 비유다. 외로움이 노년 노후 은퇴에 미치는 영향을 정확히 꿰뚫고 있어 이리 표현하신 것이다. 두고두고 사장님의 말씀이 귓전을 맴돌았다. 그럼 우리는 외로움을 해결하는 방법이 궁금해진다. 어떤 심각한 수준이 있을 거라 짐작하기도 한다. 홍익대 오근재 교수는 종묘와 탑골공원의 모습에 대하여 책 『퇴적공간』에서 설명하고 있다. '일부 노인들과 박카스 아줌마들의 교제는 고독과 외로움을 달래기 위해

서로를 필요로 할 뿐'(189쪽)이라고 했다. 우리가 상상하는 단계는 아니라는 내용이 담겨있다. 이 내용은 '외로움'을 설명하는 방법으로 가장 유용하여 나의 책 『명함이 있는 노후』에 있는 부분(77, 78쪽)을 재구성하였음을 밝혀둔다.

은퇴 강의장에서 이 말을 꼭 들려준다. 그리고 물어본다. "여러분의 노년 노후 은퇴 후 외로움은 무엇으로 해결할 건가요?" 이때 많은 얘기를 들을 수 있다. 친구, 여행, 취미, 종교, 일, 돈, 봉사활동 등이다. "맞습니다. 이것을 준비하는 게 은퇴 준비입니다. 그런데 아직도 나오지 않은 답이 있습니다. 무엇일까요?" 사람들의 입에서 가장 늦게 나오는 답은 가족이다. 가끔 아들딸을 얘기하기도 하지만 특히 남편이 필요하다고 얘기하는 경우는 드물다. 전체 자리에서 공개적으로 물어본다. "여기 남성들께 묻습니다. 은퇴 후 외로움을 해결하는데 마누라가 반드시 필요하다고 생각하시는 분 손들어 보세요?" 70%는 가볍게 손을 든다. 손들지 않으면 집에 연락한다고 하면 서둘러 번쩍 들기도 한다. 이를 여성 들께 질문한다. "여기 여성들께 묻습니다. 은퇴 후 외로움을 해결하는데 남편이 반드시 필요하다고 생각하시는 분 손들어 보세요?" 거의 손을 들지 않는다. 어느 장소에서 비교적 이른 시간에 중간자리 여성분이 남편이 필요하다고 하셨다. 이때 여성분의 자리로 가서 특별 인터뷰를 해 보았다. "진짜 남편이 필요하다고 생각하시나요?" 그러자 그 여성분이 "제가 잠시 미쳤었는가 봐요."라고 말한다. 강의장이 웃음바다가 되었다.

강창희 트러스톤 연금포럼 대표는 60세 퇴직 후 80세까지 생존할 경우, 1일 11시간 X 365일 X 20년= 8만 300시간이라고 했다. 이는 퇴직 후 하루 일과의 여유시간을 11시간으로 보고, 특별한 게 없으면 365일이 이와 같음을 염두에 둔 계산 방법이다. 8만 시간은 직장인의 1년 근무시간 2,256시간임을 감안하면 직장생활 36년에 해당 된다고 한다. 만일 정년 후 30년, 40년 생존하면 12만시간, 16만시간이 된다. 이를 직장생활과 비교하면 54년과 72년에 해당하는 어마어마한 시간이 된다. 이 많은 시간의 외로움을 무엇으로 채워야 하나? 외로움에 대비하는 것이 은퇴 준비다! 확실한 사실에 직면했다.

정호승의 시 '수선화에게'에 표현된 외로움에 대한 내용이다.

울지 마라.
외로우니까 사람이다.
살아간다는 것은 외로움을 견디는 일이다.
(중략)
가끔은 하느님도 외로워서 눈물을 흘리신다.
새들이 나뭇가지에 앉아 있는 것도 외로움 때문이고
네가 물가에 앉아 있는 것도 외로움 때문이다.
산 그림자도 외로워서 하루에 한 번씩 마을로 내려온다.
종소리도 외로워서 울려 퍼진다.

(정호승 시선집 『수선화에게』 87쪽)

누구나 외롭다. 외로움을 극복하기 위해 사람들은 모임에 간다. 외로워서 모임에 갔으나 앉아 있어도 더 외로움을 느낀다. 집에 돌아오면 뭔가 더 허전함을 느낀다. 함께 한 자리의 공간이 순간 사라져 버렸기 때문이다. 요즘 온통 '나는 자연인이다!'가 넘쳐난다. 그들은 산속에서 혼자 생활하지만 외로움을 모르고 사는 듯하다. 아니면 외로움을 극복하고 지극한 홀로인 삶을 즐기는지 모른다. 이처럼 외로움은 사람마다 느끼는 정도가 다르다. 단 하나 명확한 사실이 있다. 나의 외로움을 주변 사람이나 준비한 어떤 것이 채워 줄 것으로 여겼는데, 그렇지 못할 경우 외로움은 증폭된다. 믿음의 배신이 외로움을 서러움 단계로 끌어 올린다. 외로움을 극복하는 유일한 방법은 외로움을 해결하기 위해 준비한 모든 기재를 믿지 않으면 된다. 처음부터 이렇게 하기가 쉽지 않다. 사람은 당해봐야 정신을 차린다.

박완서 작가의 소설『촛불 밝힌 식탁』의 내용을 들여다보자. 시골에서 교장 선생님으로 퇴직한 남편과 아내는 서울에 있는 자식들과 함께 살고 싶어 한다. 아들 부부가 함께 사는 것은 그렇고 근처에 사는 것이 어떠냐고 하자, 아들이 결혼할 때 자그마한 아파트를 장만해 준 배알로 앞 베란다에서 뒤 베란다를 바라볼 수 있는 앞뒤 동으로 정해, 부부는 작은 평수로, 아들네는 네 식구가 살 거니까 40평이 넘는 거로 하고 이사를 한다. 아마도 서로 도움도 주고 외로움도 보완하고자 한 최상의 방법이라 여겼을 터다. 이런 거리를 두고 책은 '수프가 식지 않는 거리', '불빛을 확인할 수 있는 거리'라 표현했다. '따로 또 같이'로 표현할 수 있는 관계와 경계가 있는 거리다. 환상적인가? 교장 선생님은 언제부터인지 아들네의 불 꺼진 창이 딴 집의 불 꺼진 창하고는 다르다는 걸 알게 된다. 모닥불의 잔광 같은 불확실한 밝음이 깊은 데서 일렁이고 있었기 때문이다. 산책길에 아들네 아파트로 올라가 초인종을 누른다. 인기척이 있고, 현관문에 달린 렌즈로 누군가 확인은 하는데 문은 열리지 않는다. 아들네 앞집 907호 아줌마와 엘리베이터로 함께 내려오다 어색한 분위기를 피해 보려 "908호 아직 아무도 안 들어왔나 보죠?" 했더니 "앞집 선생님요? 들어오셨는데, 방금 전에 저희 집으로 파 한 뿌리 얻으러 오신걸요."한다. 교장 선생님은 이건 마누라도 알아야 하지만 나처럼 충격적으로 알게 하고 싶진 않다. 그럼 식탁에 촛불을 켜고 커튼을 쳤단 말인가?

자식이 지척거리에서 나의 외로움을 채워 줄 수 있다는 믿음은 도대체 어디서 온 것일까? 자식도 경계 너머에 존재한다고 생각하자. 그게 마음 편하다. 잘하면 덤이다.

공지영 작가는 책『빗방울처럼 나는 혼자였다』에서 '생각해 보면 젊은 날 내 부대낌은 바로 이 외로움을 떼어 버리기 위한 지난한 시간이었는지도 모른다. 혹여 타인으로 인하여 이것이 상쇄될까 하고 부질없는 무리들을 기웃거리고 산만한 저잣거리를 헤매어 다닌 것도 몇십 년인지 모르겠다. 그러나 어느 날인가 나는 내 동반자로서의 외로움에 의자를 내어 주었고 그러자 외로움은 고독이 되었는데 그 친구는 뜻밖의 선물들을 내게 많이도 안겨 주었다'(작가의 말)고 적었다. '그리운 성산포'의 시인 이생진이 구순 나이에 시집『무연고』를 내고 인터뷰한 기사가 조선일보 2018년 11월 21일에 실렸다. 시인은 "90세까지 시를 쓰려면 고독을 잘 관리 해야 해요. 고독을 밥처럼 씹어 먹고 그 에너지로 시를 씁니다. 지금도 고독이 찾아오면 섬으로 가서 시를 써요. 섬에서 시를 쓰면 물새도 날아오고 파도 소리도 밀려옵니다. 마치 내가 앉은 곳에 시가 밀려오는 것 같습니다."라고 했다. 공지영 작가와 이생진 시인 그리고 자연인들은 외로움과 고독을 나의 반려자로 받아들였다.

외로움을 해결하는 첫 번째 조건은 사람들과의 교류에 있다. 부정할 수 없는 사실이다. 그러나 너무 의지하거나 깊은 관계를 맺지 마라. 상처 입고 나면 서러움이 된다. 너무 늦은 나이의 서러움은 치명적이다. 문화심리학자 김정운은 책『가끔은 격하게 외로워야 한다』에서 '격하게 외로운 시간을 가져야 합니다. 외로움이 '존재의 본질'이기 때문입니다. 사람도 좀 적게 만나야 합니다. 외로움에 익숙해야 외롭지 않게 되는 것입니다. 외로움의 역설입니다'(프롤로그)라고 말하기도 했다. 인간은 원래 외로운 존재라 여기고 외로움을 즐기는 방법을 강구하는 게 오히려 낫다. 노년 노후 은퇴를 공부하면 한결 도움이 된다. 외로움 극복에 매달리지 않고 스스로 즐기는 고독력을 길러 두는 것보다 좋은 방법은 없다.

"내가 괜한 소리를 하는 것 같지만 죽는 것도 사는 것처럼 계획과 목표가
있어야 한다는 거여. 한 사람의 음식 솜씨는 상차림에서 보여지지만,
그 사람의 됨됨이는 설거지에서 나타나는 법이거든. 뒷모습이 깔끔해야
지켜보는 사람한테 뭐라도 하나 남겨지는 게 있는 거여."
"죽음이란 생명이 끝난 것이지 관계가 끝난 것은 아닌 계여.
잘 죽는다는 것은 잘 산다는 것과 같은 말이여."
"과장-부장-사장-회장 다음은 송장인 게 우리네 삶이여."

임형택 연극배우 '염쟁이 유씨' 연극 중에서

PART 4

살아 100년! 죽어 천년!
죽음도 배운다

01
죽음은 펼쳐보지 않은 책과 같다

누구나 죽음에 대한 두려움을 갖고 있다. 먼저, 육체적 고통 속에 죽을 두려움, 죽어 가는 과정의 신체 변화에 대한 두려움, 사랑하는 사람과의 이별, 혼자 떠나야 한다는 두려움, 죽음 이후 화장 또는 매장에 대한 두려움, 저승 세계에 대한 미지의 두려움이 있다. 이를 대비하는 죽음 교육의 내용은 죽음을 수용하는 자세, 태도와 관련되어 있다. 죽음의 수용은 결코 쉽지 않다. 죽음을 수용하게 되면 당하는 죽음이 아니라 맞이하는 죽음, 지금 삶의 질 향상, 남은 생을 잘 보내기 위한 노력, 품위 있는 죽음, 존엄한 죽음을 준비할 수 있다. 죽음의 수용 교육은 죽음을 공개적으로 얘기하는 데서 시작하여야 한다. 한국에서 이렇게 하는 것은 불가능에 가깝다. 스스로 죽음을 수용하는 배움을 시작해야 하는 이유다. 죽음의 수용은 영적으로 편안할 때 가능하다. 따라서 죽음 교육은 영적으로 편안한 방식의 삶을 살도록 하는데 그 첫 번째 목적이 있다.

영적으로 편안한 삶은 어떻게 사는 삶일까?

에리히 프롬 Erich Fromm은 책 『소유냐 존재냐』에서 소유적 실존 양식이 아니라 존재적 실존 양식이 소외되지 않는 충만한 삶을 가능하게 한다고 하였다. 그는 소유적 실존 양식에 대해 '내가 무엇을 소유하고 있다는 것은 소유한 나와 소유의 대상이 영원함을 전제로 성립되는 말인데, 이는 불가능하다. 나는 언젠가는 죽어 갈 것이며, 객체 역시 영속성을 지니고 있지 못하다. 그것은 파괴될 수도 잃어버릴 수도 있고, 그 가치를 상실할 수도 있다'(까치글방 115쪽)고 하였다. 그러고 보면 소유적 존재는 언젠가 사라진다. 사라진 소유는 나의 존재 이유를 설명할 방법이 없다. 에리히 프롬은 내가 영원히 존재하기 위해서 존재적 실존 양식으로 살기를 주장하고 있다. 존재적 실존 양식에 대해 '많은 사람들이 하나의 대상을 두고 함께 즐겁고 행복할 수 있는 체험적 삶이다. 이러한 상황은 분쟁을 막고, 기쁨을 함께 나누는 인간 행복의 가장 깊은 체험을 공유한다. 이성, 사랑, 예술, 지적 창조력이 그것이다. 이러한 본질적 힘을 사용하면 존재적 실존양식을 더욱 쌓아가는 것이다'고 하였다.

그런데 우리는 소유적 실존 양식은 매우 익숙하지만, 존재적 실존 양식은 낯설게 느낀다. 영혼이 편안하기 위한 방편으로 소유적 실존 양식이 아니라 존재적 실존 양식으로 나를 표현해 보자. 즉 직장으로 표현되는 지위와 직책, 그리고 소유와 관계를 생략하고 나를 표현해 보자. 처음엔 너무 막연하다. 그러나 이제 명확하게 인식할 수 있다. 사랑, 연민, 아름다움, 용서, 믿음, 우정, 성실, 감사, 희망, 행복 등이 우리의 존재적 실존 양식을 설명하는 도구다. 이러한 도구는 객체화가 가능한 물질적 소유로 가질 수 있는 것이 아니다. 측정할 수 없지만 인생을 설명하는 중요한 가치를 지니고 있다. 존재적 실존 양식의 삶은 죽음이라는 명제 앞에 영적 편안함을 보증한다. 존재적 실존방식은 죽음을 수용하는 마음의 기본을 갖추게 해준다. 나는 소유적 실존 양식도 사용하기에 따라 존재적 실존양식이 된다고 주장하고 있다. 본인이 갖고 있는 소속, 직위, 직책, 소유를 만인의 행복과 기쁨을 위해 잘만 사용한다면 말이다.

죽음 교육의 두 번째 목적은 저승 세계에 대한 미지의 두려움을 극복하는 것이다. 먼저 죽음은 벽인지 문인지를 생각해 보자. 죽음이 벽이면 죽음 이후 아무것도 없다. 죽음을 문으로 인식하면 죽음 이후 새로운 세계가 있다고 본다. 죽음을 받아들이는 과정의 핵심 명제는 죽음이 벽壁이 아니라 문門이라는 것을 깨닫도록 하여 미지에 대한 두려움을 극복하도록 하는 데 있다. 문이라 인식하는 순간 지금의 삶을 어떻게 살아야 하는지 명확하게 보인다. 죽음은 진짜 문인가? 나는 경북 문경이 고향이다. 1979년 박정희 대통령 서거가 있던 그 해 겨울 문경 은성광업소 갱내 사고로 무려 사십 두 분이 돌아가셨다. 문경 지역은 깊은 슬픔에 빠졌다. 조욱현은 시집 『늑대야 늑대야』에서 '광업소 근처에 살며'라는 제목의 시 속에 '화재도 광업소답게 땅속에서 났다/ 기자들의 허탕/ 찍을 거나 볼 건 역시 땅속에 있었다/ 스물두 학급 중학교에 복상 결석 사십 이명/ 장례 날 동이 났던 인근 동네 상여'라고 표현했다.

당시 나는 고등학교 1학년이었다. 해가 바뀐 어느 날 어머니께서 들려주신 애기다. 이날 사고로 돌아가신 아버지가 있는 집에서 용하다는 무당을 불러 굿을 했다. 동네 사람들이 모두 모였다고 한다. 한참 굿이 무르익어 갈 무렵

이 무당이 누구를 지목하곤 막 소리를 지르니, 그 사람이 돌아 가신 아버지의 음성을 하곤 눈물을 마구 흘리며 큰 소리로 '나는 억울하다'고 외치면서 자식들에게 다가가 '아버지가 없더라도 잘 살아라'라고 구구절절 얘기했다고 한다. 이 말을 믿어야 할까? 어머니께서 직접 보셨다고 하니 믿어야 한다. 무당이 지목한 그 사람은 아버지의 영혼이 옮겨가 빙의憑依하였다. 빙의는 '어떤 영혼이 다른 사람에게 옮겨 붙는 상태'를 말한다. 빙의는 '죽음 공부가 덜 되어 있고, 죽을 준비가 안 되어 있어, 성숙하지 못한 상태에서 죽으면 영혼이 저승으로 가지 못하고 이승에 머물며 다른 사람의 몸 속에 기거하게 되면서 나타나는 현상'으로 '귀신에 홀린 상태'라고 설명되기도 한다. 우리 주변에 빙의에 대한 많은 얘기들이 있다. 억울하게 죽은 귀신에 관한 얘기와 퇴마의식 등이 영화와 드라마, 소설로 나와 있기도 하다. 그렇다면 죽음 이후 영혼이 있다는 것인가?

정재걸 교수의 책 『삶의 완성을 위한 죽음교육』에 나오는 내용이다. '나는 태어날 때 3kg이었다. 지금은 76kg이다. 피부 밑만 나라고 생각하면 증가된 73kg은 무엇인가? 물론 3kg도 수정 당시로 거슬러 올라가면 현재의 내 몸은 모두 내가 아닌 어떤 것으로 구성되어 있다. 그것은 불교에서 말하는 모든 존재의 구성요소인 지수화풍(地水火風-흙, 물, 햇볕, 바람)이 만들어 낸 동물·식물을 먹고 늘어났다. 그렇다면 나는 나의 몸 전체가 우주에 존재하는 지수화풍이 내 몸으로 들어와서 만들어 낸 존재다. 불교에서 말하는 무아(無我) 즉, 내가 없음이 아니라 나는 우주 삼라만상의 모든 것으로 구성되어 있다. 고로 나는 우주적 존재다.'(45쪽) 이 논리에 따르면 나는 우주적 존재이며 내가 죽더라도 나는 그 존재가 사라지지 않는다. 나는 우주의 곳곳에 고루 흩어져 존재한다.

나는 할머니와 한방에서 지냈다. 중학교 때 어느 날 아침 할머니께서 의식이 없으셨다. 이제 할머니가 돌아가시는가 보다라고 생각했다. 가까운 친척들에게 연락을 했다. 그만큼 위중해 보였다. 그런데 병원에 다녀오신 할머니께서 3일 만에 기적적으로 다시 의식을 찾으셨다. 할머니께 의식이 없는 동안 전혀 기억이 없으셨는지 여쭤었다. 할머니는 공중 저 멀리서 할아버지가 어렴풋하게 보이는데 할머니를 바라보시며 "어서 와 어서 와"라고 하며 부르셨다고 생생히 말씀하셨다. 할머니께서 이 일이 있고 난 뒤 2년 뒤에 돌아가셨다. 오진탁의 책『마지막 선물』에도 이와 관련한 내용이 있다. 호스피스 병동에서 임종 2~3일을 앞둔 환자는 대화하던 중에도 갑자기 허공 쪽으로 시선을 돌린다고 한다. 호스피스 봉사자가 왜 그러느냐고 물으면 "누가 와 있다.", "누구를 보았다."고 말한다는 것이다. 이미 죽은 사람과 말했다고 하는 이도 있다고 한다.(118쪽) 오진탁은 이 부분에 대해 장갑을 끼었다 벗으려면 손이 빠져 나오는데 조금 시간이 걸리는 것처럼, 우리 몸에서 영혼이 빠져나갈 때는 대개 2~3일 또는 수 시간이 소요된다. 그때 잠깐씩 양쪽 세계를 다 보게 되는 것 같다고 적었다.(121쪽)

죽음에 대하여 책『영성 수업』의 저자 헨리 나우엔 Henri Nouwen은 "죽음은 엄마 뱃속에서 나가는 것과 같다."고 했고, 김수환 추기경은 "죽음은 펼쳐보지 않은 책과 같다."고 하였다. 엘리자베스 퀴블로 로스 박사는 1945년 폴란드 아우슈비츠 수용소에서 유대인들이 죽어가면서 벽에 그린 수많은 나비를 보고 "죽음은 애벌레가 허물을 벗고 나비가 되어 날아가는 것과 같다."고 생각하였으며, 이를 계기로 평생을 죽음 연구로 보냈다. 나는 2017년 2월 50+코리안에서 주최한 웰 다잉 교육에 참여하였다. 이 자리에 엘리자베스 퀴블로 로스 박사가 얘기한 나비가 인형으로 만들어져

교구재로 사용되는 광경을 보았다. 애벌레 모양의 인형은 지퍼를 열면 안에서 나비 모양의 인형이 나온다. 뒤집어 애벌레를 안으로 들어가게 하여 지퍼를 잠그면 나비 모양만이 보여진다. 이 인형으로 '죽음이란 애벌레가 나비가 되어 날아 천국에 올라 가는 것'으로 끝이 아니라고 설명하였다. 그 인형이 너무 신기하여 주최 측에 요청하여 몇 개 구매하였고 이를 웰 다잉 강의장에서 보여주기도 한다. 테레사 수녀는 '죽음이란 고향으로 하느님을 찾아가는 것이다'고 하였으며, 천상병 시인은 하늘로 돌아간다는 시 '귀천歸天'에서 "*나 하늘로 돌아가리라. 아름다운 이 세상 소풍 끝나는 날, 가서 아름다웠더라고 말하리라…*"고 표현하기도 했다. 또 '이승은 임시직이고, 저승은 정규직이다'고 하기도 한다. 이러한 표현은 이 세상보다 저 세상이 훨씬 더 큰 무엇이 펼쳐지는 장으로 보고 있다.

진짜 천국과 지옥이 있나요? 라는 질문에 물리학의 파동 이론으로 설명하는 내용을 들은 적도 있다. 현대 물리학의 관점에서 같은 파동은 서로 만나는데, 영혼도 이와 같아서 죽으면 같은 파동의 영혼끼리 같은 장소로 간다고 한다. 선한 영혼은 선한 영혼들끼리 함께 모여 살게 되는데, 그러니 거기가 천국이고, 악한 영혼은 악한 영혼끼리 모여 사니 거기가 지옥이 아니고 무엇이겠냐고 했다. 모두 죽음 이후 세계가 있다는 믿음을 표현하고 있다. 그러나 우리는 단지 믿을 뿐 사후세계가 정말 있는지 알 수 없다. 그럼 어떻게 이해하고 살아가야 할까?

정신적 쾌락주의를 주장한 에피쿠로스는 "죽음은 우리와 무관하다. 내가 살아 있을 때는 죽음이 없고, 죽었을 때는 내가 없기 때문이다."고 하였다. 지금의 삶에서 보면 이 말은 사실인듯하다. 그러나 이는 죽음 이후를 아예 염두에 두지 않고 지금의 삶에 충실하겠다는 의미로 받아들여진다. 오진탁은 '죽음은 끝이냐 아니냐는 문제는 설명이나 설득의 문제가 아니라 많은 시간을 두고 스스로 사색하고 노력해서 얻어야 할 결론이다'고 하였다. 맞는 말이다. 누가 죽음을 단정하여 설명할 수 있겠는가. 설득한다고 될 일이 아니다. 강요해서도 안 된다. 그렇다고 죽음을 매일 매시간 염두에 두거나 생각하며 살 수도 없다. 죽음도 삶의 한 과정이니 있을 수 있는 일들을 살펴보고 대비해야 하는 것이 있으면 미리 준비하자는 뜻이다. 미리 준비해 두면 이제 현실로 돌아와 오늘을 열심히 살자고 제안하려 한다. 열심히 사는 삶에 존재적 실존 양식을 많이 넣고 살았으면 한다.

니코스 카잔차키스 Nikos Kazantzakis의 소설 『그리스인 조르바』에 이런 내용이 있다. "어느 날 내가 작은 마을을 지나고 있었어요. 아흔 살 먹은 고루한 영감탱이 하나가 아몬드 나무를 심고 있습디다. '저기요, 할아버지.' 내가 물었죠. '정말로 아몬드 나무를 심고 계신 건가요?' 그러자 허리가 땅속으로 기어들어 갈 것 같은 그 영감탱이가 돌아서서 나를 보고 이렇게 말하는 겁니다. '젊은이, 난 영원히 죽지 않을 것처럼 행동한다네.' 그래서 내가 이렇게 대꾸했죠. '전 언제 죽을지 모르는 사람처럼 살고 있는걸요.' 보스양반, 이 두 사람 중 누구 말이 더 맞을까요?"(민음사, 2018, 70쪽) 가장 곤란한 질문 중의 하나다. 아마 영감님은 죽음을 예비해 두었기 때문에 영원히 살 것처럼 행동하였는 지도 모른다. 그것이 현재의 삶에 충실한 방법임을 알고 있기 때문이다. 만일 죽음을 예비하지 않는 방식으로 살고 있다면 언제 죽을지 모른다는 명제를 떠올려 보는 것도 좋겠다.

02
나이가 드는 것은 투쟁이 아니다
대학살이다

각각의 신문은 일주일에 한 편 정도의 시를 싣고 있다. 신문 속 시가 내 마음에 쏙 들어오면 일기장에 옮겨 기록하기도 한다. 서울경제신문은 '시로 여는 수요일'이라는 공간에 시를 소개하고 있다. 2018년 9월 12일은 박재연 시인의 '큰 거짓말'이 실렸다.

> 야! 죽는 게 궁금하다
> 만구에 어째라는 건지 당최 모르겠다
>
> 아마 꽃 가마가 당도할걸?
> 보고 싶은 사람들이 나래비로 죽 서서
> 가마에 태우고 구름 위로 사뿐 날아갈 거야

> 으하하하 … … … 그렇다면 오죽 좋겠냐
>
> 그렇다니까, 내 말을 믿어요
>
> 어머니 떠나실 때
> 압축파일 주머니에 큰 뻥 하나 넣어드렸다

이 시를 소개한 또 다른 시인 반칠환은 시를 평하면서 박재연 시인이 제대로 뻥을 쳤다면서 자신도 뻥을 치겠다 하고는 '소박한 시인의 뻥으로 돌아가 보자. 죽으면 보고 싶은 사람들이 마중 나와 가마에 태워간다는 저 말은 사실이다. 그렇지 않다면 누가 죽겠는가? 생전에 불편한 자리라면 용수철처럼 일어서던 아랫집 아저씨가 있었다. 사십 년째 꽃상여 타고 가서 돌아오지 않는 걸 보면 어지간히 재미난 곳이 틀림없다'고 저승을 묘사했다. 시와 같이 유머를 곁들여 죽음을 설명하고 저승길을 받아들이는 정도면 얼마나 좋겠는가? 현실은 이와 영 딴판이다.

나이 들어간다는 말은 죽음과의 경계가 점점 더 가까워진다는 의미다. 나이 들어 죽음이 바짝 다가선다는 느낌은 주변의 익숙한 환경들로부터 점점 멀어지는 과정이다. 그만큼 상실감이 크다. 아툴 가완디 Atul Gawande 교수는 책 『어떻게 죽을 것인가』에서 "아주 나이가 많은 사람들이 두려워하는 것은 죽음이 아니라, 죽음에 이르기 전에 일어나는 일들, 다시 말해 청력, 기억력, 친구들, 그리고 지금까지 살아왔던 생활 방식을 잃는 것을 두려워한다. 필립 로스 Philip Roth 는 소설 『에브리맨 Everyman』

에서 '나이가 드는 것은 투쟁이 아니다. 대학살이다' 이라고 더 비통하게 표현했다."(94쪽)고 적었다.

　책『어떻게 죽을 것인가』에 인용된 소설『에브리맨』의 "나이가 드는 것은 투쟁이 아니다. 대학살이다."는 가히 노년을 바라보는 충격적 실체다. 이 말의 내용을 확인 해 보고자『에브리맨』책을 보았다.『에브리맨』은 평범한 사람이 어떻게 나이 들어 병들고 죽어가는지에 대한 담담한 기술이다. 나도 나이가 들면 이렇게 죽어가겠구나 하고 여기게 된다. 책에 '노년은 전투가 아니다. 노년은 대학살이다'(문학동네 162쪽)고 표현되어 있었다. 각각의 책이 번역되는 과정에서 미묘한 차이를 보여 준다. 원문에 어떻게 표현되어 있을까? 원어로 된 책『에브리맨 EVERYMAN』을 구해 찾아보았다. 156쪽에 'Old age isn't a battle, old age is a massacre'로 나와 있다. 나는 대학살 당하지 않을 수 있을까? 피해 갈 수 없는 학살의 현장에서 쪼그라드는 마음을 지켜보는 것은 견디기 어려운 죽음의 과정이다. 이것이 어떻게 죽을 것인가의 명제를 미리 들여다보아야 하는 이유다.

　요즘 시골 동네에서 가끔 볼 수 있는 광경을 소개한다. 박 할머니가 요양원(요양병원)으로 가는 날이다. 곁에서 돌봐 줄 사람이 없고 거동도 불편하여 스스로 생활능력을 갖추고 있지 않으니 어쩔 수 없는 선택이다. 떠나는 길에 동네 사람들이 모두 모였다. 박 할머니가 대성통곡을 한다. 이제 다시 평생 살던 이곳에 못 올 것이니 한 세상 함께 동고동락한 이웃은 오늘이 마지막이라 여긴다. 이웃 사람들은 마치 박 할머니 발인제를 보듯 따라 운다. 온 동네가 울음바다가 된다. 우리네 삶에서 요양원 요양병원은 한번 가면 다시 나오기 어렵고 죽어 나오는 장소다. 현대판 고려장이라 불러도 무색하다. 2018

년 6월 27일 노인인권증진 학술 세미나에서 인천은혜병원 가혁 병원장은 참석자들에게 "요양 시설 가고 싶은 사람 손들어 보세요?"라고 묻고, 이어 "자식이 집에서 돌봐 줄 거라 생각하는 사람 손들어 보세요?"라고 물었다. 두 질문에 손드는 사람은 없었다. 가혁 병원장은 이 질문의 결론으로 "자식이 돌봐 줄 것을 믿지 않는다면 98%가 요양 시설로 갑니다." 라고 했다. 지인이 요양보호사 자격을 취득했다. 자격 취득을 위해서 현장 실습이 필수여서 두 주간 요양병원 근무를 했단다. 이분이 자격증 취득 후 한 첫 한마디는 요양병원 갈 일이 생기더라도 절대 가지 않겠다고 했다. 그런 상황이면 차라리 자살하겠다고까지 했다. 그 선언하는 모습이 비장했다. 요양 시설의 무엇이 우리를 이토록 참담하게 만드는 것인가?

웰 다잉은 다른 강의 주제와 달리 교육 장소에서 느끼고 배운 내용을 아내에게 그대로 전달하기가 쉽지 않다. 방법은 하나다. 함께 가면 된다. 2013년 10월 12일(토요일) 코엑스에서 열린 '2013 서울 국제 시니어 엑스포'에서 마음건강연구소 변성식 소장은 '아름다운 마무리 사전 장례의향서'를 주제로 강연하였다. 이날 아내에게 함께 가자고 꼬드겼다. 처음엔 핑계를 대더니 이내 따라 나선다. 강연 후 객석과의 질의응답 시간에 나온 청중의 질문이다. "저는 올해 75세입니다. 79살이 되면 곡기를 끊고 80살 전에 굶어 죽으려 합니다. 어떻게 생각하나요?" 질문 자체가 가히 충격적이다. 왜 이런 질문이 나오게 되었을까? 80세 이후 삶의 질이 급격히 떨어진다는 얘기를 너무 많이 들어 온 것일까? 내가 앉은 자리에서 멀지 않은 곳에 계신 어르신이 너무 진지하게 말씀하셨다. 당일 토론자로 나온 교수님들도 살짝 당황한 모습이 역력했다. 어떻게 설명해 주어야 할까? 당일 토론자는 "선생님께서 그렇게 생각하셔도 인간의 의지로 실행할 수 있는 영역이 아닙니다. 단지 오늘 어떻게 건강하게 살 것인지를 염두에 두고 사시는 게 더 나은 삶입니다."라고 답하셨다. 그분께 얼마나 와 닿을지 알 수 없다. 다만 그날 그분의 진지한 모습은 계속 기억에 남았다. 이날 변성식 소장은 품위 있는 죽음에 대해 "편안한 상태에서 죽음을 맞이하는 것, 가족에게 부담을 주지 않는 것, 소중한 사람과 함께하다 가는 것, 주변 정리를 해 놓고 가는 것"이라 정의하였다. 그러나 닥쳐 있는 죽음을 바라보는 시각은 그 자체로 이미 무너지고 있다. 대학살이자 손 쓸 수 없는 지진 해일과 같다. 이날 이후로 특정한 주제의 강의는 아내와 함께 가고자 노력하고 있다. 부부라 하더라도 따로 생각해 두어야 하는 부분이 있다. 또 함께 얘기해야 할 부분도 있다. 그 내용이 가족과 관련한 내용이거나 웰 다잉이면 함께 가 볼 것을 적극적으로 추천한다.

웰 다잉의 가장 큰 문제는 우리에게 죽음은 너무 멀리 있어 나의 일로 여겨 받아들이지 않음에 있다. 언젠가 죽게 된다는 사실을 바짝 당겨 지금 생각해 보아야 한다. 사람이 죽음을 인식하고 어떻게 변하는지 가장 극명하게 표현한 소설 속 주인공이 있다. 우리가 너무도 잘 아는 영국 작가 찰스 디킨스 Charles Dickens 의 소설 『크리스마스 캐롤』에 등장하는 수전노 구두쇠 스크루지다. 소설 속 내용을 옮겨 본다

크리스마스이브 꿈속에 나타난 7년전 숨진 동업자의 유령과 자신의 과거 현재, 미래를 보여주는 유령! 미래의 유령은 황폐한 무덤에서 비석에 적힌 글자를 읽는데, '에버니저 스크루지'다. 스크루지는 경악한다. 그리고 외친다. "유령님! 내가 하는 말 좀 들으시오! 나는 예전과 다른 사람이 되었소. 유령님을 만난 덕분에 예전과 똑같이 살진 않을 거요. 이런 걸 보여 준

까닭이 뭐요. 나한테 희망이 하나도 없다면!" 너무도 생생한 꿈에서 깬 스크루지는 무엇보다 새롭게 거듭 날수 있다는 사실과 자신에게 그렇게 할 수 있는 시간이 있음을 즐거워하고 행복해한다. "이제부터 과거와 현재와 미래의 유령님이 가르쳐 주신 대로 사는 거야! 세 유령님을 마음속에 간직하며 사는 거야." '스크루지는 새사람이 되겠다는 의지에 불타서 얼마나 펄펄 뛰며 소리쳤는지 목소리가 갈라질 정도였어. 조금 전까지 마지막 유령을 붙잡고 늘어지면서 펑펑 우는 바람에 얼굴은 눈물범벅이었지. 그런데도 침대 커튼을 두 팔로 껴안으며 소리쳤어.' 『크리스마스 캐롤』 찰스디킨스 지음, 김옥수 옮김 비꽃 121, 123쪽)

우리는 언젠가 반드시 죽는다. 자신의 삶이 영원하지 않음은 우리를 우울하게 한다. 그렇다고 이를 부정할 수 없다. 죽음에 대한 생각은 우리를 변화시킨다. 어떻게 살아야 하는지 스스로 답을 알게 한다. 나는 어떻게 죽을 것인가? 여전히 알 수 없다. 다만 다음의 주제를 화두로 삼고자 한다.

죽음이란 무엇인가? 죽어 가는 과정에 대한 두려움, 존재의 소멸에 대한 두려움, 이별에 대한 두려움의 실체를 이해할 수 있도록 탐색한다. 나의 죽음 준비는 어떻게 해야 하는가? 죽음은 스스로 준비한다. 가족과 지인들과의 이별 과정에서 해야 하는 일, 사전연명의료의향서 작성, 사전 장례의향서, 유언 등 준비 과정을 확실히 알고 실천한다. 이 생의 미련, 욕망, 집착으로부터 자유스러워질 수 있는 방법을 탐색한다. 인생은 영원하지 않으며 끝이 있다. 이생의 마무리를 준비한다. 움켜쥔 손을 펴고 모든 것을 내려놓아야 한다. 내려놓는 삶이 아름다운 퇴장의 으뜸 덕목이다.

이 화두에 대해 이렇게 해 보기로 했다. 50대와 60대에 10년 이상 광범위한 죽음 탐색을 해 보고자 한다. 관련된 학회, 세미나, 심포지엄, 포럼, 아카데미, 박물관, 전시장, 공연장을 다녀 보려 한다. 시중에 나와 있는 죽음과 연계된 모든 책을 섭렵하고, 그 과정에서 얻게 된 정보와 내용을 글로 표현해 두고자 한다. 당시의 느낌을 담아 간단한 결론도 도출하려 한다. 죽음을 바라보는 시각, 사후 세계에 대한 인식, 죽음을 바라보고 현재를 어떻게 살아가야 하는지, 죽어 가는 과정과 장례 등도 탐색 대상이다. 얻거나 구할 수 있는 도구나 자료도 수집해 볼 예정이다. 문상 할 때 나의 일로 여겨 좀 더 깊이 있는 자세로 망자를 보내 드리려 노력할 예정이다. 가족이나 지인들에게 하고 싶은 얘기는 가능한 일기로 기록하며 유언장 등을 미리 작성하는 일은 하지 않으려 한다. 10년 이상의 탐색으로 죽음 공부가 한차례 되었다고 보고, 죽음공부를 계속하되, 이 무렵부터 재미있는 인생 살기에 매진하려 한다.

03
잘 죽는다는 것은
잘 산다는 것과 같은 말이다

인생살이에 거창한 의미 부여를 하고 싶으나 쉬운 일이 아니다. 그러다 *"인생 뭐 별거 있느냐, 다 그렇고 그렇지!"* 하는 생각으로 살아간다. 평소 삶의 모습은 너무 단조로운 무채색이다. 의미를 부여할 무엇이 없다고 여긴다. 그렇다고 의미가 전혀 없을까? 빅터 프랭클Viktor E. Frankl 은 나치의 강제수용소에서 겪은 일들을 책『죽음의 수용소에서』에 담았다. 그 내용 중에 *"창조와 즐거움만이 삶의 의미는 아니다. 창조와 즐거움 두 가지가 거의 메말라 있고, 오직 외부의 힘에 의해 가해지는 시련과 죽음만이 있는 수용소 공간에서도 삶의 목적은 있다. 시련과 죽음을 받아들이는 과정은 자기 삶에 보다 깊은 의미를 부여할 폭넓은 기회를 제공한다. 시련과 죽음은 우리 삶의 빼놓을 수 없는 한 부분이다. 시련과 죽음 없이 인간의 삶은 완성될 수 없다."*(122, 123쪽)는 말이 나온다. 죽음을 인식하는 순간 내 삶에 부여할 수 있는 의미가 많아진다고 한다. 그러나 닥친 죽음이 삶에 부여하는 의미는 강제적 자기 위안이다. 그럼 미리 죽음을 공부하면 어떨까? 죽음은 우리네 소박한 삶에 더욱 큰 의미 부여를 할 수 있을까?

노르베르트 엘리아스(NORBERT ELIAS)는 책 『죽어 가는 자의 고독』에서 "인간에게 문제가 되는 것은 실제로 죽는다는 사실이 아니라 인간만이 죽음에 대한 지식을 갖고 있다는 점이다."(11쪽)고 말했다. 그럼 현대인들은 죽음에 대한 지식을 갖고 있다는 뜻인가? 현실은 이와 영 딴판이다. 현대인들은 특수한 사회적 환경 때문에 죽음을 멀리 두어 죽음 지식을 익힐 기회가 차단되어 있다. 노르베르트 엘리아스는 그럴 수밖에 없는 환경을 '첫째, 장수사회의 도래에 따라 20~30대 때는 죽음을 생각하기 어렵다. 즉, 너무 멀리 있어 지금 생각하지 않아도 된다고 여긴다. 둘째, 의학 기술의 발달에 따라 죽음을 연기시키려는 시도가 성공할 것이라는 희망이 널리 퍼져 있다. 즉, 나는 어쨌든 더 살 것이라 생각한다. 셋째, 내가 전쟁, 폭력, 기근, 전염병, 사고 등으로 죽는다는 생각을 하지 않을 정도로 사회가 안전하다고 생각한다. 즉, 나는 사고로 죽는다는 생각을 하지 않는다. 넷째, 외부 환경과 분리된 개인을 상정하여 죽음을 사회적으로 해석하지 않는다. 즉, 죽는 자 개인의 일로만 생각하여 나의 일로 받아들이지 못한다'(53~63쪽)고 설명하였다.

죽음이란 망자를 위한 장례절차가 있게 마련이다. 과거의 죽음은 장례가 마을에서 이루어졌다. 동네는 장례가 진행되는 공동체다. 장례는 마을 전체가 모두 음식을 나눠 먹는 모습을 포함한다. 상여는 마을 사람들이 상여꾼을 했으므로 마을 누군가의 죽음은 곧 나의 일이다. 모두가 그 광경을 보았다. 죽음은 매우 공개적이고 지역 사회와 함께 하는 의례였다. 아이들조차 죽음의 장면에 익숙해질 수 밖에 없었다. 죽음은 일상적이고 생활에서 멀지 않은 곳에서 늘 일어나는 일이었다. 현대의 죽음은 병원에서 일어나는 일이다. 망자는 죽음이 고립되어 있어 죽음조차도 외롭다. 살아 있는 자는 죽음은 늘 낯설다. 장례는 누군가 대행해 주는 일이 되기도 한다. 나의 일로 여겨 죽음의 지식을 갖출 이유와 기회가 없어진 배경이다. 나는 죽음의 거창한 담론을 알지 못한다. 다만 내가 정한 방법이 있다. 우선 죽음과 관련한 다양한 교육, 전시 장소, 연극, 공연, 장례식장을 찾아 가 보는 것으로 정했다. 나는 기회가 닿는 어디든 무조건 가본다. 그리고 그 현장을 나의 일로 일치시켜 보도록 하고, 가능한 기록으로 남겨 둔다.

강의 장소는 항상 시간의 여유를 두고 간다. 언제 다시 와 보겠느냐는 심정으로 주변을 둘러보기 위해서다. 경기도 광주 고용노동 연수원 가는 길에 시안時安 가족공원이 있다. 웰 다잉이 연구주제이기도 하여 늘 들러 본다. 시안은 '시간마저 잠이 드는 영원한 안식처'의 의미를 담고 있다. 공원은 산속 구릉지를 따라 거북, 사슴, 소나무, 학, 구름, 해, 바위, 불로초 묘역 등으로 되어 있다. 어느 날은 길이 나 있는 끝까지 올라가 본다. 묘역이 끝없이 펼쳐진 너무도 조용한 공간이다. 여건이 허락된 시간만큼 둘러 보고 몇몇 묘역은 가까이 가서 본다. 엄마 아빠 앞으로 쓴 편지글은 가슴이 먹먹하다. 이렇게 많은 분들이 누워 있는 묘역! 죽음은 나의 일이 아니라고 여겨 늘 그렇게 대해 왔는데, 이곳에 와 보니 곧 나의 일이 된다. 관리 사무소 쪽으로 내려와 한참을 묘역 쪽으로 바라보곤 했다. 억지로 죽음을 들여다보진 못한다. 그렇지만 우리 주변에 죽음을 주제로 한 다양한 공간이 있다.

2013년 10월 12일(토요일) 코엑스에서 열린 '서울 국제 시니어 엑스포'에서 마음건강연구소 변성식 소장은 '염쟁이 유씨' 연극을 언급했다. 나는 '염쟁이 유씨' 연극을 꼭 보겠다고 다짐해 두었다가 2013년 12월 19일 보러 갔다. 이 연극도 아내와 함께했다. 아내는 엑스포에서의 경험 때문인지 적극적으로 따라 나섰다. 연극에 오신 분들은 젊은이들이 애인 또는 친구들과 함께 오기도 하고 우리처럼 부부가 온 경우도 있고 중년의 아주머니들이 친구들과 함께 온 경우도 있었다. 대학로 내여페 입구에서 사전 예매를 했다고 하니 좌석 표시가 된 표로 다시 나누어 주었다. 자리 배치는 앞줄은 젊은 사람들이 앉고, 두 번째 줄은 주로 부부 위주로 앉았다. 세 번째 줄은 동창회나 계모임 등에서 함께 오신 분들이다. 이날은 임형택 배우께서 울리고 웃기는 1인 연기를 하셨다.

무대 정면으로 마치 부적과 같은 글씨가 씌어 있는 병풍이 처져 있고 병풍 앞에 나무로 된 관이 놓여 있다. 무대의 위쪽은 삼베 수의가 걸려 있다. 무대의 왼쪽은 작은 상위에 흰 쌀밥을 담은 공깃밥 세 그릇과 미투리 세 짝이 나란히 놓여 있다. 이는 저승사자가 망자를 데리고 갈 때, 배고프지 않고 잘 인도 해 달라는 의미를 담고 있다. 염쟁이는 염을 하는 사람이다. 염殮은 시신을 수의로 갈아 입힌 다음, 베나 이불 따위로 싸는 행위를 말한다. 염습殮襲이라고도 하는데 이 때의 습襲은 '엄습할 습'자로 '뜻하지 아니하는 사이에 습격하다'의 의미다. 즉, 망자가 뜻하지 않은 사이 수의로 갈아 입혀지고 베나 이불로 싸여 짐을 의미한다. 10월 12일 코엑스에서 변성식 소장은 "염습 殮襲은 수의壽衣를 입히기 전에 시신을 깨끗하게 하기 위한 것이다. 우리의 전통적인 수의는 '생전 입던 옷 가운데서 가장 좋은 옷'이었다. 양반들은 관복을, 선비들은 심의深衣를, 서민들은 원삼圓衫 등을 수의로 사용했다."고 했다.

이날 연극에서 임형택 배우는 직접 염을 하는 모습과 염을 마치고 시신이

관에 안치되는 과정을 보여주었다. 그리고 앞줄에 앉아 있는 관객들 중 남녀 각각 두 명을 불러냈다. 그들에게 큰아들, 작은아들, 며느리, 딸의 역할을 준다. 딸 역을 맡은 여성에게 큰 오빠를 향해 삿대질하며 "어떻게 오빠가 그럴 수가 있어, 오빠가 잘 모셨으면 아버지께서 더 사셨을 텐데!"라고 크게 울며 소리치라고 한다. 큰 오빠는 울기만 하고 말이 없으나 큰 며느리는 "아가씨도 그러는 게 아니에요. 평소 들여다보지도 않으시더니 어떻게 그럴 수 있어요"라고 한다. 그러면 둘째 아들은 "모두 조용히 하세요. 아버지가 유산을 어떻게 나누기로 했는지 얘기해 주세요. 어쨌든 공평하게 나누는 겁니다."라고 한다. 그러면서 서로 삿대질을 하며 소리치게 한다. 처음엔 서로 웃기도 하고 살짝 어설펐지만 이내 역할에 몰입해서 진지한 장면을 연출하고 있었다. 장례가 마무리되지 않은 관 앞에서 자식들이 서로 싸우고 있었다. 연극을 보는 동안 관객은 스스로 망자이기도 하고, 때론 장의사이며, 염쟁이가 된다. 그리고 상주이자 가족이다. 관객은 문상객이 되어 돌아 가신 분의 명복을 빌며 곡을 해 보기도 한다. 그런데 진짜 내 일처럼 느낌이 드는 이유는 무엇일까? 이날 임형택 배우가 한 말들 중에 "내가 괜한 소리를 하는 것 같지만 죽는 것도 사는 것처럼 계획과 목표가 있어야 한다는 거여. 한 사람의 음식 솜씨는 상차림에서 보여지지만, 그 사람의 됨됨이는 설거지에서 나타나는 법이거든. 뒷모습이 깔끔해야 지켜보는 사람한테 뭐라도 하나 남겨지는 게 있는 거여." "죽음이란 생명이 끝난 것이지 관계가 끝난 것은 아닌 게여, 잘 죽는다는 것은 잘 산다는 것과 같은 말이여." "과장-부장-사장-회장 다음은 송장인 게 우리네 삶이여."라는 내용이 가슴 깊이 와 닿았다.

'염쟁이 유씨'는 2006년 초연 이래 2013년까지 '대한민국 연극계에 최고의 폭풍을 몰고 오며 소극장 연극사상 최단기 6만 관객 돌파 및 누적 공연 회차 2,000여회, 전체관람객 30만 명을 웃도는 대한민국 대표 연극'이라고 안내되어 있다. 만일 죽음이 사적이지 않고, 공개적이며, 장례절차가 공동체와 함께하여, 이를 늘 지켜보아 친숙했다면 '염쟁이 유씨' 연극이 이렇게 인기가 있었을까? 많은 사람들이 죽음을 알고 싶어 한다. 그러나 너무 멀리 두어 나와 일치시켜 볼 수 없었다. 그래서 더 많이 찾아오는 것이다. 늘 대하던 죽음은 나와 일치시켜 볼 수 있는 힘을 갖게 한다. 그 자체가 미리 보는 나의 죽음과 장례가 된다. 반면 현대인은 다른 사람의 죽음에 관여하는 정도가 현격히 멀어져 있어 사람의 죽음이 매우 낯설다. 죽어 가는 자의 곁을 지키는 사람도 어떻게 해야 하는지 잘 모른다. 현대의 간소화되고, 단지 겪어 내야 할 과정으로 인식하는 죽음은 죽어 가는 자를 더욱 외롭게 한다. 현대 사회에서 죽음에 대한 고려 사항의 핵심은 어디서 죽을 것인가와 죽음을 어떻게 받아들여야 하는지를 포함한다.

이호선 교수는 책 『노인과 노화』에서 '노인들이 죽음을 받아들이는 방법은 담담함과 유쾌함이었다. 담담함은 죽음을 일상의 한 부분으로 받아들인다는 점이고, 유쾌함이란 죽음을 유머의 소재로 삼는다는 점이다'(207쪽)라고 했다. 그러나 현실 생활 중에 죽음은 익숙하지 않고, 그저 멀리 두고 싶은 일이다. 그러니 나와 연결하여 생각하지 않는다. 죽음을 담담함과 유쾌함으로 받아들이기 위해 해야 하는 일들은 무엇이 있을까? 먼저 죽음과 관련한 시설과 장소에 가 보길 추천한다. 그 장소 중에 연극 등 공연이 있다.

04
부음을 받는 날은
내가 죽어 보는 날이다

동네 상여(喪輿)는 어떻게 만들어졌을까? 그리 오래지 않은 옛 마을 풍경 속으로 들어가 보자! "언제까지 상여 물품을 이웃 마을에서 빌려다 사용해야 하는 감?" "우리 마을도 이제 상여를 하나 장만할 때도 되었잖은가?" "우리 동네 상여는 돌아가신 분을 좀 더 잘 모시기 위해 이웃 마을과는 달리 좀 더 크고 화려했으면 써것는디!" 동네마다 장사(葬事)를 지낼 때 상여가 나간다. 상여는 돌아 가신 분을 모시고 장지까지 가는 마지막 길에 한 번 타는 가마다. 상여는 동네에 행상(行喪) 집을 지어 그곳에 보관하여 두었다가 사용한다.

나는 대목(大木)이다. 상여를 만들어 달라는 주문이 들어 왔다. 상여는 큰 건축물이 아니나 대목인 나를 선택하여 부탁한 이유가 있다. 내가 몇 번의 상여를 만든 경험이 있고, 죽은 이를 위해 상여 장식 물품들을 섬세하고 예술성 있는 작품으로 만든다고 알려졌기 때문이다. 우선 길고 굵은 멜대인 장강(長杠) 두 개와 여러 개의 단강(短杠)을 준비한다. 장강으로 상여의 길이 지지대를 확보하고 단강으로 사이를 질러 상여꾼들이 메는 하얀 광목을 걸친다. 상여는 관을 둘러싼 직육면체 한옥 모양을 하고 있다. 그 육면체 상단은 앞뒤 한 조의 반 원형 용수판(龍首板)을 배치하고 그 사이는 목판으로 잇는다. 용수판이 위치한 모습을 보면 마치 상여의 지붕을 보는 듯하다. 용수판은 두 개 쌍을 만든다. 하나는 황색이고 다른 하나는 청색이다. 황색은 망자가 남자인 경우 사용하고 청색은 여자일 때 사용한다. 형상은 용머리로 한껏 위엄을 드러내고 '물고기를 물고 있는 모습'으로 만들고자 한다. 이 마을이 바닷가에 있기 때문이다. 평생을 바다를 배경으로 살아 물고기와 친숙하다. 또 물고기는 저승길도 배고프지 않고, 다음 생에 부잣집에 태어났으면 하는 소원이 담겨 있다. 정자용(丁字龍)은 상여 앞뒤에 배치하는 한자 정(丁) 모양 용의 형상이다. 여의주를 문 두 마리 용이 좌우 양편으로 나뉘어 바깥쪽을 바라보며 서로 꽈리를 틀었다. 두 용 사이 중간은 뿔이 달린 도깨비 머리다. 이 모양이 정자 획 윗부분에 해당한다. 상여가 나가는 앞길과 뒷길을 정자용이 헤치고 나아감을 표현하고 있다. 어떤 잡귀도 이 길을 막아서지 못하도록 함이다.

우리 전통 상여는 꼭두의 모양이 백미다. 다양한 수십 개의 꼭두로 장식된다. 용수판를 이은 상여 지붕 앞과 뒤 상단에는 주로 관리의 모양을 한 꼭두 두 개가 각각 앞과 뒤 방향을 바라보도록 배치한다. 용수판 주변의 상여 상단은 각종 동물 모양의 꼭두를 세운다. 새 꼭두는 이제 훌훌 떨쳐 버리고 저 세상으로 날아가라는 기원을 담는다. 닭이 새벽을 밝히듯, 망자의 앞길을 여는 기원도 있다. 나는 그 중에 봉황을 선호하는 편이다. 봉황은 암수의 사이가 좋아 부부의 애정을 담아낸다. 상여의 네 귀퉁이는 뱀을 구불구불하게 긴 모양으로 제작하여 꽂아 두려 한다. 뱀은 허물을 벗고 성장하여 영원한 생명을 누리는 불사를 상징한다. 또 다산과 풍요를 담고 있다. 뱀 꼭두로 망자의 환생을 기원하려 한다. 상여 하단 꼭두는 사람 모양이다. 심청전의 등장인물이나, 이수일과 심순애를 설정하여 만들어도 된다. 일제 강점기에는 순사를 꼭두로 만들기도 했다. 관리와 무사, 우리 주변의 인물들이 꼭두의 대상이 된다. 동물을 타고 있는 꼭두는 망자를 저승으로 데려가는 존재다. 물구나무선 광대의 모양으로 재미를 더할 수도 있다.

동네마다 이런 과정을 거쳐 상여가 만들어졌다. 상여가 나가면 앞에서 소리를 메기는 사람과 상여꾼 그리고 상주들과 지인들이 따른다. 상여가 가는 길이 너른 평지만이 있는 것은 아니다. 좁은 다리도 건너야 하고, 구불구불 길도 가야하고 언덕도 있다. 좁은 길은 상여꾼들이 마치 서로 손을 맞잡듯 발을 서로 닿게 하고 상체는 바깥으로 한껏 나가도록 하여 앞에서 볼 때 브이 (V)자 모양이 되도록 서로 균형을 맞춰 한 발짝씩 앞으로 가야 한다. 이런 이유로 상여꾼은 좌우 대칭이 될 수 있도록 자리를 잡는다. 몸무게와 키도 서로 대칭이 되어야 한다. 이 길을 무사히 넘어가야 훌륭한 상여꾼이다. 서로 마음이 통해야 함은 당연하다. 동네 장사(葬事) 때마다 서로 두레로 참여했기 때문에 호흡이 척척 맞는다. 그래도 상여 길은 너무 힘이 든다. 이때 상여를 장식한 꼭두를 보는 순간 웃음이 나온다. 슬픔 속에 웃음이라니. 그 순간 잠시 슬픔을 내려놓고 시름을 잊을 수 있었다. 저승 길에 훼방꾼과 귀신이 범접하지 못하도록 상여 장식을 했다. 으레 힘든 길을 건너기 전에 잘 부탁한다고 상주가 그 길 앞에 노잣돈을 놓는다. 상여는 우리의 전통이자 풍습이다. 우리 조상들의 죽음을 바라보는 생각과 염원을 모두 담아내고 있다. 망자에겐 위로와 극락왕생과 환생을 기원한다. 살아 있는 이들에게 죽음을 직면하게 해

준다. 내가 죽는다는 가정은 상여를 보며 깊은 생각을 하게 한다. 이제 상여가 나가는 모습은 도시 어디에도 찾아보기 어렵다. 무산 스님이 2018년 5월 26일 입적했다. 그분의 시가 여러 편 소개 되었다. 시 '죽어 보는 날'은 '부음을 받는 날은 내가 죽어 보는 날이다'로 시작한다. 부음을 받는 날이 죽어 보는 날이라면 상여를 보는 날은 내가 상여에 누워 장지로 떠나 보는 날이라 해야 한다. 상여가 쉼 박물관에 있다고 들었다. 찾아가서 그 안에 누워 보는 상상을 해 보고 싶었다. 쉼 박물관을 알게 된 사연은 이렇다.

2016년 3월 26일 숭실 사이버대학 1층 회의실에서 한국노년교육학회 월례포럼이 있었다. 이날 오명숙 성공회대 교수는 '박물관 활동을 통한 성인 여성의 교육적 성장에 관한 연구'를 발표하였다. 교수님은 '도서관이 얻는 곳이라면 박물관은 회고하고 통찰하고 성찰하는 곳이다. 책으로 먼저 공부하고 박물관을 가보자. 그리고 박물관은 연속적으로 가 보는 것이 좋다'는 내용을 사례와 실제 자료를 보여주면서 말씀해 주셨다. 박물관을 들르는 곳으로 인식하면 1단계, 공부하고 배우는 곳으로 인식하면 2단계, 이를 연결하여 글로 표현하면 3단계를 완성한다는 내용으로 이해하였다. 오명숙 교수는 가볼 만한 곳으로 개인이 운영하는 박물관에 주목하여 쉼 박물관 등을 추천해 주었다. 이제 가 볼 곳이 생겼다. 움직이는 동력이 마련되었다. 여전히 호기심이 발동된다. 상여가 전시되어 있다니 그런 박물관도 있는가? 더군다나 개인이 운영한다고 한다. 개인 집에 상여를 두었다고 하니 실로 궁금할 수밖에 없다.

어린 시절 상여에 대한 기억이 떠올랐다. 평소 상여는 마을의 수호신을 모신 성황당 곁이나, 마을로부터 멀리 떨어진 외딴 곳에 작은 집을 지어 그곳에 보관해 두었다. 그 집을 상여 집, 행상 집이라 불렀다. 상여를 보관한 곳을 지날 때 귀신이 나올지 모른다고 해서 근처는 잘 가지도 않았다. 지나가야 한다면 빙 둘러 갔다. 비 오는 날이면 그 방향으로 쳐다보지도 않았다. 생각만 해도 무서웠다. 어느 날 진짜 무엇이 들었는지 궁금했다. 친구들과 가위바위보를 하고 진 친구가 가 보기로 했다. 하필 내가 가게 되었다. 큰맘 먹고 가까이 가서 틈새로 실눈을 뜨고 들여다보았으나 이내 겁이 나, 보는 둥 마는 둥 눈길을 돌려 안에 무엇을 본지도 기억이 없다. 동네에 누가 돌아가시면 그 상여를 갖고 와서 펼쳐 상여 나가는 전날 예행연습을 했다. 예행연습은 돌아가신 분을 잘 모시겠다는 다짐과 함께, 상여가 이상이 없는지 점검도 한다. 또 가는 길이 좁고, 다리도 건너야 하고, 산길도 있어 미리 상여꾼의 자리 배치를 하고 단합의 힘을 확인하려 함이다. 할아버지, 할머니도 그렇게 상여를 타고 장지로 가셨다. 이제 와 생각하니 상여 보관 장소는 상여꾼이 메는 긴 나무인 장강과 단강, 얼개 등을 보관하고, 다른 장식 물품은 장의업 하는 분이 갖고 왔다고 여겨진다.

월례포럼 이튿날(3월 27일 일요일) 바로 종로구 홍지동에 있는 쉼 박물관을 갔다. 광화문역 2번 출구로 나와 버스를 타고 상명대 입구에 내려 개천을 따라 내려가니 홍지문이 있었다. 그 오른쪽으로 쉼 박물관 안내가 되어 있다. 언덕길을 따라 조금 걸어 박물관에 도착했다. 오전이어서 너무 조용하다. 입구에서 만 원의 입장료를 냈다. 박물관은 탕춘대성 성곽과 맞닿아 있고, 북한산의 향로봉, 비봉, 사모바위 자락을 뒷배경으로 둔 매우 아름다운 장소다. 쉼 박물관은 박기옥 여사가 상여와 관련한 물품 1000여 점을 전시한 공간이다. 박기옥 여사는 골동품 상점에 쌓인 상여 물품 등에 매료되어 수집하였고, 이를 일반에게 공개하고 싶었다고 한다. 그런데 남편과 가족들이 반대하여 뜻을 이루지 못했다. 2006년 남편이 돌아가셨고, 이때 '죽음'의 의미와 맞닥뜨리면서 박물관 설립을 재추진했다고 한다. 마침 박물관 설립에 반대하던 자녀들도 이해하기 시작하였고, 프랑스에서 작가로 활동하던 딸은 소장품 배치를 도왔다. 박물관은 2007년 설립하였다. 박기옥 여사는 "죽음을 직접 접하니 영원히 죽는 게 아니었어요. 일종의 쉬는 것, 자는 것이더군요. 죽음은 분명 슬프지만, 장례가 지나치게 어두워요. 전통 장례는 죽음의 의미를 다르게 봤고 장엄하고 엄숙하지만 화려하고 기쁘기까지 했죠. 박물관 이름도 '쉼'으로 정했습니다."라고 동아일보 인터뷰에서 말했다. 죽음은 영원한 헤어짐이지만 망자에게는 영원한 쉼이다.

입구를 지나 거실을 들어서니 학을 타고 있는 꼭두가 줄로 연결되어 드리워져 있다. 그 옆에 유리로 만든 학의 깃털 네 개가 같은 방법으로 드리워져 있다. 깃털은 유리공예가인 따님의 작품이다. '버릴 것은 버리면서 가볍게 하늘을 나는가 보다. 가벼운 것일지라도 새들은 가끔씩 깃털을 버리는가 보다'라고 적혀 있다. 이곳을 방문하는 모든 이에게 '죽음에 이르러 이승에서 지고 있는 짐을 모두 내려놓으라'고 말하고 있었다. 내려놓을 수 있는 모든 것을, 깃털마저도 내려놓으라고 한다. 이 내용이 궁금하여 찾아보았다. 권영상 시인의 '새들은 가볍게 하늘을 난다'의 한 구절이었다. 1층 안방은 전통 상여가 곧 장지로 떠날 채비를 한 듯 놓여 있다. 상여는 진주의 지체 높으신 양반가에서 사용하던 큰 상여가 나왔다는 말을 듣고 주저 없이 구입했다고 한다. 운구 인원이 60명에 이를 정도로 큰 상여다. 상여의 모습이 위 상여 제작 과정의 표현과 비슷하다. 1층 거실에 작은 가마처럼 생긴 혼백을 모시고 나가는 요여가 반듯한 모습으로 평상 위에 있다. 요여는 발인의 행렬에 있어 상여보다 앞서 나간다. 이것은 죽음과 동시에 분리된 영적인 것이 육신보다 앞서 움직이고 있음을 의미한다. 시신을 산에 매장하면, 육체는 산에 묻히지만 그 혼은 이 요여를 타고 집으로 돌아와서 빈소에 머문다. 이렇게 쉼 박물관을 둘러 보았다. 딱 하나 아쉬움이 남았다. 박기옥 여사님을 뵙고 여러 얘기를 들었으면 했는데 그러지 못했다. 좀 더 자세한 공부를 하려면 당사자를 만나는 것이 최선이다. 2016년에 이어 2018년 5월 29일 다시 쉼 박물관을 찾았다. 특별히 약속하진 않았으나 박기옥 여사님이 계셨다. 얼마나 반가웠는지 모른다. 이날은 그곳 학예사님이 구석구석 소개와 설명도 해 주었다. 이날 박기옥 여사님과 세 시간여를 얘기하였다.

2006년 남편께서 2년간의 암 투병 끝에 돌아가실 때 너무도 편안하게 마치 쉬듯 돌아가셔서 죽음을 다시 생각했고, 이듬해 쉼박물관을 개장한 얘기부터 그간의 과정을 상세히 설명해 주셨다. 그러면서 "만일 누구나 병원에서 임종을 맞이하면 아직 몸이 뜨끈뜨끈한데 서둘러 포장을 덮고 영안실로 보낸다. 화장하는데도 가는 길에 몇 시간이 걸리고 가서도 기다리고, 또 기다린다. 여덟 시간이 걸리는 경우도 보았다. 이게 장례인가 싶어졌다."고 말씀하셨다. 상여는 우리의 전통이자 풍습으로 종교와 관련이 없기 때문에 정부에서 전통 보존 차원에서 상여 등을 보존하면 좋겠다고 건의했으나 실현되지 못한 사연도 털어 놓으셨다. 국장과 시민장은 상여로 진행하면 좋을 것이나 어느 곳에서도 수용해 주지 않는 안타까움도 토로하셨다. 우리 조상들은 장례도 잔치로 여겼을 정도로 죽음을 너무 어둡게 보지 않았다고 하시면서 쉼 박물관이 누구나, 너무 늦지 않게, 편하게 와서 죽음을 간접 경험하게 하는 공간으로 활용되길 소망한다고 하셨다. 쉼 박물관은 죽음이라는 결코 가까이하기 어려운 주제를 현재로 갖고 와 마치 삶의 한 부분으로 느낄 수 있게 해 준다. 상여로 본 전통 장례 풍경은 우리 조상들이 죽음을 마냥 어두운 장면으로 연출하고 싶지 않아 했음을 알게 한다. 그리고 상여 장식품들로 마음껏 망자를 위로했다. 내가 망자로 상여 위에 누워 저승길로 간다면, 너무 황망하여 어찌할 줄 모르는 가운데 상여를 장식한 꼭두를 보며 웃음이 나오지 않았을까? 박기옥 여사께서 인사동 목인 박물관도 가 볼 것을 권유하셨다. 나는 방문의 연결고리가 있는 이런 대화가 참 좋다. 다음엔 목인 박물관이다. 그렇게 계속 다녀 보고자 한다. 언제까지는 없다. 그저 계속할 뿐이다. 쉼 박물관 입구에서 바깥 마당으로 향하는 벽에 걸려 있는 목판 명문 한시를 소개한다.

生無百年死千年, 顔面歸客靑山有, 萬金有錢空手去, 我身何處靑山向
(생무백년사천년, 안면귀객청산유, 만금유전공수거, 아신하처청산향)

살아서 백 년을 살기 어려우나 죽어서는 천 년을 사나니/ 돌아가시는 님의 얼굴에 청산이 가득하구나/ 많은 돈을 갖고 있다 한들 갈 때는 빈손으로 가는 것을/ 내 몸이 어디에 거처를 마련할지 모르나 청산을 향하여 가고 있구나

05
북망산천이 멀다더니
내 집 앞이 북망일세!

사람이 죽으면 지금 살고 있는 이승에서 혼이 가서 산다는 저승으로 가는가? 진짜 저승이 있기는 한 건가? 간다고 함은 훌쩍 도달하는 것인가? 길이 있다면 가는 길은 도대체 어떻게 생겼을까? 혼자 가는 길인가? 같은 날 죽었으면 그들과 함께 가는 길인가? 도대체 알 수가 없다. 우리나라 전통 장례는 어떻게 표현하고 있을까? 전통장례는 이승과 저승의 구분이 있고, 죽어서 가는 곳이 저승이다. 죽으면 이승을 떠나 저승길을 가야 한다고 보았다. 꽃 상여는 꼭두가 저승길을 함께한다. 꼭두라는 말은 '이쪽과 저쪽의 경계'를 이르는 말이기도 하고, 일반적으로 이 세상에 살고 있는 인간과 이 세상이 아닌 초월적 세상을 연결하는 존재로 인식한다. 그러니 꼭두는 사람이 죽어 저세상으로 갈 때 함께하는 길동무다. 꼭두는 한옥 모양 상여 지붕의 상단, 하단 곳곳에 도열하여 서 있는 나무 조각상의 모습을 하고 있다. 이 부분 너무도 해학적이다. 죽음이 드리운 두려움과 망자를 떠나 보내는 살아남은 자들의 깊은 슬픔을 꼭두를 등장시켜 이완시켜 주고 있다. 꼭두는 저승으로 건너가는 망자를 안내하는 일, 캄캄한 길을 갈 때 주위의 나쁜 기운을 물리치는 일, 여행 중 거추장스러운 허드렛일을 믿음직스럽게 해내는 일, 저세상으로 떠나는 영혼을 달래주고 즐겁게 해 주는 일을 담당한다. 망자가 갖는 죽음 이후의 두려움을 꼭두가 끌어안아 주고 있다. 내가 가는 저승길에 나를 위로해 줄 꼭두가 함께 함은 죽음을 앞둔 인간이 기댈 수 있는 무언가가 있다는 믿음을 담고 있다.

2017년 10월 18일 '꼭두' 공연이 국립 국악원 예악당에서 있어 '민요교실' 동기들과 함께 갔다. '꼭두'는 영화와 결합하여 펼쳐지는 한바탕 국악 공연이다. 바닷가에 살고 있는 수민 동민 남매가 골동품 장수에게 넘긴 꽃신을 찾기 위해 골동품 가게에 들어가 꽃신을 발견하는 순간, 쿵 소리와 함께 정신을 잃어 저승으로 가면서 벌어지는 일들을 판타지로 풀어 놓고 있다. 꽃신은 할머니가 저승길에 신을 신발이다. '꼭두' 공연에는 모두 네 명의 꼭두가 등장한다. 길잡이 꼭두는 용감하고 연민이 많은 어린 여자로 '세상의 모든 길을 탐색해서 망자에게 가장 행복한 길'을 제공한다. 시중 꼭두는 봉사가 세상에서 가장 의미 있는 일이라고 믿는 중년 남자로 요리하고 청소하고 뭐든 필요한 것을 만들 줄 안다. 무사 꼭두는 청년 남자로 불온한 기운을 만나면 망자를 보호한다. 광대 꼭두는 젊은 여자로 힘들고 슬픈 여정 속의 망자를 춤과 노래로 위로하고 즐겁게 해 준다. 어쨌든 꼭두는 절대 망자의 편이다. 우여곡절 끝에 다시 이승으로 온 수민 동민 남매는 할머니의 장례를 지켜본다. 상여가 나간다. 목청 좋고 울림이 있는 상여꾼이 메기는 *"북망산천이 멀다더니 내 집 앞이 북망일세"* 소리가 마을에 울려 퍼진다. 받는소리가 이어지며 상여가 마을을 떠난다. 예악당 로비에 꼭두를 배경으로 사진을 찍도록 해 놓았다. 공연한 유지숙, 유미리 선생님과 함께 사진도 찍었다. 기념품 가게에서 남자 꼭두와 여자 꼭두 인형도 판매하고 있다. 손잡이로 잡고 등이나 신체 부위를 안마하듯 두드리게 되어 있다. 각각 하나씩 샀다. 가끔 어깨를 두드리고 있다.

생명이 있는 우리에게 죽음과 저승길은 인생에서 어쩌면 가장 멀리 두고 싶고, 가능한 한 떠올리고 싶지 않은 명확한 사건이다. '꼭두' 공연은 이 엄습한 사건을 현재로 끌고 와 우리를 죽음과 직면하도록 이끈다. 그러고 보면 죽음이란 결코 멀리 있는 게 아니다. 죽음보다 더 확실한 사건이 없다. 당연히 미리 대비해야 한다. 대비라 함은 바짝 당겨 나의 일로 받아들이는 데서 시작해야 한다. '꼭두' 공연을 보았으니 꼭두는 나의 영역 안으로 들어왔다. 시간을 두고 더 가까이 알고자 한다. 꼭두 박물관과 꼭두 한옥을 찾아 집을 나섰다. 2017년 10월 29일(일요일)! 날씨는 제법 싸늘했고 바람도 불었다. 가을의 어느 한순간 추위와 한기를 느끼는 때가 오늘이다. 혜화역 1번 출구로 나가 동숭아트센터로 갔다. 그곳에 꼭두 박물관이 있었다. 오전이어서인지 썰렁하다. 3층으로 올라갔더니 벽에 붙은 흔적만 있고 내용은 없다. 꼭두 박물관이 재개장을 준비 중이라 했다. 지난번 통화에서 이곳으로 오라고 했는데… 박물관은 다음을 기약할 수밖에 없었다. 그곳에서 나와 안국역 2번 출구를 따라 북촌 한옥마을 11번길 48로 갔다. 그곳에 '꼭두랑 한옥'이 있다. 그런데 문이 굳게 닫혀 있다. 오늘이 일요일이어서 쉬는 날인가 보다. 이래저래 보지 못하고 문 앞에서 사진 몇 장만 찍었다. 나중에 알고 보니 이 시간이 점심시간이어서 잠시 문을 닫아 둔 것이다. 길눈이 어두워 겨우 찾아갔는데 몹시 아쉬웠다. 내친김에 종각까지 걸었다. 인사동 지나 종로 보행거리 축제장까지 갔다. 그곳에서 한참을 둘러보다 집으로 왔다.

해가 바뀌어 2018년이다. 3월 1일, 3.1절! 이날도 찬 기운이 있고, 바람이 불었다. 오후에 '꼭두랑 한옥'을 다시 찾았다. 지난번 와 본 길이어서 비교적 쉽게 찾아왔다. 대문의 현판이 '꼭두랑 한옥' 이다. 닭을 올라탄 꼭두, 제비놀이를 하는 꼭두, 거꾸로 선 모양의 꼭두가 대문의 왼쪽을 장식하고 있어 이곳이 '꼭두랑 한옥'임을 단박에 알 수 있게 한다. 대문 문지방을 넘어 마당으로 들어선다. 좁은 마당이 있는 아담한 한옥이다. 처마 한쪽 끝에 익살스러운 꼭두 3개가 줄로 연결되어 있어 들어오는 사람들을 반겨준다. 삶과 죽음이란 주제어 앞에 괜히 엄숙해지는 분위기를 다소 진정시켜 준다. 실제로 이곳을 찾는 사람들은 매우 조심조심 발걸음을 떼기도 했다.

꼭두랑 한옥이어서 꼭두만 있는 것은 아니다. 상여를 장식하는 내용들을 함께 전시하여 우리 전통의 장례가 죽음을 어떻게 바라보았는지 알게 해 준다. 마루로 올라서면 용수판(龍首板)이 전시된 공간이 있다. 용수판은 상여의 앞뒤를 장식하는 청룡 황룡의 머리나 도깨비 등의 모양을 하고 있다. 용은 물을 다스리는 존재로 바다에 잠겨 있다가 하늘로 비상하고, 때가 되면 땅으로 내려오는 생명의 순환을 상징한다. 상여의 용수판은 망자를 나쁜 힘으로부터 보호한다. 또 저승으로의 여행길이 생명의 순환과정에 있음을 의미한다. 꼭두랑 한옥은 상여를 '망자의 시신을 빈소에서 묘지까지 옮기는 장례 용구'로 설명하였다. 상여는 수개월의 제작 기간이 필요하며, 건축, 공예, 회화, 조각 등 예술성을 갖추고 있다. 상여는 망자의 영혼을 호위하고 위로할 목적으로 꼭두를 배치하고 있다. 꼭두는 망자를 저승으로 떠나보내는 산 자들의 안타까움과 소망이 마음껏 표현되는 예술품이다. 꼭두가 있어 상여는 더욱더 화려해졌고 다양한 삶과 죽음을 표현할 수 있었다. 그러고 보면 꼭두란 망자가 저승길을 잘 가라는 산 자들의 기원을 담고 있고, 생명의 윤회로 다시 만날 것을 기약하는 의식의 하나임을 알 수 있었다.

길을 안내하는 꼭두는 투구 모양의 모자를 쓰고 용을 타고 있거나, 관리의 모양을 하고 호랑이를 타고 있다. 나쁜 기운을 몰아내는 꼭두는 무사 모양이다. 말을 타고 창을 들었으나 투구는 없다. 다른 꼭두는 긴 칼을 차고 있으나 갑옷을 입고 있지 않았다. 거추장스러운 일을 도맡아 일을 하는 꼭두는 막일 할 때 입는 치마를 입은 모습이다. 마음을 달래주고 즐겁게 일을 하는 꼭두는 물구나무서기 등 재주를 부리거나 악기를 든 모양이다. 그 밖에 다양한 모습의 꼭두가 전시되어 있다. 꼭두의 모양은 산 자들이 망자에게 기원하는 내용을 담았다. 그 기원은 저승길을 잘 가라는 기원, 나쁜 기운은 범접하지 말라는 기원, 가는 길에 힘든 일은 맡아 주겠다는 기원, 슬픔을 달래 주겠다는 기원이 모두 담겨 있다. 그러니 꼭두가 험상궂은 모양을 할 필요는 없었다. 오히려 익살에 가까운 모양이다.

요즘은 상여가 나가는 모습을 보기 어렵다. 상여가 나가기 전날에 모두 모여 돌아가신 분의 저승길의 편안함을 기원하는 꼭두를 만들어보면 어떨까 한다. 모두의 마음은 전달되게 마련이다. 망자의 마음을 달래줌과 동시에 산 자는 한결 마음이 편안해질 것이다. 마루 위 석 가래 사이에 나무판을 조각한 다음 흰색으로 쓴 수여금석(壽如金石)이 눈에 들어 온다. '목숨은 쇠와 돌과 같이 영원하다'로 읽혔다. 우리의 목숨은 100년을 살기 어려우나 윤회로 보면 영원하다는 뜻이 아닐까 한다. 꼭두 그림이 있는 엽서만 종류별로 샀다. 곁에 둔 엽서 속 꼭두가 죽음은 늘 곁에 있다고 얘기하는 듯하다.

06
죽음을 탁상 위에 놓고
공론에 붙여라

어느 날 고향에 갔다가 서울로 오는 버스를 탔다. 출발지로부터 이미 두 곳을 들러 온 버스에 딸랑 세 명밖에 없었다. 이십여 분을 더 간 정류장에서 일곱 분이 더 탔다. 넓은 버스에 열 명밖에 없다. 항상 제일 앞자리를 고집한다. 시야가 트여 바깥 풍광을 감상할 수 있어 좋다. 이날은 통로를 사이에 두고 옆자리에 연세 많으신 할머니 두 분께서 앉으셨다. 일곱 명이 탄 정류장에서 함께 탄 거로 보아 평소 알고 지낸 사이다. "서울까지 지겨운데 우리 서로 이야기하면서 가면 지겹지 않고 좋죠"라고 하곤 서울까지 소곤소곤 이야기가 끊어지질 않았다. 한 할머니가 서울 아산병원에서 폐암수술을 몇 해 전에 했고 지금은 정기 검사를 받으러 가는 길이라면서 서울에는 아들이 나온다고 한다. 그러면서 한마디 하시길 "아이구 요즘은 너무 오래 살아요. 옛날처럼 60까지만 살면 좋겠어요. 그러면 이렇게 아프지도 않고 갈 텐데요." 하신다. 이 말에 곁에 계신 할머니도 맞는 말이라면서 맞장구를 친다. 이 두 연세 있으신 할머니는 과거의 잣대로 60세를 언급하였다. 요즘은 어떨까? 내가 강의장에서 흔히 듣는 얘기 중에 "*진짜 100살까지 사나요? 딱 80까지만 살고 싶어요.*"가 있다. 과거에는 60 이후의 삶이, 지금은 80 이후의 삶이 결코 좋은 모습이 아닐 수 있음을 말하고 있다.

가키야 미우의 소설 『70세 사망법안, 가결』은 보다 충격적이다. 소설은 ≪주간신보≫ 2020년 2월 25일 자에 '70세 사망법안' 가결 소식으로 시작한다. '70세 사망법안이 가결되었다. 2년 뒤인 2022년 4월 1일 시행된다. 이 나라 국적을 가진 국민은 70세가 되는 생일로부터 30일 이내에 반드시 죽어야 한다. 더불어 정부는 안락사 방법을 몇 종류 준비할 방침이다. 시행 1차년도 사망자 수는 이미 70세를 넘은 자를 포함하여 약 2,200만 명, 2차년도부터 해마다 150만 명 전후가 될 것으로 추정된다'(9쪽)는 내용이다. 이 법안은 압도적 여당의 우위 속에 통과되었다. 기대효과로는 고령화에 부수되는 국가재정 파탄이 일시에 해소된다.(9쪽) 부모님 병 수발을 들고 있는 사람들은 홀가분하게 해방된다. 언젠가 부모님을 보살펴야 한다는 사람들의 걱정도 무용지물이 된다.(12쪽) 늙은 부모 때문에 취업하지 못하는 비참한 상황이 일거에 해결된다.(20쪽) 퇴직금 2000만 엔이면 노후생활이 빠듯했으나, 70세까지면 꽤 큰돈이다. 65세부터 연금이 나오고 모아 둔 돈이 있으니 어쩌면 퇴직금을 자녀에게 넘길 수도 있다.(26쪽) 연금 문제와 노인 요양원 등 이 나라가 안고 있는 대부분 문제가 일거에 해결된다.(38쪽) 재원을 병으로 고생하는 70세 미만과 어린이 장애인에게 돌릴 수 있다. 의료비는 물론 대학도 무상으로 다닐 수 있다.(39쪽) 70세에 죽게 되면 누워만 살다 죽을 확률은 아주 낮아진다.(62쪽) 등 무수히 많다. 이 책은 2012년 단행본으로 출간되었고 우리나라는 2018년 번역되어 나왔다.

나는 가끔 우리의 평균수명이 60~70세라면, 대한민국이 가진 대부분 문제가 모두 해결된다고 말한다. 실현 불가능한 명제다. 우리는 건강하고 행복한 노년 노후를 꿈꾸지만 그렇지 않은 시간이 존재한다. 그 기간은 각자에 따라 다르다. 노소부정(老少不定)이란 사람이 태어난 순서는 있으나, 죽음에는 순서가 없음을 이르는 말이다. 갑자기 닥친 급작스러운 임종의 순간을 맞이한다면? 건강하지 않은 상황이 갑자기 온다면? 본인뿐만 아니라 가족들 모두에게 엄청난 충격이다. 이러한 상황을 미리 대비해야 함은 당연하다. 그런데 왜 사람들은 그렇게 하지 않을까? 먼저, 급작스러운 상황이 남의 일이지 나의 일은 아니라고 생각한다. 또 생기더라도 오늘 당장이겠느냐고 여긴다. '급작스럽다'의 표현은 그것이 어느 날 갑자기 온다는 의미를 내포하고 있다. 수일 내 급작스런 임종을 맞이한다고 생각해 보라. 미리 대비한 것은 없다고 상상해 보라. 오늘 당장 해야 하는 일은 무엇인가? 그보다 더 많은 시간이 주어진다면 해야 하는 일은 무엇인가?

죽음의 대비는 '사전연명의료의향서' '유언' '사전 장례의향서'로 한다. '사전연명의료의향서'를 작성해야 하는 이유는 고도의 의학기술 발달과 의료의 산업화가 원인이다. 내가 죽을 날이 마련되어 있으나 의학의 도움을 받아 그저 명을 연장하는 환경이 있다. 이는 가족의 경우 당연한 도리라 여겨 연명의료에 동참하게 되고, 병원은 생명 연장이 존립 근거일 뿐만 아니라 돈과의 연관성이 있기 때문이다. 이러한 환경은 환자의 의사와 관계없으며 죽음의 질은 현격히 떨어진다. '유언'은 갖고 있는 재산과 관련이 많다. 가족 간 다툼의 여지를 남기지 않으려면 반드시 필요하다. '사전 장례의향서'는 내가 죽어 저승길을 감에 있어 내가 원하지 않는 방법으로 진행될 수 있음을 사전에 막는 조치다. 이처럼 현대 사회는 죽을 때 미리 준비해야 하는 게 있다.

태어날 때는 부모님과 가족들이 준비해 주었다면, 죽을 때는 내가 준비해야 한다. 사실 이 부분 할 말이 많다. 의학 기술이 발달하지 않아 연명의료의 방법이 부재하다면, 물려줄 재산이 적어 법률의 도움 없이 상속할 수 있다면, 과도한 장례절차를 하지 않는 사회적 분위기라면 하지 않아도 되는 것이었다. '사전연명의료의향서' '유언' '사전 장례의향서'는 현대 사회가 만든 사회 현상에 대한 대항방법이다.

'호스피스·완화의료 및 임종 과정에 있는 환자의 연명의료 결정에 관한 법률'(일명 웰 다잉법)이 2018년 2월 4일 시행되었다. 웰 다잉법 시행 이전에는 공식적이지는 않으나 '사전 의료 의향서'가 작성되기도 했다. 이때 '사전 의료 의향서'는 작성하되 보관 기관이 명확하지 않고, 법률적 구속력이 없었다. 그리고 보관증 등을 갖고 다니는 등 불편함이 따랐다. 이제 웰 다잉 법률이 공식 시행됨에 따라 관련 내용이 정리되었다.

환자가 병원에 왔다. 이때 내가 환자라고 생각하고 상황 전개를 들여다보자. 의사는 환자의 원인 질환이 ①암, ②만성폐쇄성 폐질환, ③후천성 면역결핍증, ④만성간경화인지 확인한다. 해당 사항이 있고 임종 과정이 예측되는지 확인한다. ⑤질병과 사고로 인해 임종기에 들어선 경우도 해당 한다. '임종 과정에 있는 환자'란 회생 가능성이 없고, 치료에도 불구하고 회복되지 않으며, 급속도로 증상이 악화하여 사망이 임박한 상태를 말한다. 보통 수주 또는 수일 내 사망이 예상되는 경우다. 이에 반해 '말기 환자'는 담당 의사와 해당 분야의 전문의 1명으로부터 수개월 내 사망할 것으로 예상되는 진단을 받은 환자를 말한다. 의사는 임종 과정 예측을 해당 분야 전문의와 함께 판단한다. 의사가 임종 과정에 있다고 판단하면 무슨 일이 진행될까?

관건은 임종 과정이라 판단될 때 심폐소생술, 인공호흡기 착용, 혈액 투석, 항암제 투여를 할 것인가에 집중된다. 이를 판단하는 근거가 '사전연명의료의향서'에 있다. 첫째, 환자가 이런 상황을 예비하여 미리 '사전연명의료의향서'를 작성해 둔 경우, 의사는 이를 확인하고 그대로 시행하면 된다. 둘째, 미리 작성된 의향서가 없지만, 환자가 자신의 질병 상태를 이해하고 스스로 의사 결정을 할 수 있으면 '연명의료계획서'를 작성하면 된다. 이때의 문제는 환자가 미리 생각해 둔 바가 없으면 주저할 가능성이 매우 높다. 그러다 점점 시간이 경과하여 때를 놓칠 가능성이 있다. 셋째, 환자가 의식이 없는 경우, 환자가 평소 이러한 상황이 발생하면 연명의료를 하지 않겠다고 말해 온 것을 가족 2인 이상이 일치되게 진술하거나 객관적 증거가 있으면, 가족 2인이 환자 의사 확인서를 작성하고 연명의료를 하지 않는다. 넷째, 환자가 연명의료에 대한 얘기를 한 적이 없으면, 환자의 직계 존·비속 가족 전원과 배우자 모두가 연명의료 중단에 동의하는 '친권자 및 환자가족 의사 확인서'를 작성하여야 연명의료를 하지 않는다.

장면을 떠올려 보자. 어느 날 갑자기 아버지가 쓰러졌다. 병원 응급실로 간다. 가족들에게 급하게 연락을 하고 어머니를 비롯하여 사 남매가 모두 모였다. 사전연명의료의향서는 없다. 일찍이 이 상황에 대하여 일절 얘기된 적도 없다. 의사가 묻는다. "**인공호흡기를 착용해야 합니다. 그렇지 않으면 환자가 언제 사망할지 모릅니다.**" 이때 가족들은 어떻게 해야 할까? 부착해야 함은 당연하다. 아버지가 지금 숨을 쉬고 있는데 부착하지 않는다는 것은 최고의 불효라 생각한다. 부인과 큰 아들은 부착하지 않겠다고 할지 모르나, 막내딸은 한사코 반대다. "**아버지가 숨을 쉬고 있고, 체온이 있는데 오빠는 너무 해요. 절대 안 돼요.**"라 한다. 이를 두고 '캘리포니아에서 온 딸'이라 명명하기도 한다.

평소 멀리 있어 자주 찾아오지도 않았고, 전혀 연명의료중단의 의미를 모르는 딸이 하는 말에 어쩔 수 없이 따라가는 가족들의 모습을 이리 표현하였다. 가족 중 단 한 사람이라도 부착하겠다고 하면 그게 받아들여질 가능성이 높다. 이 상황을 해결할 사람은 환자 본인이다. 그런데 어떤 말도 한 적이 없고 지금은 의식이 없다. 그래서 부착을 하게 되고, 생명이 유지된다면……잘 죽는 방법을 염두에 두고 생활하지 않는 경우 발생할 수 있는 일이다. 또 다른 상황은 병원 내에서 일어난다. 우리나라의 '사전연명의료의향서'는 의사가 환자에게 직접 얘기하여야 한다. 의사는 어떻게 이 말을 꺼낼 수 있을까? 쉽지 않은 일이다. 환자에게 얘기하기 전에 가족과 상의하여야 할 것인가? 가족이 반대하면 환자에게 말하지 않아야 하는가? 관련된 내용을 설명해야 하는 의사는 말하는 게 너무 민망하고 어렵다. 환자와 이런 내용으로 소통하는 것은 고통이다. 의사는 환자가 의사능력이 있으면 다양한 문제들이 발생할 수 있어 환자가 의사능력이 없을 때까지 기다렸다가 관련 내용을 전달하는 경우도 있다고 한다. 이는 우리나라가 환자 중심의 의사 진행을 추진하지만, 의사 결정은 가족 중심으로 이루어지는 문화이기 때문에 일어나는 문제다.

2018년 6월 27일 '노인 인권증진 학술 세미나'가 글로벌 센터에서 열렸다. 이날 창원대 김신미 교수는 '노인과 연명의료 결정'이란 내용에서 '누가 결정할 것인가?', '언제 결정할 것인가?', '어디서 결정할 것인가?', '무엇을 결정할 것인가?', '어떻게 결정할 것인가?', '왜 작성해야 하는가?'의 질문을 하였다. 그러면서 노인환자와 임종기 의료, 연명의료에 대한 논의가 실제 가능한 것이냐고 물었다. 자기 결정, 가족 결정, 의료인 결정 어느 방법이 현명한 방법일까? 김교수는 연명의료 결정이 마지막 순간 삶의 방식을 결정하는 것이라 했다. 어느 날 갑자기의 상황은 본인과 가족 모두 여러 의사 결정을 혼란스럽게 할 뿐이다.

가장 현명한 방법은 내가 건강할 때 미리 '사전연명의료의향서'를 작성해 두면 된다. 이조차 쉬운 일이 아니다. 의향서를 미리 작성하려면 공부와 이해, 다짐 그리고 의지가 먼저 서 있어야 한다. 그러기 위해서 웰 다잉 교육 장소를 많이 다녀야 한다. 조금씩 이해의 폭을 넓혀 바람직한 죽음의 방법을 익혀 두어야 한다. 그렇게 하다 보면 사전연명의료의향서는 반드시 작성해야 함을 알게 된다. 사전연명의료의향서 작성은 전국 의향서 시행기관에서 한다. 그럼 사전연명의료의향서를 작성해 보면 관련 내용을 전부 이해할 수 있을 것이다.

나는 어디에 가서 작성할까? 평소 웰 다잉을 주제로 공부하고 관련 행사장을 찾아다녔다. 그중에 각당 복지재단의 후원으로 진행하는 웰 다잉 교육을 2017년 2월에 받았다. 그해 여름 마포대교 다리 밑에서 대규모 여름 책 전시회가 열리고 있었다. 그곳을 가면 항상 둘러본다. 시간을 보내기엔 너무 좋다. 시내 서점에서 보지 못하는 어떤 주제의 책을 싼 가격에 만나면 횡재한 기분도 든다. 이날 책『날마다 아름다운 죽음을 살고 싶다』가 눈에 띄었다. 자원활동가 김옥라 구술채록이라 적혀 있다. 김옥라는 1918년 생으로 각당 복지재단 초대 이사장이다. 발간사에 김옥라 선생이 한국에 처음 자원봉사 개념을 도입했고, 90년대부터 호스피스 교육과 웰 다잉 교육을 주도해 왔다고 했다. 웰 다잉교육으로 알게 된 각당 복지재단을 여기서 다시 보게 되었다. 주저함이 없이 샀다. 인연으로 이어지는 관계를 좋아한다. '사전연명의료의향서'는 각당 복지재단에서 작성하기로 했다. 각당 복지재단을 찾아가면 각당 복지재단도 함께 알게 되는 덤을 기대하였다.

2018년 2월 23일 각당 복지재단에 사전 연락을 했더니 예약을 하라고 한다. 예약 후 약속된 시간에 서울 역사박물관 뒤쪽 골목길을 따라 각당 복지재단을 찾아갔다. 입구에 사전연명의료의향서 등록 기관이라 안내 되어 있었다. 계단을 오르다 보니 각당(覺堂) 라익진 선생(1915.12.23~1990.08.23) 상이 부조되어 있었다. 2시 30분 이혜원 실장님을 만났다. 실장님은 안내와 설명을 아주 친절하게 해 주셨다. 사전연명의료의향서는 반드시 등록기관을 방문하여 상담 받고 설명 듣고 작성해야 한다. 상담은 내담자의 웰 다잉 사전 지식과 의향서의 이해 정도를 확인하는 것에서 시작한다. 설명은 의향서 전반의 효력, 변경, 철회와 연명의료 중단을 할 수 있는 심폐소생술, 인공호흡기 착용, 혈액 투석, 항암제 투여 등 네 가지 항목의 내용 등을 포함한다. 내담자가 관련 내용을 충분히 설명 듣고 이해하였으면 온라인으로 해당 되는 내용란에 체크를 하고 직접 서명한다. 나는 해당 내용에 모두 표시하였다. 작성된 의향서는 국가연명의료기관에 등록된다. 그리고 연명의료 정보시스템에서 관리된다. 마지막으로 사전연명의료의향서 등록기관과 상담자의 이름도 기록한다. 사전연명의료의향서는 호스피스 이용계획이 있는지도 묻는다. 호스피스 병원은 죽기 전 이용한다. 그럼 죽음이 가까이 있음을 명확히 알고 간다. 그래서 꺼릴 수 있다. 반면, 충분히 알고 나면 맞이하는 죽음이 되도록 도와 준다. 영적으로 편안해지도록 돕는다. 의향서가 호스피스 이용도 미리 생각하도록 했음은 매우 잘한 방법이라 여겨졌다.

책 『날마다 아름다운 죽음을 살고 싶다』 42면에 나오는 내용이다. '남편을 저세상으로 보내고(1990년 8월 23일) 8개월여가 지나갔다. 시간을 거슬러가며 삶과 죽음을 되뇌는 날들이 이어졌다. 그러던 어느 날, 그의 심장을 울리는 한 마디가 있었다. 죽음을 공론에 붙여라. 수 없는 밤낮을 눈물로 기도한 김옥라의 질문에 답하는 신의 음성 같았다. 너도 죽고 나도 죽고 세상 사람들은 예외 없이 다 죽는데 죽음을 탁상 위에 놓고 공론에 붙여라…' 이때부터 각당복지재단은 호스피스교육과 웰 다잉 교육을 본격적으로 하였다고 한다.

07
죽는 것은 두렵지 않으나
치매 걸려 죽을까 두렵다

　치매(dementia)라는 말은 라틴어에서 유래된 말로 '정신이 없어진 것, 제정신이 아닌 것'이라는 의미이다. 어리석을 치(痴 혹은 癡)와 어리석을 매(呆)가 합쳐진 단어로 '의심이 많거나 아는 것에 병이 든 상태'를 뜻한다. 치매의 개념이 예전에는 망령, 노망이라고 불리면서 자연스러운 노화 과정으로 인식되었으나 최근에는 뇌 질환으로 인식되고 있다. 일본은 치매라는 용어의 차별적 요소를 배제하고 조기발견과 조기진단을 저해하는 요소들로 받아들여 '치매용어검토회'를 통해 '인지증' 혹은 '인지장애'라는 용어로 바꾸어 사용하고 있다. 위 내용은 책 『성공적 노화를 위한 노인 건강』 속 치매에 관한 용어 설명을 참조하였음을 밝혀 둔다. 일단 치매에 걸리면 지속적으로 기억력 감퇴와 판단이 흐려지는 등의 과정을 겪고, 사망에 이르기까지 8~10년이 걸린다. 치매와 웰 다잉은 집중적으로 찾아다니는 학습 주제다. 그중에 고령사회포럼이 있다. 고령사회포럼은 '노인과학 학술단체연합회'

에서 주최하는 분기별 행사다. 노인과 관련한 다양한 주제를 선정하고 학계, 언론, 정부, 시설 등 다양한 분야의 전문가들이 참여하여 발표하는 행사다. 세종문화회관 예인홀에서 저녁에 하는 행사여서 다소 여유를 갖고 늘 참석하려 애쓰고 있다. 2016년 3월 16일은 22회로 '치매, 이제는 이길 수 있다'를 주제로 진행되었다. 이날 이상현 국민건강보험 일산병원 가정의학과 선생님은 치매의 특성으로 '유병률이 높다', '만성적이다', '가족부담이 높다'를 꼽았다. 그렇다면 왜 가족들은 치매 환자를 부담스러워 하는가? 그 이유로 '통제 불가', '전망 불투명'을 말씀하셨다.

이날 전문가 발표와 토론이 끝나고 객석 질문을 받았다. 나도 질문을 하였다. "오늘 치매에 대해 많은 이해를 하였다. 그런데 발표하신 선생님들이 치매의 직접적 당사자가 된다면 어떻게 할 것인가?" 명확한 답변을 들을 수 없었다. 연구는 활발하지만 정작 본인의 일로 받아들여 해석하고 준비해야 하는 무엇은 소홀한 것이 아닐까? 객석의 어르신 한 분의 질문은 더 충격적이다. "*내가 올해 82세입니다. 그런데 4년 전에 아내가 치매가 심하여 요양병원으로 갔습니다. 아내를 보러 가거나 생각만 해도 가슴이 미어집니다. 내 생일 날 자식들이 아버지 생신이라고 케이크를 준비해서 함께 식사했습니다. 촛불을 밝혀 생일 축하 노래를 불러 주는데, 옆자리에 아내가 없습니다. 또 밥을 먹는데 아내 생각이 나서 목이 메어 넘어가질 않았습니다. 아내가 없는 생일상이 의미가 있을까요? 우리 사회가 치매에 대해 많은 얘기를 하지만 가족 내에 일어나는 일은 말로 다 못합니다. 삶이 무너져 내리는 것 같습니다. 저는 이제 어찌해야 합니까?*"

다른 장소 웰 다잉 강의장 객석 질문을 요약해 보면 '죽는 것은 두렵지 않으나, 통증 속에 죽을까봐, 치매에 걸려 죽을까봐 두렵다'고 한다. 의사들의 답변은 통증은 대부분 완화 시켜 주고 있으니 큰 염려 하지 않아도 된다고 한다. 그럼 치매만 남는 것인가? 치매의 어떤 부분이 우리를 힘들게 하는가? 치매 강의장에서 들리는 한결같은 얘기는 '치매에 걸린 사람은 천국이지만, 치매 걸린 환자가 있으면 그 집안은 지옥이 된다'고 했다. 치매에 걸린 사람은 평소 하던 친숙한 일을 잘하지 못하고, 말이 어눌해지며, 시간과 장소에 대해 잘 알지 못한다. 판단력도 흐려지고, 물건의 위치를 잘 모른다. 자발적 행동은 급격히 퇴조한다. 이뿐만이 아니다. 자살하고 싶다고 말하는 등 우울증이 나타난다. 소리를 지르거나, 욕을 하고 집안의 물건을 부수는 등 공격성을 띤다. 쉽게 흥분하고 갑자기 화를 내기도 한다. 밤에 일어나서 돌아다니거나 집안 식구들을 깨우기도 한다. 보호자와 한시도 떨어지지 않으려 하고 배우자를 의심하는 등 망상에 시달린다. 이런 증상을 가진 치매 환자 본인은 정작 '천국'이라 한다. 왜 그럴까? 치매에 걸리면 그 사람이 지난 세월 동안 가장 즐거웠던 시절로 돌아간다고 한다. 그때는 언제일까? 어린 시절 찰흙을 가지고 놀 때가 그 중 하나다. 그때 심정으로 벽에 똥칠한다. 본인은 그보다 즐거운 놀이가 없다. 그 다음 즐거운 시간은 음식을 먹을 때였다. 그러니 음식을 먹고 또 먹고 싶어 한다. 방금 먹었으면서, 왜 밥을 주지 않느냐고 한다. 배가 불러 터질 지경이어도 계속 달라고 한다. 이보다 천국은 없다. 가족은 너무 힘들다.

뉴스토마토가 주최하는 2015년 은퇴전략포럼이 9월 18일 여의도 글래드 호텔에서 열렸다. 이날 홍창형 아주대학교 정신건강의학과 전문의는 특별강연으로 '치매사회 생존법'을 강의하였다. 홍 박사는 국내외 치매

논문만 10만 편이 넘는다고 하면서 예민한 성격, 게으른 성격, 냉소적 성격은 일반인보다 각각 3배 치매 위험이 높다고 했다. 흡연은 1.6배, 중년기 고혈압 1.6배, 중년기 비만 1.6배, 당뇨 1.5배, 운동 부족 1.8배, 우울증은 1.7배나 치매 유병률이 높다고 했다. 아울러 규칙적인 운동은 31% 감소, 매일 운동은 80% 감소, 매일 3km 이상 걷기 70% 감소, 가족 친구와 한 달에 한 번 이상 만나면 15% 감소, 가족 친구와 매일 만나면 43% 감소, 신문 잡지 책 읽기 20% 감소, 적당한 음주(하루 1~2잔, 주 3회 이하) 45% 감소, 과일 채소 매일 섭취는 30% 감소한다고 하였다. 이를 요약하면 진땀 나게 운동하고, 인정사정없이 담배 끊고, 사회활동 많이 하고, 대뇌 활동 많이 하고, 천박하게 술 먹지 말고, 명을 연장하는 식사하기라 정의 하였다. 홍창형 박사는 '암보다 무서운 병'인 치매지만 치매에 대해 열린 마음으로 치매를 '커밍아웃'하여 적극적으로 치료해야 한다고 역설하였다. 여기 치매의 '커밍아웃'에 방점을 찍어 둔다. 적극적 치료를 '커밍아웃'으로 시작해야 한다.

 나는 치매에 걸리는 다양한 요인들을 매우 눈 여겨 들여다보았다. 그들은 왜 치매에 걸려 천국으로 간 것일까? 그 요인이 성격적 요인과 운동하지 않고, 담배와 술을 많이 하고, 사회활동이 적고, 부실한 식사를 한 이유라면 그들은 왜 그렇게 했을까?

 치매는 노인의 10%가 해당하는 무서운 질병이다. 누구도 예외일 수 없다. 나라고 해당되지 말라는 법이 없다. 다만, 어떻게 살면 치매에 덜 걸릴까를 고민하다 매우 성급한 결론을 내려 보려 한다. 나는 치매에 걸린 분들이 '평생 자기의 인생을 살지 못했을 가능성이 높다'고 얘기하려 한다. 삶은 자기 자신을 중심에 두고 생활하여야 한다. 그런데 가족을 위한 삶과 사회적 성공만을 위해 물불 가리지 않고 살아간다. 그 과정에서 쌓인 스트레스와 돌보지 않은 몸이 말썽을 일으킨 것이 치매라고 생각해 보자. 그렇게 내달린 인생을 어느 날 바로 세우기는 불가능에 가깝다. 만일 신이 있다면, 이렇게 얘기할 수 있지 않을까? "에고 이 불쌍한 인간아. 최선을 다해 살더라도 가끔은 만끽, 짜릿, 실컷으로 살지 못하는가? 자신의 인생을 살지 못하고, 남들만을 위해, 출세만을 위해 일만 하다 죽는다면 얼마나 억울한가? 보아하니 절대 지금의 행보를 멈출 기미가 없으니 내가 당신을 인생의 마지막 기간 치매에 걸리도록 해 주마. 그러면 아마 천국을 경험하게 될 거야. 이렇게 하지 않으면 결코 천국을 경험하지 못하고 죽을 것이야. 이런 조치는 부득불 취하는 것이니, 딴 생각하지 말고 치매 천국을 즐겼으면 좋겠다."

매우 과한 설정을 하였음을 인정한다. 지극히 극단적 표현이었음을 이해해 주기 바란다. 나의 지난 생활 습관에 대한 통렬한 반성도 포함되어 있다. 다만 어떻게 살아야 하는지를 설명하기 위한 방편이니 특별한 이해를 부탁한다. 그럼 이를 뒤집어 생각해 보자. 우리가 이 세상에서 천국에 가는 방법은 두 가지가 있다. 한 가지는 치매에 걸려서 가는 방법이다. 또 하나는 지금 살고 있는 삶에 최선을 다하되, 건강관리와 더불어 가끔은 만끽, 짜릿, 실컷이 있는 천국을 누려보는 것이다. 어느 것을 선택해야 할까? 지금 살고 있는 환경이 천국이라면 치매에 걸려 천국에 갈 필요는 없다. 이러한 논리를 역설이라 따지지 말자. 다만 오늘을 즐겁고 재미있게 살면 지금이 천국이다. 그러면 치매에 덜 걸린다고 생각해 두자. 치매에 덜 걸리는 방법으로 나를 중심에 둔 즐거운 삶을 적극적으로 추천한다. 오늘부터라도 실천해 보자.

08
나는 못 했으나
독자 여러분은 반드시 실천하세요

오래 사는 것은 좋은 것이나 마지막 10년은 만성 질환이 따라다닌다. 이것은 현실이며, 마지막 10년 동안 덜 아프고 나의 의지로 활동하는 방법이 노후설계에 포함되어야 하는 이유다. 그 방법은 지속적 건강관리에 있다. 물건과 장비도 오래 사용하려면 유지보수와 수선을 지속해야 하는 것처럼 우리 몸도 이와 같다. 아래 내용은 나의 앞선 책 『금융 오뚝이의 꿈』과 『명함이 있는 노후』 등에 수록된 내용을 수정, 보완하였다. 평소 생활습관으로부터 건강관리를 해야 함을 강조하기 위해 재수록한다.

어느 날 갑자기 '암' 판정을 받을 수 있다는 생각을 해 본 적이 있는가? 건강을 잃으면 모든 것을 잃는다는 말이 실감 나는 상황을 겪어 본 적이 있는가? 아래 내용은 내가 겪은 실화다. 매년 정기 건강 검진을 아내와 같이한다. 2006년 9월 이번에도 가까운 구미 OO병원에서 검진을 했다. 검진 결과는 아내가 확인했다. 병원에서 CT 검사를 해 보는 것이 좋겠다고 해서 아내가 검사 예약을 했다고 할 때 나는 여전히 덤덤하게 응했다. CT검사 결과도 아내가 보았다. 또 MRI 검사가 필요하다고 했다. 나는 교육 출장 후에 하겠다고 했더니, 아내가 떨리는 목소리로 이것부터 하자고 했다. 일이 좀 잘못되어 가고 있구나 하는 생각이 든 것은 의사가 MRI 결과를 설명할 때 뜸을 너무 들이는 모습에서 알게 되었다. 담관암이라고 했다. 주변에서 듣던 암 관련 이야기, 건강에 관한 모든 것들을 나와 연결해서 생각해보지 못했다. 그것이 문제다. 세상의 모든 일들이 나의 일이 될 수도 있음을 알아야 했다. 확률로 얘기되는 모든 일들이 나의 일이 되면 100%가 된다는 것을 알아야 했다. 대수롭지 않은 암은 없고 간단한 암 수술은 더욱더 없다. 눈을 떠 보면 현실인 것은 알겠지만 여전히 내게 닥친 일로 와 닿지 못했다. 9월 29일 서울 아산병원은 몇 번 가 본 곳이지만 위압적으로 버티고 서 있었다. 구미 OO 병원에서는 수술하면 된다고 했는데 그곳 일반외과 과장님은 *"당신처럼 몸이 과체중인 사람은 수술하다가 죽을 수도 있다."*고 하면서 입원부터 하라고 했다. 사랑하는 아내, 예쁜 딸들, 가족들, 친구들, 지인들… 아! 이렇게 그들을 불러 볼 줄은 몰랐다. 눈물이 필요하고 그칠 줄을 몰랐다.

    2006년 10월 6일 추석 차례를 지내고 아버지 산소에 성묘했다. 오후에 서울아산병원에 입원했다. 추석날이어서 특별한 일정이 없으므로 저녁 무렵 아내와 같이 한강 변을 산책했다. 두 손을 꼭 잡고 어깨를 안아 주기도 하고 팔짱도 끼고 벤치에 앉아 많은 얘기도 했다. 이렇게 해 본 기억이 없다고 아내가 말할 때 그제야 미안함이 확 밀려왔다. 처음부터 새로 검사를 했다. 혈액 검사, CT, 간색소검사, 초음파, MRI, PET 등 할 수 있는 검사는 다 했다.

검사가 매일 있었고 그때마다 아침은 금식이었다. 그 동안 나는 완전히 군기 잡힌 이등병처럼 의사에게 고분고분해졌다. 아침마다 깨끗하게 씻고 자세를 바로 하여 외과 과장님을 맞았다. 새벽 4시에 한 번도 예외 없이 불당에 나가 기도를 했다. 평소에 내가 불교라고만 했지 언제 그렇게 기도를 해 본 적이나 있었던가? 아내는 더 열심히 기도했다. 병원에 있는 동안 아내와 나는 외출을 허락 받아 서울 나들이를 했다. 여유가 있어서가 아니라 혹시 주어진 시간이 한정될 수 있다는 안타까운 심정이었기 때문이다. 안성기, 박중훈 주연의 '라디오스타' 영화도 명동에서 보고 점심도 그곳에서 먹고 쇼핑도 했다. 또 다른 날은 청계천과 동대문상가, 남대문 등으로 돌아다녔다. 완전하게 아내와 내가 함께한 날들이었다.

옆에 누워 있는 환자들이 수술하고, 같은 병동 환자들의 사연들을 들을 때마다 안타까운 마음이 밀려왔다. 검사 결과를 기다리는 심정은 초조하다. 의사가 와서 말을 할 때마다 긴장된다. 어떤 때는 결과가 궁금하지도 않다. 어차피 진행해야 할 과정이라고 보기 때문이다. 10월 13일 페트PET 검사를 하고 8일간의 입원 후 퇴원을 했다. 이 8일 동안 몸무게가 8kg이 빠졌다. 검사 결과는 1주일 후에 알게 된다.

누구나 이 상황이 되면 지인들이 환자에게 전화하기도 어렵다. 환자 본인도 전화 받기가 쉽지 않다. 집에 온 날부터 운동했다. 구미 금오산 해운사까지 가서 약사 여래불에 기도하고 오는 길과 형곡동 뒷산은 나의 중요 산행코스다. 처방전은 단 하나, *"살을 빼라"*였다. 수술할 때 잘되라고… 그리고 보니 의사들이 싫어하는 것이 있었다. 수술은 늘 하는 것이지만 우리 몸 속에 있는 것으로 당뇨, 고혈압, 간염, 비만은 병을 악화시키고 합병증을 동반하며,

수술을 어렵게 한다는 것이다. 당뇨, 고혈압, 간염, 비만은 외부로부터 우리 몸에 들어오는 술, 담배, 고기, 스트레스가 주요 원인이라고 한다. 과연 이로부터 자유로운 사람이 몇이나 되겠는가? 그 동안 나는 내 몸도 돌보지 못해 과체중 판정을 받았고 스트레스와 일에 내 몸을 던져 버렸다. 원인이 없는 결과는 없다. 우선 술부터 끊자! 과감하게 그리고 미련 없이…일주일 후 10월 20일 주치의와 전화 통화는 밤 11시 50분에 있었다. 악성 종양이라면 이제 각오를 해야 한다. 그런데 '양성 종양으로 향후 추적검사가 필요하다'고 했다. 이럴 때 만세를 불러야 한다. 아내와 나는 한 번 더 눈물이 필요했다.

나는 나의 능력으로 살고 있는가? 많은 사람들이 서로 위해주고 기도해주고 함께 염려해준 덕분으로 살고 있는 것은 아닐까? 내가 병원에 있거나 구미 집에 있을 때 많은 분들이 기도해 주었다. 그들의 기도가 통했다. 나는 그것을 느꼈다. 원래 10월 23일은 수술을 위한 재입원이 잡힌 날이었으나, 외래로 담당 주치의를 만나 진료상담을 했다. 수술하지 않고 진료상담을 하니 얼마나 다행인가? 주치의는 간에 3cm 크기의 착색된 모양이 보이지만 암은 아닌 것으로 판단했다. 이런 경우 조직검사를 하여 확인할 수 있다. 주치의는 오랜 임상 결과 조직검사도 수술의 일종이어서 환자가 충격을 받기 때문에 조직검사는 하지 않는다고 했다. 다만 3개월마다 추적 검사를 하여 암으로 판정되면 바로 수술하면 된다고 설명해 주었다. 나는 그렇게 다시 삶을 시작했다. 병원에는 3개월마다 검사하고 의사도 만나 상담도 한다. 주치의가 생겼으니 좋은 일이다.

주변 분들이 아산병원 외 다른 병원에서 검사를 받아 보도록 권유한다. 나는 그렇게 하지 않았다. 10월 23일 주치의 진료 상담 후 시간이 있어 서울

아산병원을 구석구석 다녀 보았다. 2층 한쪽에 진료 경과 기록실이 있다. 많은 사람들이 줄을 서서 무엇인가 서류를 떼고 있었다. 보니 진료한 내용이다. 나도 진료기록을 요청했다. 아산병원에 입원한 동안 있었던 모든 검사에 대한 내용을 받았다. 분량이 많다. 집에서 모두 꺼내 놓고 무슨 내용인지 살펴보았다. 어려운 영문으로 되어 있지만, 사전을 찾아가며 확인 했다. 진료기록은 검사를 담당한 각각의 의사가 각자의 소견을 기록하였다. 내용은 모두 "암은 의심되나 검사로는 아닌 듯"이라 표현되어 있었다. 이 모든 검사 결과를 보고 주치의는 종합 판단을 내렸음이 틀림없다. 그러니 굳이 다른 병원에서 확인해 볼 필요가 없다고 여겼다.

'하얀 거탑' 드라마가 인기리에 방영(2007년 1월 6일~3월 16일)되었다. 주인공 장준혁 과장(김명민 역)은 담관암으로 한 달 만에 죽었다. 원래 담관암이 그렇게 무서운 병이다. '하얀 거탑'은 2018년 1월 22일부터 3월 15일까지 재방영되기도 했다.

가끔 생각이 난다. 나는 나인가. 나는 새롭게 태어난 나다. 주변은 늘 새롭다. 그렇게 보려고 한다. 사람들이 새롭게 다가온다. 그들이 곧 나다. 늘 겸손하고 고마운 마음으로 삶을 대하고 있다. 2006년 10월 한 달을 쉬고 11월부터 근무를 했다. 담배는 2004년에 끊었고 술도 완전히 끊어 버렸다. 이상하게도 전혀 생각이 나지 않았다. 고기는 절제하고 있고 스트레스는 가까이 두지 않으려 철저히 노력했다. 2007년 1월에 추적검사를 하고 4월에도 아산병원에 다녀왔다. 이상 징후는 나타나지 않았다. 몸무게는 모두 10kg을 줄였다. 아내는 "이제야 집 나간 남편이 돌아왔다."라고 말한다. 그동안 아내가 보기에 나는 집 밖에 나가 산 남편이었다. 이 일이 있고 난

다음에야 그동안 나는 내 몸에 무슨 짓을 한 것인가? 하는 생각이 들었다. 건강할 때는 건강을 돌보지 않을 가능성이 높다. 그 일이 나와 연관성을 찾기 어렵고, 현재의 생활에 최선을 다하다 보면 몸이 혹사당할 수 있음은 어쩔 수 없다고 생각한다. 또 우리 몸은 그때 그 때 반응하지 않고 돌이킬 수 없을 때 반응하도록 프로그램되어 있다는 것이 문제다. 100살까지 살면 우리 몸이 세부 사항까지 들추어내어 말썽을 일으킨다. 살살 다루거나 확실하게 대비를 하거나 둘 중 하나가 필요하다. 김철중 의학전문 기자는 책 『내망현』 에서 '사람이 자기 몸에 한 짓을 생각하면 천당 가기 어렵다'(프롤로그 5쪽)라고 표현했다. 미국 공중위생국장을 지낸 에버릿 쿠프 박사는 인간이 앓는 대다수 질병은 우리가 스스로 몸에 집어넣은 무언가 때문에 발생하는 것이라고 말했다. 내 몸이 신호를 보내지 않도록 잘 다루는 것이 100세를 살아가는 몸 건강의 기본자세다. 그렇지만 쉽지 않다. 내가 하지 못한 길이지만 여러분들은 꼭 지켜 실천하시기 바란다.

서울 아산병원은 2009년 6월까지 2년 6개월간 3개월마다 추적 검사를 받았다. 다음에는 6개월마다 검사를 받았다. 2011년 7월에도 병원을 다녀왔다. 주치의 선생님은 이제 그만 와도 된다고 하셨다. 담관암으로 의심되던 곳의 크기가 점점 줄어들고 있어 이젠 그만 오라고 하셨다. 얼마나 듣고 싶었던 얘기던가? 그런데 나는 계속 오겠다고 했다. "아산병원에 주치의 선생님께서도 계시고 무엇보다도 늘 건강을 염려하고, 삶을 경계하게 되니 한 번씩은 오겠습니다."라고 했다. 주치의 선생님은 매우 의아해하며 그러면 1년에 한번 오라고 하셨다. 이 후 매년 검사 한번과 주치의 상담을 진행했다. 2015년은 7월 7일 CT와 혈액검사를 했다. 그리고 20일 결과를 보기 위해 오후 3시 40분 주치의 선생님을 찾았다. "전혀 이상이 없고,

이전에 염려했었던 일은 이젠 걱정하지 않아도 된다"고 말씀 하셨다. 그리고 앞으로 오지 말라고 하신다. 이제부터 건강관리공단 검진을 열심히 받으면 된다고 했다. 밖에서 안내를 담당하는 간호사가 *"축하합니다."*라고 말해 준다. 아마도 병원에서 이 말을 들을 사람이 몇 명이나 되겠는가? 나는 2006년 이후 9년 만이다.

건강에 영향을 미치는 나쁜 습관은 축적되는 과정에서 거의 드러나지 않는다. 어느 날 폭발하듯 그 모습을 드러낸다. 폭발하듯 나타나는 시기가 노년기다. 노년에 나타나는 질병은 젊은 날의 나의 생활 모습이다. 내가 내 몸을 돌보지 않으면 반드시 건강에 이상이 온다는 사실을 명심해야 한다. 마지막 10년을 잘 보내기 위해 오늘도 건강관리를 해야 한다. 나는 못 했으나 독자 여러분께 권유하고 있는 내가 부끄러울 뿐이다.

09
나는 존엄과 가치를 유지하면서 죽고 싶다

사랑하는 가족에게!

현대 사회는 '죽음을 직시하여 어떻게 죽을 것인지'에 대한 교육과 배움이 매우 부족합니다. 나는 노년 노후 은퇴를 공부하면서 웰 다잉에 대한 세미나 심포지움 포럼 아카데미 등을 부단히 다녔고, 관련 책을 읽었으며, 박물관과 공연장소 등을 찾아갔습니다. 이를 바탕으로 죽음 교육이 있어야 삶에도 충실할 수 있음을 알게 되었습니다. 또 웰 다잉은 스스로 준비해야 함을 일찍이 깨달았습니다. 그런데도 어떻게 죽을 것인가는 쉽지 않은 자기 결정의 과정을 남겼습니다. 이에 나의 죽음에 대한 자기 결정의 내용을 선언서로 남기고자 합니다. 이 내용은 사랑하는 가족과 나의 진료를 담당하는 의료진과 함께 공유하기 바랍니다. 나의 마지막 가는 길을 정리한 선언서를 '웰 다잉 선언서'라 부르겠습니다.

2018년 2월 4일 시행된 웰 다잉법 (호스피스·완화의료 및 임종 과정에 있는 환자의 연명의료 결정에 관한 법률) 제1조에 "환자의 자기 결정을 존중하여 인간으로서의 존엄과 가치를 보호하는 것을 목적으로 한다."라고 밝히고 있습니다. '웰 다잉 선언서'는 나의 존엄과 가치를 유지하는 죽음을 맞이하기 위해 작성하였습니다.

웰 다잉 선언서

내가 생애 말기와 임종기에 접어들어 불치병 등에 시달리며 죽음이 가까워졌을 때를 대비하여 나의 사랑하는 가족과 의료진에게 다음과 같이 실천해 주실 것을 당부하고 요청합니다.

1. (병의 경과에 관한 사항) 나의 병에 관한 내용은 의료진에게 직접 듣기를 원합니다. 의료진은 가능한 이른 시간에, 한치의 주저함과 남김없이 나의 병에 관하여 진솔하게 알려 주시기 바랍니다. 관련된 내용은 나의 가족에게도 함께 알려 주기 바랍니다. 그 내용은 병의 진행에 따라 있을 수 있는 일들을 모두 포함하길 원합니다. 이를 바탕으로 의식이 있는 동안 나의 삶에 더욱 충실하려 합니다.

2. (호스피스 시설 이용에 관한 사항) 경우에 따라 호스피스 병동을 이용해야 한다면 적극적으로 이용하겠습니다. 내가 말기의 상태임을 의사가 확인하여 호스피스 시설 이용을 알려주면 제가 지정한 시설로 가길 원합니다. 그 시설은 OOO에 있는 OOO호스피스 병원입니다. 내가 스스로 결정하지 못하는 상황이면 담당 의사가 관련 호스피스 시설을 추천해 주거나 의료진과 가족이 상의하여 결정해 주기 바랍니다.

호스피스 병동 이용은 한달 전후가 될 것으로 예상합니다.

3. (병원 비용) 말기와 임종기의 병원 비용은 따로 준비되어 있으며 그 사용에 관하여 가족에게 따로 일러 두었습니다. 호스피스 이용에 따른 비용은 건강보험이 적용되나, 추가로 필요한 호스피스 관련 비용도 가족에게 미리 일러두었습니다.

4. (사전연명의료의향서) 나는 이런 경우를 대비하여 2018년 2월 23일 '각당 복지재단'을 찾아 '사전연명의료의향서'를 작성하였습니다. 호스피스 완화의료를 받겠다는 것과 임종기에 이르러 심폐소생술, 인공호흡기 착용, 혈액투석, 항암제 투여 등 연명의료를 어떤 상황에서도 하지 않겠다고 기록하고 서명했습니다. 친절한 안내와 충분한 설명을 해주신 관계자분들께 감사드립니다. 나는 살 때까지 살고, 죽을 때 죽기를 원합니다. 가족과 친지 등의 어떠한 말이 있더라도 나의 연명의료 중단에 관한 자기 결정권을 따라 주기 바랍니다. 만일 돌발 상황 발생으로 가족이 병원에 도착하기 전에 인공호흡기 등이 부착되었다면 떼어 주기 바랍니다. 2018년 2월 4일 웰 다잉법 시행 이후 환자의 의사가 명확하면 뗄 수 있습니다.

5. (자기 결정권의 존중 1) 사랑하는 가족은 평소 나의 웰 다잉의 취지에 관하여 많은 얘기를 주고받았으므로, 충분히 그 내용에 공감하고 있습니다. 말기와 임종기에 이르러 모든 상황은 가족들과 이미 상의하여 결정해 둔 대로 진행하길 요청합니다. 따라서 내가 결정한 연명의료 중단을 어떤 경우에도 돌이키지 않아야 함을 강조해 둡니다. 또한 친척과 지인들이 하는 새로운 치료방법과 신약 등의 추천을 받지 않겠습니다. 가족은 어떤 조언이 있더라도 나의 생각과 다름을 꼭 전해주기 바랍니다.

6. (자기 결정권의 존중 2) 임종기에 안타까운 심정 등 때문에 연명의료를 진행하지 않기를 바랍니다. 만일 인공호흡기를 끼고 심폐소생술을 하는 등의 행동으로 내가 몸부림치고 고통을 받는다면 그 모습을 보는 가족과 친지들의 마음이 더욱 더 안타까울 겁니다. 연명의료를 하지 않는다고 하여 어떠한 죄책감을 느끼지 않아도 됩니다. 사랑하는 가족은 최선을 다했음을 너무나 잘 알고 있습니다. 나의 이러한 결정은 죽음에 대한 자기 결정권입니다.

7. (집에서의 사망을 원함) 나는 생의 마지막 순간에 집에서 죽기를 원합니다. 다만, 병의 종류와 상태, 가족의 보호 환경 등을 고려하여 결정하기 바랍니다. 병원에서의 죽음은 약품과 소독약 냄새가 가득하고 사망 즉시 영안실로 옮겨지는 등 결코 바람직한 마지막 모습이 아닙니다. 가능한 호스피스 병동을 거쳐 임종기의 마지막 순간은 집에 있어 죽기를 소망합니다. 이런 과정은 가족들에게 큰 부담이 될 것이지만, 특별히 요청하니 마지막 부탁을 들어주기 바랍니다. 내가 다녀 본 많은 웰 다잉 교육은 집에서의 사망에 대한 긍정적 요소를 언급하였습니다. 그들의 아버지 어머니는 병원의 보살핌을 거부하고 집으로 가길 원했으며, 통증을 관리하는 선에서 너무도 맑은 표정으로 운명하였고, 몸에서 뽀얀 분이 나오기도 했다고 전했습니다. 부모님의 그 마지막 모습이 너무 아름다웠다고 했습니다. 그 모습으로 본인들의 웰 다잉도 어찌해야 하는지 배웠다고 합니다. 집에서의 보살핌 기간은 길어도 한 달이 넘지 않을 겁니다. 앞으로 집에서의 죽음은 좀 더 확산 될 것이므로 보다 나은 보살핌 방법들이 나올 것입니다.

8. (마지막 순간에 대한 당부) 사랑하는 가족이 있어 행복한 삶을 살았습니다. 가족은 최선을 다했고, 가족의 사랑 속에 죽고 싶습니다.

생의 마지막 순간에도 귀는 열려 있다고 합니다. 저의 손을 꼭 잡아주고 마지막 사랑한다는 말을 해주었으면 좋겠습니다. 그러면 저는 편안하게 웃으며 죽을 겁니다.

9. (장례) 나의 마지막 가는 길은 자기 결정권에 따라 결정하였습니다. 내가 죽은 후 장례는 이미 몇 가지를 일러두었으니,.(장례절차, 장지, 장례 후 과정 등) 그 나머지는 가족과 친지들이 결정하기 바랍니다.

10. (당부) 이상과 같이 저의 죽음에 관한 내용을 밝혀 둡니다. 거듭 저의 '웰 다잉 선언서'를 따라 주시길 당부합니다. 이 선언서에 따른 결과는 모두 제가 선택한 길입니다. 저의 죽음에 관하여 어떤 경우에도 가족간에 이견이나 분란이 발생하지 않길 소망합니다.

이 세상 저와 함께 한 사랑하는 가족과 모든 분들께 그 고마움과 사랑을 죽음을 넘어 영원히 간직하겠습니다.

나는 읽고서 쓰고, 듣고서 쓰고, 보고서 쓰고, 경험하고서 쓴다.
쓴다는 것은 내가 세상을 이해하는 가장 중요한 방식 중 하나다.
결국 잘 쓰기 위해 좋은 토양을 가꿀 수밖에 없는 것이다.
잘 살 수밖에 없는 것이다. 잘 살아야 잘 쓸 수밖에 없는 것이다.
'쓰다'와 '살다'는 내게 불가분의 관계다.

김민철 카피라이터 책 『모든 요일의 기록』 중에서

PART 5

일기쓰기는 '자신의 인생을 발견'하는 것!

01
일기는 1년에 책 한 권 쓰는 것과 같다

　세상을 살아가는 우리에게 글쓰기는 어떤 의미가 있는가? 작가 유시민은 책 『유시민의 글쓰기 특강』에서 '글쓰기는 두 가지 특별함 때문에 사람들은 글을 잘 쓰고 싶어 하고, 또 글쓰기를 두려워한다'고 하면서 '첫째, 세상이 글쓰기를 요구한다. 우리는 때때로 쓰기 싫어도 글을 써야만 한다. 학업과 진학, 취업을 위해서다. 직장에서 일하면서도 글을 써야 한다. 글을 잘 쓰지 못하면 사는 데에도 지장이 많다. 둘째, 사람들은 글 잘 쓰는 이를 부러워하며 심지어는 우러러본다. 글쓰기 실력을 단순한 기능이 아니라 지성의 수준을 보여주는 지표로 간주하기 때문이다. 글이 글쓴이의 지능, 지식, 지성, 가치관, 삶의 태도를 보여 준다는 것은 다툴 여지가 없다'(258쪽)고 했다. 무려 열네 명이 참여한 글쓰기에 관한 책 『글쓰기의 최소 원칙』은 '오늘날 글쓰기는 현대인의 사회, 문화, 일상, 직업, 친교 활동의 필수 요소다. 이메일, 휴대전화 문자,

인터넷 활동, 직업 활동, 온라인 교육, 온라인 게임까지도 글쓰기를 통해 이루어진다. 정보화 사회에 대응하며 자립하기 위해 인간이 갖추어야 할 능력이 글쓰기이다. 글쓰기만큼 인간과 인간적 가치를 중시하는 인문정신을 훌륭하게 발현하는 방법은 달리 없다'(머리말)고 글쓰기를 강조하는 이유를 적었다.

그럼 글쓰기는 어떻게 해야 잘 할 수 있을까? 정희모, 이해성 교수는 책 『글쓰기 전략』에서 '글쓰기는 글쓰기를 통해서만 배울 수 있다'(17쪽)면서 '옛말에 글을 잘 쓰기 위해서는 삼다(三多)가 필요하다고 했다. 다독多讀, 다작多作, 다상량多商量이 바로 그것인데, 많이 읽고, 많이 쓰고, 많이 생각하는 것이 글을 쓰는 데에 반드시 필요하다'(28쪽)고 부연하였다. 문학평론가 도정일은 책 『글쓰기의 최소 원칙』에서 '어떻게 써야 하나, 뭘 써야 하나, 그런 문제로 고민하고 공포에 사로 잡혀 있습니다. 다들, 이 공포에서 벗어나야 해요. 공포로부터의 해방이 글쓰기의 첫걸음입니다'(22쪽) '우선 글쓰기 연습을 시킬 때 처음부터 논술 훈련시키지 말고, 학생들이 가장 잘 아는 자기 삶의 이야기, 친구들과의 관계, 가족 이야기, 봉사하러 갔던 자기 체험들, 이런 걸 가지고 글감을 끌어내어 써보게 하라는 거예요. 그래서 글쓰기는 다른 공부와 마찬가지로 학생들이 자기 손으로 자기 글감을 찾고 주제를 만들거나 발견하는 기쁨, 그 발견의 기쁨과 연결돼야 합니다. 그런 기쁨이 없으면 글쓰기는 잘 될 수가 없습니다'(17~18쪽)라고 했다. 2017년 6월 5일 조선일보 사회면에 하버드 대학 글쓰기 프로그램을 20년간 이끈 낸시 소머스 교수와의 인터뷰가 실렸다. 기사의 제목은 "매일 10분이라도 글 써야 생각을 하게 돼"였다. 하버드 대학은 1872년부터 신입생 전원에게 하버드 글쓰기 프로그램을 146년간 하고 있다고 한다. 그 내용을 축약해 보면 '대학 지식인은 글쓰기로 완성된다', '현재 직장에서 가장 중요한 능력은 이란 질문에 90% 이상이 '글쓰기'라고 답했다', '하버드뿐만 아니라 대학 교육의 근간은 글쓰기가 되어야 한다', '학생들끼리 서로 글을 읽고 첨삭해 주는 '동료 평가(peer edit)'가 글쓰기 실력 향상에 중요하다', '글쓰기 비법의 하나는 짧은 글이라도 매일 써보는 것이다', '하루 10분이라도 매일 글을 써야 비로소 '생각'을 하게 된다', '어릴 때부터 짧게라도 꾸준한 읽기와 쓰기를 해온 학생이 대학에서도 글을 잘 쓴다' 로 요약할 수 있었다.

글쓰기에 관한 많은 책들의 내용은 두 가지로 요약된다. 많이 쓰라. 재미있는 글쓰기를 하라. 그런데 애초에 글쓰기가 싫은데 어떻게 많이 쓸 수 있을까? 재미있는 글쓰기는 더욱더 어려운 경지다. 한마디로 '글쓰기 능력은 부러운 일이나 글쓰기는 하기 싫다.' 어떻게 해야 하는가? 글쓰기를 일기로 시작하면 매일 써야 하고, 그래서 일기가 쌓여가고, 작은 습관이 붙으면 재미있는 글쓰기를 계속할 수 있다. 이는 나의 경험으로 확신한다. 일기는 손 글씨로 꾹꾹 눌러 한 장 한 장 채워간다. 어떤 때는 며칠의 일기를 하루에 쓰기도 한다. 지나간 일을 기억해 내는 재미가 있다. 간혹 생각나지 않는 일들을 찾아내면 그 기억이 새롭다. 매일매일은 때론 치열하기도 하지만, 특별한 일이 없을 때도 있다. 그런 날이 며칠 계속되면, 삶의 경험과 하는 일들의 강도를 높여 활동한다. 나의 삶에 경종을 울리고 스스로 편달을 하는 행동이다. 당연히 일기장에 적을 내용이 풍성해진다. 일기를 위한 활동은 별로 달갑지 않더라도 이런 날도 쌓여가면 특별한 흔적이 남는다. 결코 나쁘지 않고 소중한 경험이 된다. 올 한해 누구를 만났고 어느 장소를 주로 다녔는지, 어떤 책을 읽었으며 사회적으로 어떤 사건들이 있었고, 가족들은 어떻게 지냈는지 소상한 기록이 일기에 있다. 어제와 오늘은 같은 듯 달라야 한다. 작년과 올해도 같은 듯 달라야 한다. 꾸준히 계속하는 일들 속에 차이가 있어 변화를 모색해야 한다. 일기는 그 과정을 들여다보는 점검이자 평가다. 아무런 느낌이 없다면 삶을 다시 들여다보아야 한다.

카피라이터 김민철도 책 『모든 요일의 기록』에서 '나는 읽고서 쓰고, 듣고서 쓰고, 보고서 쓰고, 경험하고서 쓴다.(259쪽) 쓴다는 것은 내가 세상을 이해하는 가장 중요한 방식 중 하나다.(261쪽) 결국 잘 쓰기 위해 좋은 토양을 가꿀 수 밖에 없는 것이다. 잘 살 수 밖에 없는 것이다. 잘 살아야 잘 쓸 수 밖에 없는 것이다. '쓰다'와 '살다'는 내게 불가분의 관계다'(278쪽)라고 했다. 일기를 쓰면서 나의 생활토양이 나날이 풍성해질 수 있다고 적고 있었다. 일기가 바로 그런 역할을 할 수 있다고 썼다. 12월에 지난 1년 일기의 제목만을 월중계획표에 정리하는 작업을 한다. 작업이라 표현하는 이유는 제목만을 적는데도 시간이 오래 걸리기 때문이다. 살아가는 하루하루는 소중하다. 기록하지 않으면 순식간에 지나가는 세월 속에 묻히고 만다. 뒤 돌아본 365일은 짧았으나 일기는 결코 단순하지 않은 삶이었음을 알게 해 준다. 사람은 하루가 쌓여서 평생을 산다. 일상이 곧 나의 삶이다. 단 하루도 의미 없는 날은 없다. 하루 속에 인생의 희로애락이 모두 담겨 있다.

2018년 '세계 책과 저작권의 날' 행사가 열리는 광화문에 4월 22일 갔다. 그곳에 가면 작은 책방과 동네 책방 등이 자신들만의 고유한 책을 전시하고 판매한다. 내가 찾는 특별한 책들이 그 속에 있을 가능성이 높다. 나는 이날 일기로 된 얇은 독립 출판물을 몇 권 샀다. 그 중 한 권은 제목이 『오빠일기』다. 오빠가 초등학교 시절 쓴 일기를 단순히 엮었다. 책 속 어느 하루 일기를 소개한다. 10월 28일, 제목 짝꿍, 오늘의 중요한 일 소원 빌기, '난 11

월이 기대된다. 짝꿍을 바꾸기 때문이다. 아~~하느님 아버지 예수 그리스도 제발 제발 안다복이 나랑 앉게 해 주시옵소서. 오 이 어린 양이 소원을 빌고 있습니다. 할머니 할아버지 증조 고조 등등 조상님들 제발 안다복이랑 앉게 해 주세요!' 이 대목을 읽고 아련한 옛 초등학교 추억 속으로 확 빨려 들어가 얼마나 웃음이 나왔는지 모른다.『오빠일기』의 마지막 페이지에 책을 낸 여동생은 "우리 오빠가 이제 없다는데 세상은 멈추지 않고 잘 돌아갔으며 현실은 정말 거짓말보다 잔인하고 처참했다. 이 세상에 이런 사람이 살아 있었다는 것을 사람들이 기억했으면 좋겠다."라고 적었다. 그럼 오빠가 죽었다는 거다. 스물다섯의 나이로 죽었다고 일자가 적혀 있었다. 왜 죽었는지 알 수 없으나 오빠의 흔적을 찾아 이렇게 책을 냈다고 생각하니 가슴이 저며왔다. 오빠는 죽었으나, 일기 책은 나를 비롯하여 누군가에게 영향을 미친다.

인지심리학자 김경일 교수는 책『이끌지 말고 따르게 하라』에서 '결론적으로 내가 어떤 상태, 어떤 공간, 어떤 시점에서 가장 일을 잘했는가를 꼼꼼히 기록해놓으라. 그것이 바로 내 생각과 몸의 성공 히스토리이며 성취를 위한 나만의 빅데이터다. 하지만 전혀 새로운 작업도 아니며 굳이 어려운 일도 아니다. 유치원 때부터 귀가 따갑게 하면 좋다고 들은 이야기다. 바로 일기다. 일기에는 나의 성공과 실패에 관한 수많은 정보가 들어 있다. 일기라는 간단한 습관을 통해 내 몸과 생각이 어떨 때 가장 궁합이 맞는가에 관한 신비를 풀 수 있다. 위인들이 하나같이 일기를 쓴 중요한 이유 중 하나가 바로 여기에 있다'(31쪽)고 했다. 그 뿐만이 아니라 윤경미는 어린이의 일기 쓰기가 중요한 진짜 이유를 책『일기 쓰기는 사소한 숙제가 아니다』에서 '아이의 정서적 변비가 해소돼요. 친구 같은 엄마가 될 수 있어요. 의사소통능력이 자라요.

인문학적 소양을 길러줘요. 글쓰기에 흥미가 생겨요. 일기장은 역사책이에요. 일기만 잘 써도 아이의 성적이 올라요'(18쪽~55쪽)라고 적었다.

연말이 되면 한 권의 일기가 완성된 모습을 뿌듯하게 바라본다. 하루에 한 장을 기록하였으니 모두 365쪽이다. 책 한 권과 같다. 나의 인생을 담아내어 더욱 애틋하다. 일기만으로 삶에 충실한 듯한 착각에 빠진다. 실제 자부심이 생기고 새로운 용기와 자신감도 넘친다. 나는 군대 생활 27개 월 중 25개월 동안 군대 일기인 수양록을 적었다. 100일에 한 권씩 기록한 작은 노트 여덟 권이다. 신입사원 때는 연수일기를 적었고, 직장생활 31년 동안 매년 일기를 적었다. 일기가 곧 자서전이다. 수양록, 연수일기, 31권의 일기장을 쭉 세워놓고 바라본다. 하루의 힘을 느낀다. 하루가 쌓여 삶이 되고 역사가 된다. 나는 이를 두고 Every Day 기적記績이라 한다. 즉, 매일매일 기록을 쌓는다는 의미다. 표현은 기적이지만 실제의 뜻은 기적記績이 기적奇蹟(miracle)을 만든다고 해야 한다.

일기는 자서전이며 1년에 책 한 권 내는 것과 같다. 일기가 파생하여서 할 수 있는 일이 너무도 많다. 일기를 쓰는 당신! 앞으로 더 새로운 당신을 발견할 수 있다. 기적이 일어날지도 모른다.

02

[Every Day 기적記積]
치열했던 그때부터 일기를 썼더라면

    1986년 3월 25일 화요일 맑은 날 늦은 오후, 평소 갯벌은 너른 평야 같다. 물길이 너무 멀리 가면 지평선이 보인다. 한없이 바라보아도 물이 빠지면서 패인 골밖에 보이지 않는다. 요 며칠 찬 바람이 불어 스산하더니 오늘은 완연한 봄기운이다. 서해 갯벌에 워낭소리가 들린다. 아니, 소가 갯벌에 무슨 일로 나왔을까? 갓 태어난 송아지도 종종걸음으로 어미 소와 함께 나왔다. 한겨울 외양간에서 지내서인지 바깥바람에 마냥 어리둥절해 하며 뒤뚱거리는 걸음으로 어미 소를 따라다닌다. 경계 근무 중인 초병의 시선이 단박에 갯벌로 향한다. 노년의 농부가 *"이려, 이려"* 소리를 하고 연신 고삐를 흔들어 소의 넓적다리를 찰싹 때리며 쟁기질로 갯벌을 갈고 있다. 아니 갯벌에 무슨 농사를 짓겠다는 건가? 수 차례 갯벌을 왕복하는 동안 농부의 목청은 더욱 높아졌다. 그때마다 어미 소는 힘겨워한다. 달그랑달그랑 소 걸음에 맞춰 워낭소리가 이어진다. 눈을 감고 들으면 소가 어느 보폭으로 걷는지, 멀리 갔는지,

돌아오고 있는지 알 수 있다. 그제야 상황파악이 된다. 본격적인 농사철을 앞두고 훈련을 시키러 나왔다. 그렇게 해가 질 때까지 계속되었다. 서해로 넘어가는 저녁노을을 처음부터 끝까지 바라본다. 해가 중천에 떠 있을 때는 너무 작게 보인다. 수평선을 사이에 두고 해넘이를 시작하면 그때부터 장관을 이룬다. 한껏 자태를 뽐내며 넓게 노을의 모습을 드리운다. 그리곤 어느 순간 숨 넘어가듯 사라진다. 밭갈이 연습하는 소와 따라 나온 송아지, 농부의 구성진 '이려, 워워' 소리가 서해 수평선 넘어가는 저녁노을과 대비되는 광경이다. 매우 짧은 어떤 모습은 영원히 기억 속에 남았다. 이 광경의 생생함은 어떻게 오늘 다시 재현될 수 있었을까? 수양록 1권 속에 담겨 있어 가능했다.

학교 다닐 때 방학 숙제에서 빠지지 않고 우리를 괴롭혔던 일기는 왜 쓰는지도 모르고 따라다녔던 골칫거리였다. 지금 그때 작성되었던 일기는 하나도 남아 있지 않다. 나의 기록은 군대 생활로 거슬러 올라간다. 1985년 11월 22일 논산 훈련소에 입소하였다. 12월 말에 모든 훈련을 마쳤다. 그해 연말 서해안 부대로 배치를 받고 1986년 2월 17일부터 수양록(修養錄)을 기록하기 시작했다. 수양록은 군대에서 쓰는 일기다. 수양은 '몸과 마음을 갈고 닦아 품성이나 지식, 도덕 따위를 높은 경지로 끌어 올린다'는 의미를 담고 있다. 수양록은 그러한 목적으로 쓰는 기록이다. 사실 수양록은 스스로의 의지로 시작한 것은 아니다. 당시 부대 내 수양록을 쓰라는 명령이 있었다. 우리 분대원들은 모두 수양록을 쓰기 시작했다. 매일매일 수양록을 쓴다는 것은 고역이다. 모두 시간이 지나면 흐지부지되기를 기대하는 눈치였다. 한두 달이 지나자 고참들 중에 수양록을 기록하는 사람은 없었다. 나는 이등병이기도 하지만 특유의 오기가 발동되었다. *"그래 바로 이거다. 군대 생활에 수양록 하나는 남기자."* 눈이 오나 비가 와도, 부대 내 바쁜 일이 계속되어 잠시 짬을 내기가 어려워도 어쨌든 해보자고 다짐했다. 모두 취침한 시간에 모포를 뒤집어쓰고 기록을 했다. 아무리 피곤해도 수양록을 적지 않으면 잠을 자지 않겠다는 각오까지 했다. 그리고 86년 5월 31일 1권의 수양록을 끝냈다. 1권은 104일간의 기록이다. 100여 일간의 기록이 남긴 강력한 힘이 이때부터 작동되었다. 작은 습관이 만들어졌기 때문이다. 그 결과 2권째 노트는 주저함이 없이 샀다. 1권을 마쳤으므로 '할 수 있는 데까지 해보자'는 오기가 본격적으로 발동되었다. 그렇게 계속된 수양록은 1988년 2월까지 노트 8권을 작성하였다. 1권당 100여 일, 750일의 기록이다. 나는 이를 두고 첫 권 100여 일의 기록이 계속하게 만든 원동력이므로 '100일의 기적'이라 이름 붙였다. 일기 쓰기를 힘든 과정으로 인식한다면 우선 100일만 적어 보자. 혹시 습관이 생길지 모른다. 일기의 습관은 기본 100일이 필요하다고 주장한다.

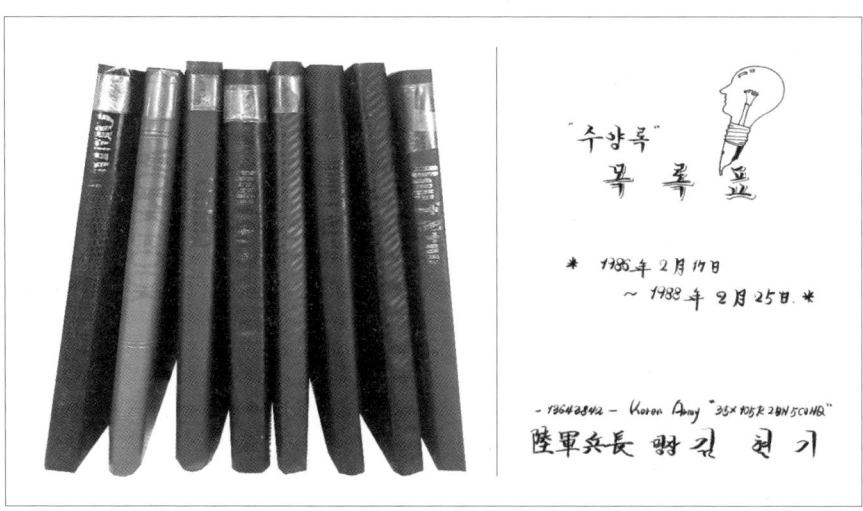

당시 나의 후임병들 중 다섯 명은 나를 따라서 수양록을 썼다. 군대 생활의 힘들었던 점, 부대원들에 대한 느낌, 주고받은 편지, 장병들에게 지급되는

잡지와 마음의 양식 책 그리고 전우 신문의 좋은 글귀는 모두 기록 대상이다. 지금도 힘이 들 때면 수양록을 꺼내 본다. 나는 1988년 3월 2일 전역 하였다.

전역과 동시에 바로 복학했다. 사실 복학 기간은 일기가 없다. 4학년으로 복학했고 취업 준비 등 너무 바빴다. 또 군에서 수양록은 오기로 적었지만 사회는 꼭 적어야 할 이유도 찾지 못했다. 그해 9월 17일부터 10월 2일까지 88서울올림픽이 열렸다. 올림픽이 막 끝난 1988년 10월 6일 쌍용투자증권에 입사하였다. 나의 기록은 3개월 동안 진행된 연수 시간에 자연스럽게 이루어졌다. 군에서 수양록을 적었던 습관이 다시 살아난 것인지 거의 다이어리 한 권을 다 적었다. 당시 회사가 신입사원에게 무엇을 가르쳐 주고자 했는지 그대로 담겨 있다. 그리고 88년 말 대구지점으로 발령받았다. 신입사원으로 일기 쓰기는 불가능했다. 그 무렵 증권회사는 하루 출근하여 이틀 근무한다고 할 정도로 일이 많았다. 근로자 증권저축 등 많은 일을 수기手記통장에 직접 기록했다. 공모주 청약업무 등이 넘쳐나고 증권시장도 활황이었다. 그런데 1989년 4월 종합주가지수가 1015포인트를 기록한 이후 7월에 840포인트까지 폭락하여 상황이 매우 심각했다. 생각해 보면 종합주가지수가 최고일 때 입사하였다. 그 다음은 시련의 연속이었다. 깡통 계좌와 담보부족계좌가 늘 따라다녔다. 불현듯 *"잘못하면 큰일이 날 수도 있겠다. 우선 현재 일어나는 일들을 모두 기록하자!"*고 생각했다. 그리고 1989년 7월 18일부터 다시 일기를 썼다. 나의 삶에 대해서 조금은 충실해야 한다는 의무감이 들었다. 일기라도 남겨야 나의 인생에 덜 미안 할 것 같았다. 그때부터 지금까지 일기는 계속되고 있다.

요즘 군대 수양록은 어떻게 하는지 알아보았다. 논산 훈련소에서 지급하는 수양록을 구해 살펴보았다. 표지는 '소중한 나의 병영 일기-소나기'라 표현되어 있다. 훈련소는 지금은 하되 기록을 강제하진 않는다고 한다. 군대를 주제로 한 책들도 모두 알아보고 대부분 구매하여 읽었다. 그 중에 윤상복 작가의 책 『군대야! 아들을 보낸다』 안에 있는 내용이다. '2000년 4월 25일(화) 비교적 따뜻했으나 황사가 심했음. 지금은 오후 4시! 너를 그곳 306 보충대에 남겨두고 온 엄마는 오는 길이 온통 슬픔 그 자체였다. 네 친구들이 출발점부터 따로 갔기에, 차 안에 혼자 있던 엄마는 흐르는 눈물을 주체할 길이 없어 마냥 울면서 돌아왔단다. 네 앞에서 우는 모습을 보이지 않으려 아랫입술을 깨물고 또 깨물었던 것이, 집에 와 보니 입술 안쪽이 온통 부어 있더구나.'(12쪽) 이 보다 절절한 이별 표현이 없다. 당시의 모습은 그때의 심정으로 기록되지 않으면 재현해 내기가 쉽지 않다.

한혜경 교수는 책 『남자가 은퇴할 때 후회하는 스물다섯 가지』에서 사람들과의 인터뷰 내용을 실었다. "치열하게 살 때, 매일 아침 지하철 타고 출근하면서 '지겹다. 언제까지 이렇게 살아야 하나'라고 중얼거리던 그때, 일요일 밤만 되면 분노인지 우울감인지 모를 감정이 치밀어 올라 울컥하던 그때, 그때야말로 쓸 거리가 많았던 때였어요. 지금은 ……, 시가 아니더라도 뭐라도 쓰고 싶은데, 통 써지지가 않네요."(111쪽) 한혜경 교수는 은퇴할 때 후회하는 스물다섯 가지 중 '치열했던 그때부터 글을 썼더라면'의 후회를 열한 번째 후회로 기술하였다. 구본형 컨설턴트는 책 『구본형의 변화 이야기』에서 "평범한 개인의 미시사(微視史)는 본인이 남기지 않으면 유실된다. 기록이 없으면 역사도 없고, 자신의 세계도 없다. 기록의 형태는 일기여도 좋고, 메모여도 좋고, 홈페이지여도 좋고, 사진첩이어도 좋고, 이 책 같은 자서전이어도 좋다. 무엇이 되었든 개인의 역사는 스스로에 의해 편찬되어야 한다. 이것이 군중 속에서,

군중으로 흔적 없이 매몰되는 자신을 잊지 않는 길이다."(7쪽/책을 펴내며) 고 하였다. 나는 나의 미시사를 고려하고 기록하진 않았다. 그러나 오늘의 내가 다양한 저서와 강의를 하고 있음은 명백히 기록의 힘이다. 지나고 보니 일기는 그저 흘러가 버릴 수 있는 우리의 미시사에서 나의 하루하루 삶의 모습을 담는 그릇임에 틀림이 없다. 유시민 작가는 책 『유시민의 글쓰기 특강』에서 '티끌을 모아봐야 티끌이라는 우스개가 있다. 하지만 글쓰기는 그렇지 않다. 글쓰기는 티끌 모아 태산이 맞다. 하루 30분 정도 자투리 시간을 활용해 수첩에 글을 쓴다고 생각해보자. 아무것도 아닌 것처럼 보인다. 하지만 매주 엿새를 그렇게 하면 180분, 세 시간이 된다. 한 달이면 열두 시간이다. 1년을 하면 150시간이 넘는다. 이렇게 3년을 하면 초등학생 수준에서 대학생 수준으로 글솜씨가 좋아진다. 나는 그렇게 해서 글쓰기 근육을 길렀다'(228쪽)고 적었다.

글쓰기는 무엇이든지 쓰는 것에서 시작해야 한다. 글쓰기의 원칙, 글쓰기 전략, 기록의 방법, 글 고치기, 우리말 바르게 쓰기, 책 만들기 등을 미리 공부한다고 해서 나의 글이 생기는 것은 아니다. 일기장은 가볍게 시작할 수 있는 모든 글쓰기의 기초다. 결코 일기장의 힘을 가볍게 여겨서는 안 된다. 일기장이 일으키는 변화는 인생을 바꾸어 놓을 수 있다.

03

[Every Day 기적記積]
누가 보든 안 보든
스스로 잘한다

수양록 속 두 편의 글을 소개한다.

1. 편지가 담아낼 수 있는 우정의 무게

1986년 3월 17일
"그리운 친구!
경칩을 지난듯 하더니 어느 듯 따뜻하기 한량없는 봄이로군.
추운 바닷바람에 지난겨울은 얼마나 고생이 많았는가, 자네를 보낸 지가 엊그제처럼만 느껴지는데 돌아보니 많은 날들이 지났군. 이 친구가 못나서 이제야 소식을 전하니 용서하게나. 한시도 잊은 적 없는 자네의 얼굴… 군에 가 있는 몸이기에 더욱 보고 싶은 것인지도 모르겠군."으로 시작하는 친구의 편지를 받았다.

당시 편지지에 세로로 내용을 적고 다섯 장을 붙여 보냈다. 내용을 보기도 전에 가슴이 울컥했다. 이 편지는 평생 보관할 수 밖에 없다. 지금까지 이 편지를 수십 번도 더 보았다. 보내 준 친구에게 보여 주기도 했다. 세월이 아무리 흘러도 이 편지 한 통이 담아내는 우정을 다 표현할 수 있는 방법은 없을 듯하다. 군부대 강의에서 수양록 속 이 편지를 꼭 보여 준다. 병사들은 감동받은 모습으로 감탄사를 연발한다. 이런 경우 참석한 병사들이 수양록을 더 열심히 기록할 것이란 믿음이 있어 너무 행복하다. 이제 이 친구의 아들이 대학을 다닌다. 어느 날 친구가 내게 말했다. 아들이 곧 군에 가는데 아들을 내게 보낼 테니 밥이나 한 끼 사주라고 한다. 아마도 이런저런 얘기를 좀 해주길 바라는 눈치다. 어찌해야 할까? 나는 친구의 아들에게 사무실로 오도록 하고, 여러 얘기 끝에 이 편지를 보여 주었다. 평소 아버지를 어떻게 생각해 왔는지 알 수 없으나, 아버지의 편지에서 큰 감동을 받은 눈치다. 물론 밥도 같이 했다.

2. 중대장님께서 수양록을 보시고 남긴 글

88년 1월 말년 휴가를 나가게 되었다. 그동안 수양록을 모두 7권을 기록했다. 저녁을 먹고 내무반에서 쉬고 있을 때 행정반에 중대장님이 들어가는 것을 보았다. 그 동안 기록한 수양록 7권을 갖고 중대장님을 뵈었다. "중대장님! 현역으로 입대해서 전역을 앞둔 지금까지 하루도 빠짐없이 기록한 수양록입니다. 일반 병들이 어떤 사고와 생각으로 군대 생활을 하는지 잠시 짬을 내셔서 봐 주셨으면 합니다." 중대장님께서 다소 놀란 표정이다. 첫 장을 넘기시는 것을 보고 행정반을 나왔다. 중대장님은 야간에 해안 경계 태세를 확인하는 순찰을 한다. 그런데 그날 밤은 한시도 자리를 뜨지 않으시고 수양록을 읽으셨다. 아침에 직접 저에게 주시면서 참으로 대단하다는 말씀도 해 주셨다. 7권 마지막 페이지에 중대장님께서 손수 쓰신 글이 있었다.

To 현기

현기가 준 일기장 처음부터 끝까지
잘 보았네.
그동안 인사 서무병으로서 중대의 중추적인 일을
성공적으로 완수한 노고에 고마움과 찬사를
보내네.
또한 군 생활 내용을 담아 간직하며
생의 도움으로 삼으려는 그 노력도 아울러.
매년 말이면 나의 지난 일 년을 돌아보며 회고록을
쓰고 있는 나 자신보다 놀라운 그 성의에
경의를 보내네.
복무 중 보았던 잘잘못을 거울삼아 보다 더
성실한 자세, 사람의 됨됨이에 관심을 가지고

인정받고 사회가, 국가가 필요로 하는 유능한
사람이 되어 주길 바란다.
보다 더 성공한 모습으로 먼 훗날(?) 아니면
영혼의 세계에서 다시 만나세.
"누가 보든 안 보든 스스로 잘한다."
"누가 보든 안 보든 스스로 잘할 수 있다."
"사자 중대 파이팅."을 기억하고 현기의 무운장구를 기원한다.

중대장 김상두

(중대장님께서 직접 적으신 글)

참고로 나는 자대배치 후 해안 근무병으로 있다가 중대본부 인사서무병으로 1년여를 복무했다.

군대가 상하 위계질서가 명확한 곳이어서 인간의 정이 메마르다고 생각하기 쉽다. 그런데 사람 사이의 공감대가 형성되는 곳이기도 하다. 내가 모신 중대장님으로부터 배운 것이 많음은 물론이다. "누가 보든 안 보든 스스로 잘한다."는 우리 5중대의 구호다. 수양록에 직접 적어 주신 중대장님의 한 줄 한 줄의 표현이 지금 세상을 살아가는데도 큰 힘이 된다. 지금도 또렷한 중대장님의 모습을 다시 볼 수 있을까? 아니면 진짜 영혼의 세계에서 만나게 될까? 알 수 없지만, 우리가 만나는 모든 인연은 그 사람의 평생에 영향을 미치는 것은 사실이다. 지금 나는 다른 사람들에게 어떤 존재인지를 늘 생각하면서 살아가려 노력하고 있다.

04

[Every Day 기적記積]
군대! 만남은 끝나도
긍정적 영향은 영원하다

    1983년 6월 인사국장 전윤수 공군 소장은 책 『마음의 양식』 1권을 펴내면서 머리말에 "특히 우리 군인은 그 임무와 사명으로 보아 먼저 올바른 인간관이 정립되어야 하므로 이에 부응하는 뜻에서 『마음의 양식』을 펴내는 바입니다. 이 책을 내무반에 비치해 두고 장병 여러분의 인격도야와 정서순화에 도움이 되고 더 나아가서는 임무완수와 전력증강에 기여하기를 바랍니다. 장병 여러분의 건승을 기원합니다." 라고 기록하였다. '마음의 양식'은 계간지로 1년에 4권이 발간된다. 전역한 1988년 3월 2일까지 모두 18권 정도가 있다. 한 권도 빠짐없이 모두 읽어 보았다. 사실 전역할 무렵 『마음의 양식』 책을 대부분 갖고 나왔기 때문에 지금 모두 갖고 있다. 세월도 많이 흘렀고, 책 도둑은 가장 적은 벌을 준다고 하니 용서해 주시기 바란다. 어찌 생각해 보면 내가 책 욕심이라니 참 기특하다.

수양록을 기록하면 매일매일 적을 수 있는 내용이 넘치는 것은 아니다. 그때 책 『마음의 양식』과 '전우신문' 등 주변에서 익히 볼 수 있는 읽을거리에서 좋은 내용을 옮겨 적는다. 이런 과정을 반복하다 보니 수양록 곳곳에 『마음의 양식』 책이 반영되어 책 욕심이 생긴 것 같다. 그런데 전역 후 20여 년이 지난 2009년 3월 6일 충일부대 간부들을 대상으로 '라이프 사이클의 변화와 재무 설계'란 주제로 세미나를 하게 되었다. 세미나 장소에서 『마음의 양식』 책을 다시 보게 되었다. 얼마나 반갑던지 두 눈이 동그랗게 열렸다. 그 자리에서 바로 집어 들었다. 2008년 겨울호 제104집이었다. 세월이 흘러 26년간 마음의 양식은 계속 발간되고 있었다. 물론 『마음의 양식』 104집도 지금 나에게 있다. 1집은 손바닥으로 가릴 정도의 크기다. 104집은 이보다 컸다. 표지나 디자인, 책의 속지가 더욱 품격이 있게 변화되어 있었다. 평소 독서가 어려웠거나 취미가 없었다 하더라도 『마음의 양식』 책과 그 밖의 진중문고는 가볍게 대할 수 있는 읽을거리를 제공한다. 짬을 내어 접하면 시간을 보내는 재미를 느끼게 해준다. 그렇게 꾸준히 하다 보면 책이 어느 순간 마음속으로 들어온다. 이때부터 독서가 습관이 될 수 있다. 진중 문고가 어떤 것이 있는지 관심을 두고 보았으면 한다.

전역을 앞두면 내무반 전우들이 그간의 모습을 담아 군대 앨범을 만들어 주기도 하고, 부대 마크가 들어간 대형 패를 만들어 주기도 한다. 나는 수양록의 제목을 목차로 정리하는 일을 하면서 군대 생활 마무리를 준비하였다. 이 광경을 보고 교육 작전병으로 있던 이경수 병장이 바쁜 중에 직접 작성해 주었다. 이 병장은 일이 많아 항상 잠이 모자랐다. 그래도 짬을 내어 완성해 주었다. 그리고 수양록 구석구석에 그림을 그렸다. 작성과 그림 글씨 능력이 빼어났던 미남 이경수 병장이 또렷이 기억난다. 이경수 병장은 어느 곳에 쓰든지 모두 멋진 글씨가 되고, 손길이 닿으면 모두 의미 있는 그림이 된다. 이경수 병장은 딱 그런 사람이다.

아래 그림은 이경수 병장이 그린 그림 중 하나다. 계급장을 보니 상병 때 그렸음을 알 수 있다.

그저 혼자 보기에 너무 아깝다. 수양록 노트에 있는 멋진 그림들은 이경수 병장의 작품임을 밝혀둔다. 수양록을 펼칠 때마다 이경수 병장이 보인다. 이 친구는 지금 무엇을 하고 있을까?

'군대가 특별하다'라는 표현은 전국 각지에서 어떤 인연으로 이곳에서 만나 이렇게 함께 생활하고 있는가라는 측면도 있다. 반면에 '전역하고 나면 그 인연은 끝이다'라는 생각을 할 수 있다. 만남의 인연은 끝이었다 하더라도 누가 나에게 미친 영향은 영원히 이어진다. 그게 사람 사는 세상이다. 나에게 베풀어 준 좋은 영향을 미친 사람! 나도 그 사람을 생각하면서 더 열심히 살려고 한다. 또 그 사람은 그러한 자세로 평생을 살아갈 것이다. 함께 만드는 사회는 늘 이렇다. 바로 옆 전우에게 나는 평생 기억되는 전우인지, 그런 자세로 대하고 있는지, 평생 그런 모습으로 살아갈 준비를 하는 곳이 군대다.

05

[Every Day 기적記積]
군대는 역사상 최대 규모의 습관 형성 실험실이다

    2018년 가을 학기 50+중부캠퍼스에서 동양고전탐구를 수강했다. 주제는 '선배백수지성탐구'다. 네 번째 시간이 10월 17일에 있었다. 이날 강의는 책 『아파서 살았다』의 저자 오창희 선생님이다. 이분은 대학교 2학년 때부터 40년 동안 류머티즘을 앓아왔다. 이날 강의 중 "희망에게 속아 왔다. 희망은 미래를 사는 것이다. 희망은 너무 많은 에너지를 필요로 한다. 희망 때문에 때론 절망한다."고 하셨다. 우리는 어떤 경우에도 희망과 꿈이 있어야 한다고 생각한다. 희망과 꿈을 향해 나아가야 하고, 그것이 있어야 어려운 현실을 견뎌낼 수 있다고 믿는다. 그런데 희망에 대해 격한 반감을 드러내고 있었다. 류머티즘을 언젠가 내 몸 밖으로 떨쳐 낼 수 있다는 희망에 매달려 살아온 세월을 담담하게 풀어내며 "왜 그렇게 오랜 세월 병을 떨쳐 내려고만 했을까? 아픈 데로 살면 안 되나? 병과 함께 살자"를 받아들였다고 한다.

나는 이날 질문을 하고 저자의 책에 사인도 받고 함께 사진을 찍었다. 오창희 선생님은 '일상은 힘이 셉니다!'라고 사인해 주었다. 희망의 미래에 살지 말고 오늘 일상에 몰입하라는 표현이다. 오늘이 쌓여 나의 삶이 된다. 오늘 일상 속에 반복하여 행한 어떤 습관이 나의 미래 모습을 만든다. 오늘 하는 일이 쌓여 갈 때 미래에 일어날 수 있는 많은 가능성을 열어 준다. 오늘 일상 속에 꾸준하게 행한 무엇이 있는지 자문해 보아야 한다. 일상이 희망이고 꿈이다. 어제도 오늘도 꾸준하게 채운 일상이 곧 희망이자 꿈이다.

책 『습관의 힘』의 저자인 뉴욕타임스 기자 찰스 두히그 Charles Duhigg 는 한 신문사의 바그다드 특파원으로 일하던 때에 문득 미군이 역사상 최대 규모의 습관 형성 실험실이란 생각이 들었다고 한다. 그 이유로 군인들은 수많은 훈련을 통해 정교하게 설계된 습관을 몸에 익혀, 전쟁터에서 모든 명령이 행동으로 옮겨져야 하기 때문이라고 하였다. 그러면서 조지아 출신의 자그마한 체구의 소령이 "내가 군대에서 배운 것 중에 가장 중요한 게 바로 습관을 이해하게 되었다는 것입니다. 습관은 모든 것을 바꿔 놓을 수 있습니다. 우리가 세상을 보는 관점까지 바꿔 놓을 수 있습니다."(15쪽) 라고 한 이야기를 전하고 있다. 그러고 보면 군대는 반복적 훈련의 연속이다. 모든 훈련은 전쟁을 수행하는 데 있어 반드시 필요한 능력이 몸에 배도록 한다. 몸에 배려면 버릇이 되어 익숙해져야 한다. 즉, 군대는 어떤 행동과 태도가 자동으로 나와야 한다. 행동과 태도 등이 잊힐 만 하면 그 훈련을 반복하여 전과 같은 방법으로 실시한다. 그러니 몸에 밸 수밖에 없다. 특정 습관이 몸에 배는 데는 소요 기간이 필요하다. 제식훈련, PT(Physical Training의 약자로 군대에서 하는 체력 단련의 일종)체조, 내무반 생활, 사격 예비훈련, 유격 훈련, 소대·중대 ·대대·연대 기동 훈련 등은 익숙해 지는데 소요되는 기간이 있다. 어느 것은

1개월에 몸에 배지만 어느 것은 1년이 걸리고 어느 것은 전역할 때까지 몸에 배지 않는다. 군대 생활에서 어떤 습관이 형성되었을까? 그 습관은 앞으로 세상을 살아가는 좋은 영향을 미치는 습관일까? 군대에서 새롭게 습관을 만들고 싶다면 그것은 무엇이 있을까?

군대는 조직이 통제하면서 내 몸이 복종해야 하는 많은 과정이 있다. 내가 하기 싫더라도 반드시 해야 하는 일도 있기 마련이다. 그 과정에서 자연스럽게 여러 습관이 형성된다. 군대에서 형성된 좋은 습관은 여러분의 인생에서 평생 도움이 된다. 군대에서 형성된 좋은 습관이 있다면 군 복무기간은 충분히 역할을 했다. 어떤 사람이 군대를 다녀오더니 인간이 되었다, 또는 사람이 변했다고 하는 얘기를 가끔 들었다. 이때의 변화는 긍정적 변화다. 그 사람이 군대에서 새로운 습관이 많은 형성되었고, 그 습관이 사람들에게 좋은 영향을 미치게 된다. 수양록은 습관이 형성되는 데 얼마나 걸릴까? 나는 2권을 시작하면서부터 습관이 붙었다. 1권 수양록을 104일 동안 기록했으므로 수양록의 습관은 3~4개월이면 충분하다고 주장한다. 3~4개월 즉 100일 정도 지속해서 수양록을 쓰는 훈련을 해 보자! 100일의 지속으로 수양록이 습관으로 되고, 계속하여 기록과 일기를 적는 자신을 확인할 수 있지 않을까? 자기 계발 전문가인 스티븐 기즈 Stephen Guise는 책『습관의 재발견』에서 "명심하라. 당신의 뇌는 당신이 반복하는 일은 무엇이든 고수하려고 한다.(135쪽) 일단 유익한 습관을 새롭게 만들고 나면 모든 것이 쉬워진다. 매번 뇌와 싸움을 벌이는 대신 매일 자동적으로 일어나고 몸에 좋은 음식으로 아침식사를 하고, 헬스클럽에 갈 수 있다. 이런 사람들의 뇌 역시 느리고, 안정되어 있다.(63쪽) 오로지 습관만이 시간이 흐름에 따라 더 강하게, 더 높이 쌓일 수 있다.(136쪽)"고 했다. 단 두 개의 질문을 던진다. "군대에서 형성하면 좋은 습관은 무엇입니까? 그 습관은 몸에 배어 전역하였나요?"

　1985년 입대 당시 군대 복무 기간은 30개월이다. 대학 1~2학년 때 학생 군사훈련을 받으면 27개월 복무한다. 하루하루를 합하면 800~900여 일에 해당한다. 나는 85년 11월~88년 3월까지 햇수로 네 해에 걸쳐 복무하였다. 특히 86년과 87년은 온전히 한 해를 다 보냈다. 어찌나 시간이 더디 가는지 모른다.

　위 그림은 이경수 병장이 수양록에 그려주었다. 드디어 87년이 되었다고 한다. 군대 생활 기간이 청춘의 핵심 시간이다. 힘겹고 고되고 더디 가는 세월이지만 어떤 상황에서도 허투루 흘려 보내면 안 된다. 이 기간에 형성할 수 있는 좋은 습관을 많이 만들어 두어야 한다. 우리 속담에 "천 리 길도 한 걸음부터"란 말이 있다. 천 리 길을 가야 한다는 의무와 책임, 목표를 앞에 두고 있다면 우선 엄두가 나지 않는다. 열정과 도전 의욕 등은 좋은 말이지만 우선 첫걸음을 떼고 보아야 한다. 그리고 다음 걸음을 내딛고 그리고 다음

걸음을 가야 한다. 여기에서 가장 중요한 핵심은 첫걸음의 실천과 지속이다. 이를 가능하게 하는 힘은 한 걸음 한 걸음을 내딛는 습관이다. 신한금융투자 Neo(네오)50연구소는 습관과 관련하여 시중에 얼마나 많은 책이 나와 있는지 가까운 서점과 인터넷 등에서 찾아 조사한 적이 있다. '습관'이란 단어로 책을 검색해 보면 거의 수백 권의 책을 검색할 수 있다. 습관과 관련된 책은 건강, 공부, 독서, 자산관리, 시간 관리, 정리정돈, 경영, 부모의 행동 등에 이르기까지 그 중요성을 강조하고 있다. 스티븐 기즈 Stephen Guise는 "습관이란 자주 때로는 매일 반복되는 행동이고, 이런 반복이 쌓이다 보면 장기적으로 큰 도움을 주거나 큰 해를 끼칠 수 있다."라고 하였다. 그러면서 "모든 변화는 '팔 굽혀 펴기 한 번'에서 시작되었다." "당신의 인생을 작은 습관으로 채워라."라고 주장한다. 군대는 새로운 습관을 형성하는 좋은 기회다. 그중의 하나가 수양록이다. 수양록이 만든 습관은 어느 방향으로 확장할지 아무도 모른다. 수양록이 일으키는 습관의 힘을 결코 가벼이 여기지 마라! 지금하고 있는 '단 하나의 팔 굽혀 펴기'는 무엇인가? 군대에 있다면 수양록에서 시작하면 틀림이 없다.

06

[Every Day 기적記積]
꽃은 반드시 핀다
다만 피는 시기가 다르다

    1988년 3월 군대를 전역하고 대학교 4학년으로 복학하였다. 그리고 10월 6일 쌍용투자증권에 입사했다. 이날은 서울 올림픽이 끝난 4일 뒤다. 연수기간은 12월 말까지 3개월 동안 진행되었다. 수양록의 습관이 이어진 것인지 손에 다이어리 한 권이 있었다. 자연스럽게 신입사원 연수일기가 시작되었다. 1988년 당시 증권회사는 모두 25개다. 지점 수는 모두 321개에 불과하였다. 지금 당시의 증권회사 이름을 그대로 유지하고 있는 회사는 몇 개일까? 5개 정도밖에 되지 않는다. 쌍용투자증권도 굿모닝증권, 굿모닝신한증권, 신한금융투자로 그 이름을 계속 바꿔왔다. 2018년 증권회사는 무려 56개나 된다. 지점은 1178개다. 우리는 흔히 초심으로 돌아가자! (Back to the basic!)고 얘기한다. 초심은 나를 변함없이 지켜주는 정신자세와 행동지침이다. 신입사원 연수일기로 초심을 명확하게 들여다볼 수 있다. 만일 연수일기가 없으면 그때 마음가짐을 상세히 떠올려 보기가 쉽지 않다. 연수일기에서 초심으로 삼을 만한 내용을 정리해 본다. 독자들도 신입사원 시절의 기억을 상기시켜보는 시간이 되었으면 한다.

1. 꽃은 반드시 핀다. 다만 피는 시기는 다르다. 이 내용은 모 상무님께서 하신 임원 특강에서 나왔다. 신입사원 여러분은 모두 꽃이다. 그러므로 반드시 핀다. 그런데 어떤 꽃은 일찍 피고 또 어떤 꽃은 늦게 핀다. 먼저 피는 꽃을 너무 부러워하지 말고, 자신이 꽃필 때 잘 필 수 있고 오래도록 유지하도록 해야 한다는 말씀으로 들렸다.
2. 기업은 전략에 앞서 풍토風土, 즉 기업문화 조성에 앞장서야 한다.
3. 민주주의란 나의 직업이 사회적으로 인정된 의미 이상으로 다른 사람의 직업을 사회적으로 인정해 주는 것이다.
4. 내가 몸담은 회사가 연장되어 대한민국이 되었으면 좋겠다.
5. 대학을 졸업하여 직장에 들어와서 10년 정도 지나서 사회에 대한 문제의식을 가져 달라!
6. 모든 일과 모든 것의 목적이 인간에게 있음을 생각하라.
7. 혼자 할 때보다 함께 할 때 잘하는 사람이 요구되는 사람이다.
8. 목적이 수단을 합리화하지 못한다.
9. 시작했을 때의 현명함을 끝마쳤을 때도 유지하면 좋겠다. – 아이젠 하워
10. 지극히 한국적인 것이 세계적인 것이 되어 간다.
11. 수학문제처럼 모든 문제는 해결책이 있다.
    실뭉치처럼 모든 문제는 실마리가 있다.
    자물쇠처럼 모든 문제는 열쇠가 있다.
    고생보따리처럼 보일 뿐이지만 그 속에 승진과 능력발휘의 기회가 가득하다.

12. 상사 아내 친구 등이 나를 믿지 않고 신뢰하지 않으면 소원해지듯이, 나의 잠재능력을 믿지 않으면 잠재능력이 나를 멀리한다.
13. 당근과 당나귀(Incentive Motivation)의 조건
    - 적당히 배가 고파야 한다.
    - 당근의 길이가 적당해야 한다.
    - 짐이 적절해야 한다.
14. 뚜렷한 주관이 있음으로써 다양성이 있다.
15. 희로애락을 맛보며 이 사회에서 성장하자!
16. 자신이 선택한 일을 할 때 가장 일을 잘한다.
17. 연구하는 자세 없이 양질의 서비스는 없다.
18. 정성精誠을 다하라. 세상에 기여할 것이 정성밖에 더 있는가?
    정성을 다해 노력하는 곳에 방법론方法論이 있다.
19. 벗님네 들이여
    내 무덤 앞에서는 눈물을 거두어 주오
    후회 없이 이 세상 살다가 갑니다.

사회생활 20~30년이 되어 뭔가 잘못되어 가고 있다는 느낌이 들 때 어떻게 해야 하는가를 고민한다. 그러나 아무리 생각해도 신입사원 때의 초심만큼 더 나은 생각을 하기 어렵다. 가끔 마음 자세를 다잡는 방법으로 연수일기를 본다. 신입사원 때 연수일기를 기록하는 것을 적극적으로 추천한다. 연수 기간에 배부되는 교육 파일과 교재들은 매우 소중하지만, 세월이 지나면 어느 순간 사라지고 없을 가능성이 높다. 그러나 연수일기는 다르다. 어떤 경우에도 사라지거나 도망가지 않는다. 연수일기에 짧은 내용 요약과 당일의 느낌을 담아 보기 바란다. 신입사원 교육 장소에서 이 연수일기를 보여 주면서

세미나를 진행하면 효과가 매우 높다. 다양하게 영향을 미치는 연수일기를 꼭 추천한다.

　1988년 10월에 입사하였으므로 2018년은 사회생활을 한 지 30년이 되는 해다. 당시 입사 동기들과 가끔 모임을 한다. 그때마다 연수일기를 펼쳐본다. 연수일기에 연수 과정이 상세하게 기록되어 있고, 동기들의 이름도 모두 기록되어 있다. 서울에서 단독 생활을 하고 있어 집 근처 세탁소를 자주 이용했다. 그때 세탁소 홍보 스티커가 연수일기에 부착되어 있다. 아직도 하고 있는가 여겨 전화를 해 보았다. 여전히 그곳에서 하고 있었다. 세월은 흘러도 과거가 선명하게 기억났다. 2018년 11월 5일 쌍용투자증권 입사 동기들과 사회생활 30년 기념 모임을 했다. 이날 모임에 온 동기들과 연수일기의 내용을 공유하였다. 동기들은 어떻게 이런 내용들을 정리하여 갖고 있는지 매우 어리둥절해 하며 옛 생각이 난다고 했다.

| 김현기의 생각 정리 |
기록과 일기의 좋은 점

윤경미는 책 『일기는 사소한 숙제가 아니다』에서 '일기에 날씨를 적는 이유'를 첫 번째, 변화를 관찰하기 위해서다. 두 번째, 날씨를 꾸준하게 쓰다 보면 묘사력과 표현력, 어휘력까지 기를 수 있다. 세 번째, 자신을 둘러싼 환경과 배경이 어떻게 바뀌고 있는지를 살펴 변화에 민감하게 된다. 네 번째, 매일매일 변화하는 날씨를 관찰하다 보면 섬세하게 세상을 바라볼 수 있는 '보는 눈'을 키울 수 있다고 하였다. 그러면서 날씨는 색깔, 냄새, 촉감, 혹은 주변의 사물 등을 넣어 13자 이상으로 쓸 것을 주문하였다. 예로 '방금 닦은 거울처럼 맑은 하늘, 구름이 무겁게 덮여 축 늘어진 하늘, 냉장고 속처럼 차가운 공기, 숨이 턱 막힐 듯 뜨거운 공기' 등을 들었다. 처음부터 이렇게 하지 않더라도 매일 일기를 쓰면 새로운 방법이 계속해서 떠오른다. 처음보다 더 넓은 지면의 일기장을 찾게 되고, 단순한 생활을 넘어 다양한 주제를 기록하기도 한다. 우선 해 보고 습관을 들여야 한다. 하다 보면 기록과 일기가 어떤 점에서 좋은지 단박에 알게 된다.

기록의 좋은 점

❶ 기록은 모든 글쓰기의 시작점이다. 글쓰기는 어려워할 수 있지만, 기록은 누구나 가능하다.

❷ 기록은 당시의 생생한 사실과 경험, 상황을 그대로 표현해 둘 수 있다. 기록하기 위해서는 직·간접 경험과 다양한 사람들과 만나야 한다. 따라서 기록하는 사람은 경험이 풍부해지기 마련이다.

❸ 기록하는 과정에서 복잡한 상황을 일목요연하게 이해하도록 도와준다. 따라서 기록된 내용은 논리적으로 설명할 수 있게 도와준다.

❹ 기록은 순간적으로 떠오르는 생각과 아이디어를 놓치지 않게 해 준다.

❺ 과거의 사실을 생생하게 기억해 내도록 도와 준다.

❻ 기록한 모든 것은 언젠가 반드시 활용된다.

❼ 갑자기 흩어져 있는 기록들이 묶음으로 떠오르면 창의적 상상이 가능해진다.

❽ 과거와 현재의 생각 차이, 느낌의 차이, 감정의 차이를 선명하게 대비할 수 있다.

❾ 기록을 글로 표현할 때 반드시 넣어야 할 것과 과감하게 버려야 할 것을

구분 할 수 있다.
❿ 기록을 바탕으로 한 글쓰기는 과장이 없고, 화려하지 않다. 오히려 담백한 진실을 담을 수가 있다.
⓫ 기록은 설명이 필요 없는 다큐멘터리다. 기록은 한편의 대하 드라마라 할 수 있다.

일기의 좋은 점
❶ 자신을 더욱 더 정확하게 만들어 준다.
❷ 늘 지식과 지혜에 목말라하여 열린 마음으로 생활하게 한다.
❸ 자신의 삶을 돌아보고 반성하는 계기를 매일 가져 건실한 생활을 하게 한다.
❹ 교육훈련과 배움을 삶의 한 부분으로 생각하고 적극적으로 참여한다.
❺ 어떤 주제에 대한 이해를 깊이 하기 위해 다양한 분야의 책들을 섭렵하게 한다.
❻ 사람을 대할 때 내면을 성찰하기 위해 노력하고 장점을 배우려고 한다.
❼ 멀리 내다보고 생각하며 인내심을 갖고 문제를 해결하려 노력하게 된다.
❽ 나의 역사를 기록한다는 숙연한 감정이 있어 기록에 심혈을 기울이고 인생을 성찰할 기회가 더 많아진다.
❾ 과거로부터 배우고 오늘에 충실하며 미래를 위해 투자한다. 특히 오늘의 기록을 위해서 사소한 것들도 지나치지 않고 살피고 이해하려 하는 자신을 발견할 수 있다.
❿ 더욱 나은 발전을 위해 새로운 변화를 시도하고 새로운 변화를 적극적으로 수용하게 한다.
⓫ 일기가 없으면 나의 과거는 언젠가 사라지게 된다. 일기는 나를 영원히 존재할 수 있도록 만들어 줄 수 있다.
⓬ 100세 시대는 나이 70~80 무렵 자서전 쓰기를 하고자 한다. 자료와 근거가 없으면 할 수 없는 일이다. 이때 일기는 결정적 역할을 할 수 있다.

일기를 적는 데는 하루에 10~20분이면 된다. 일기로 작은 변화를 일으키고 생활에 탄력을 불어넣을 수 있다. 억지로라도 해 보았으면 한다.

| 김현기의 생각 정리 |
기록과 일기 쓰는 방법

오전에 깡마른 국화꽃 웃자란 눈썹을 가위로 잘랐다.
오후에는 지난 여름 마루 끝에 다녀간 사슴벌레에게 엽서를 써서 보내고
고장 난 감나무를 고쳐주러 온 의원에게 감나무 그늘의 수리도 부탁하였다.
추녀 끝으로 줄지어 스며드는 기러기 일흔세 마리까지 세다가 그만두었다.
저녁이 부엌으로 사무치게 왔으나 불빛 죽이고 두어 가지 찬에다 밥을 먹었다.
그렇다고 해도 이것 말고 무엇이 더 중요하다는 말인가

안도현의 '일기'라는 시다. 2015년 3월 12일 〈중앙일보〉 32면 '시가 있는 아침'에 소개되었다.

매우 담백하게 서술되었으나 가을날의 풍경이 눈앞에 펼쳐졌다. 일기는 생활의 다양한 일들을 담아내면 된다. 일기는 매일매일 쌓여갈 때 어떤 작용을 하는 힘이 된다. 힘은 글솜씨의 능력도 함께 향상되기 때문에 가능하다. 직장인의 기록과 글쓰기 강의 시간에 받은 질문이다. **"어쨌든 일기를 계속 쓰면 글솜씨가 좋아지나요?"** 나는 주저함이 없이 그렇다고 답했다. 믿어도 좋다. 전혀 가능할 것 같지 않았지만, 출판을 계속하고 있는 내가 산증인이다.

기록하는 방법

❶ 반드시 사실을 토대로 정확하게 적는다. - **사실성, 객관성**
주관적 요소를 가능한 배제하고 객관적으로 적으려 노력한다.

❷ 가능한 지체하지 말고 즉시 기록한다. - **즉시성**
당일 기록을 원칙으로 한다. 간단히 메모하면 당일 기록하지 않아도 된다.

❸ 감정의 변화를 가능한 그대로 표현한다. - **진실성**
현상을 파악한 것이라 해도 말미에 감정과 느낌을 기록해 두면 좋다.

❹ 기록을 위한 기록은 하지 않는다. - **무목적성**

미래의 활용을 전제로 하지 말고 기록에 충실한다.

❺ 핵심 사항을 빠짐없이 적는다. – **전문성**
특정 주제에 대한 호기심이 일어나게 되고 계속 탐구하게 한다.

❻ 과거와 미래를 염두에 둔 기록을 하지 않는다. – **현재성**
현재의 느낌과 생각을 기록하면 된다.

❼ 기록은 문학 작품을 쓰는 것이 아니다. 자신의 글솜씨를 그대로 표현한다. – **주체성**
기록을 계속하면 글솜씨는 향상되기 마련이다.

❽ 인물, 사회, 환경, 직장, 배움 등 모든 것을 기록한다. – **종합성**
주변에 대한 시야가 확대된다. 긍정적인 마인드가 형성된다.

❾ 특정 사항은 연속해서 기록한다. – **계속성**
특정 분야에 대한 통찰력이 생긴다.

❿ 시간의 흐름에 따라 기록의 목록을 작성해 둔다. – **활용성**
나중에 찾아보기가 쉬워진다.

일기 쓰는 방법

매일 일기를 적게 되면 기록하는 방법이 진화한다. 처음에는 아무 생각 없이 시작할 수 있다. 그러나 시간이 지나면 내용 기록의 용이성과 일기장의 질 그리고 미래의 활용 면을 생각하여 보다 좋은 방법으로 개선하게 된다. 기록 방법으로 다음의 방법을 추천한다.

❶ 좋은 Diary를 준비해야 한다. 처음 시작할 때 Desk Diary 형식의 노트로 하였고 그 후에 단체에서 보내 준 Diary를 사용 해 보았다. 그런데 종이의 질이 낮고, 날짜 표시 등에서 매우 곤란했다. 그 다음부터 양지사 Diary를 사용하고 있다. 연말에 양지사 다이어리를 가족과 지인 그리고 직원들에게 선물도 한다.

| 김현기의 생각 정리 |
기록과 일기 쓰는 방법

❷ 반드시 제목을 붙여 기록한다. 사람에 대한 기록은 가급적 실명을 제목으로 한다. 일기에서 같은 이름의 제목을 모으면 가족일기, 육아 일기, 직원들은 성장 일기가 된다. 제목을 통해 내용을 검색하면 찾아보기도 쉽다.

❸ 일기는 생활만을 기록하지 않아도 된다. 일상이 반복되는 경우가 많고 기록을 위한 기록이 될 수도 있기 때문이다. 반복되는 일상을 매일 같은 내용으로 채울 필요는 없다. 그 당시 관심을 갖고 있었던 다양한 내용들을 기록해도 무방하다. 편지, 신문, 책, 잡지, 시, 사람, 사건, 교육 내용, 그림, 현상 등을 기록해도 무방하다.

❹ 읽은 책의 중요 내용, 다른 사람의 주장, 교육받은 것의 내용 등을 기록하면 정보와 자료의 양이 축적되어 나중에 꼭 필요한 때에 큰 역할을 한다.

❺ 한국대표시선 100편 같은 책을 사서 적을 것이 없는 날에 시의 제목과 내용을 적는 방법도 있다. 이것을 계속하면 신문과 지하철 역사 안의 시도 지나치지 않고 꼭 보았다가 일기에 옮겨 적는 자신을 발견할 수 있다.

❻ 제목들을 월별로 일목요연하게 정리해 보자. 나는 매년 연말에 다이어리 앞에 있는 월별 일정표 란에 각각의 날짜에 기록된 제목을 옮겨 적는다. 일 년을 되돌아보는 의미도 있고, 나중에 찾아보기가 훨씬 쉽다.

❼ 내용이 있는 스크랩 자료 등도 가급적이면 붙이지 않고, 가능한 전부를 수기로 기록하는 것을 원칙으로 한다. (편지, 신문 스크랩, 사진, 중요 명언 등) 다만 소중한 가족들이 직접 적어 준 손편지, 엽서 등은 해당일에 붙여 두거나 따로 모아 두면 좋다.

❽ 다른 사람이 기록한 것 중에서 좋은 글귀가 있으면 빌려서라도 기록하자. 군 생활에서 나를 따라 수양록을 적는 후배 병사들이 5명 정도 있었다. 1년에 두 차례 정도 보여 줄 수 있는 내용들은 공유했다. 이때 좋은 내용은 나의 수양록에 기록하였다.

❾ 책을 보고 줄 친 내용을 단순히 기록해도 훗날 책을 내거나 관련 자료를 찾으려 할 때 결정적인 도움을 받게 된다. 일기장에 기록된 책은 그만큼 와 닿는 느낌이

있는 책이므로 기록은 재독의 효과도 있다.
- ⑩ 긍정적인 면과 밝은 면들을 주로 기록하려 노력한다. 혹시 다른 사람이 보아 불편한 것은 적지 않음을 원칙으로 한다. 이렇게 계속하면 어려운 사회생활 중에서 긍정적인 면을 보려 노력하고 있는 자신을 발견하게 된다.
- ⑪ 집안의 가보가 될지도 모른다. 잘 보관 해야 한다. 다른 것은 몰라도 일기는 대를 물려 줘야 할지도 모른다.

07
일기장은
책을 만드는 훌륭한 원고다

황인선 커뮤니케이션 전문가는 "한국에서는 직장인이 책을 쓰거나 강의를 나가는 것을 탐탁지 않게 본다. 그리고 개인플레이로 인식한다. 그러나 미국에서는 회사생활 10년이면 책을 한 권 쓰든지, 3일 정도 강의를 할 수 있든지, 아니면 보따리를 싸던지 해야 한다. 책은 현실과 트렌드에 대한 나만의 리포트이고 100배 강력한 명함이다."라고 말했다. 누구나 책이 가진 위력을 인정하고 있다. 타의에 의해서든지 자의에 의해서이든지 누구나 자신의 책을 내려는 생각을 갖고 있기도 하다. 다만 어찌해야 할지 잘 모른다. 무조건 매우 어렵게 느낀다. 나도 이와 같았다. 내가 책을 낸다는 생각을 아예 하지 않았다. 독자들도 저자가 될 수 있다는 확신을 심어주기 위해 나의 첫 책이 나온 과정을 소개한다.

2004년 마산지점장으로 발령받았다. 사실 마산은 연고가 없어 경남대학교

대학원 최고 경영자 과정에 29기로 참여 했다. "어제의 역사는 기록이고, 오늘의 역사는 체험이다." "내가 써야 할 나의 역사는 오늘의 경험과 체험이 기록으로 이어질 때 역사로서 가치를 지닌다." 이 말은 '역사' 강의 시 들은 내용이다. 이 말 속에 오늘을 살면서 다양한 경험과 체험을 하기 위한 노력을 얼마나 했느냐는 질문을 던지고 있었다. 그리고 매일매일 기록으로 남기고 있는가를 묻고 있었다. 또 다른 강사는 "책을 발간하는 것을 너무 어렵게 생각하지 마십시오. 평소 생각하고 있던 주제가 있는 내용을 글로 표현하는 것이 먼저입니다. 그렇게 해서 모두 40편 정도가 모이면 책으로 엮을 수 있습니다."라고 했다. 이 말을 듣는 순간 가슴이 쿵쿵 뛰기 시작했다. 그 동안 일기장 속에 녹여 기록한 내용들이 많다. 그것들만 잘 모으면 그럴듯한 책이 될 수 있다는 얘기를 하고 있었다. 더군다나 이곳 마산지점장으로 와서 직원들과 나눌 대화를 A4용지 두 장 정도의 글로 표현하여 설명하였기 때문에 관련 기록이 제법 있었다. 하고 싶은 이야기를 모두 말로 하니 설득력이 부족하고 성의가 없고 곧 잊힐 수 있겠다는 생각이 들어 시작한 일이 글로 전달하는 표현법이다. 확실히 이 방법은 효과가 있었다.

2005년 책을 내기로 했다. 주제는 '금융투자현장의 생생한 모습'으로 설정했다. 그 동안 적은 일기장을 모두 꺼내 날짜 별로 내용을 일일이 확인한 다음 주제와 일치 하는 것을 모두 복사하였다. 이를 분류하고, 직원들과 공유한 내용과 비교하고, 주제별로 모아 글을 썼다. 그 내용은 증권회사 이야기, 영업 이야기, 직장생활 이야기로 정리되었다. 각각이 13~14편 정도 된다. 그리고 목차를 정하여 배치하였더니 제법 모양이 갖추어졌다. 이제 출판사를 정하여 발간만 하면 된다. 책 제목은 평소 생각하고 있던 『고통이 따르지 않는 비전은 거짓이다』로 정했다. 그런데 정식 출판은 도저히 용기가 나지 않았다. 상사들과 직원 그리고 지인들이 내용의 부실과 주제넘은 표현 등에 보낼 따가운 비판을 도저히 수용할 자신이 없었다. 결국 정식 출판을 하지 않고 소규모 인쇄업을 하는 곳을 찾아 단 300권만 찍기로 하였다. 편집과 디자인 비용을 포함하여 모두 400만 원을 투자했다. 그리고 책이 제법 모양을 갖춰 나왔다. 이날은 2005년 10월 31일이다. 지금의 관점에서 보면 이렇게 만든 책이 독립 출판물이다. 이 책을 영남 영업 본부장님과 동료 지점장, 직원들, 그리고 증권회사에 다니는 고등학교, 대학 친구들, 그 밖에 지인들에게 나눠 주었다. 그런데 의외로 반응이 좋았다. 받은 분들 중에 직원들과 공유하겠다고 추가로 책을 요청하기도 했다. 이 경우 한권에 15000원을 받았다. 모두 170권은 판매하였다.

그러나 정식 출판을 하지 못한 아쉬움은 그 후 오래도록 가슴을 아리게 하였다. 그리고 언젠가 반드시 정식 출판할 것을 다짐했다. 2005년 책『고통이 따르지 않는 비전은 거짓이다』비매품 출간은 아쉬움 그 자체다. 시간이 지나자 책을 본 많은 분들이 증권회사 이야기, 영업 이야기, 직장생활 이야기에 지금의 금융환경 변화를 반영한 금융회사 이야기를 더하여 재출간 할 것을 권유하였다. 책을 다시 읽어 보아도 여전히 2005년의 생생한 느낌이 있고, 지금도 여전히 통용될 수 있다는 자신감도 들었다. 이 때 출판으로 살짝 자신감도 생겼다. 그리고 새로운 용기를 내어 금융회사 이야기를 정리하여 추가하고, 다른 이야기들도 소폭 첨삭을 하기 시작했다. 그리고 기회가 되면 반드시 정식 출판하겠다는 각오를 새롭게 하였다.

2012년 3월 9일 지인의 소개로 파주시 교하읍에 있는 나남 출판사를 찾아갔다. 이날은 퇴직연금 관련 책의 출판을 편집자와 논의 하는 자리였다.

그러나 퇴직연금 책의 출판은 원만하게 진행되지 못했다. 나는 이날 『고통이 따르지 않는 비전은 거짓이다』 책을 갖고 가서 그곳 고승철 부사장님께 보여 드렸다. 그러면서 "저의 오랜 꿈이 있습니다. 이 책을 정식 출판하고 싶습니다. 검토 부탁드립니다."라고 말씀드렸다. 부사장님은 가볍게 훑어보곤 의외로 굉장한 관심을 표명했다. 에세이 형식으로 편하게 읽을 수 있는 책이 좋다고 하면서 당장 출판하자고 한다. 뛸 듯이 기뻤다. 이제 책 『고통이 따르지 않는 비전은 거짓이다』가 정식출판의 숙원이 이루어지게 되는 것인가?

2005년도 책의 내용을 2012년에 맞게 고쳐 쓰고, 금융회사 이야기를 추가하였다. 그리고 일기장 속 해당 주제에 맞는 교훈이 될만한 내용을 망라하여 넣었다. 그리고 책의 제목은 『금융 오뚝이의 꿈-금융투자현장의 생생한 기록』으로 정하였다. 2012년 5월 16일 나남출판사 조상호 사장님을 뵙고 정식 출판 계약을 하였다. 사장님은 "책은 저자의 한풀이이거나 열정이거나 욕심이거나 그렇다. 출판사는 잘 팔리지 않으면 어디 마중물이 적었는가? 언제 수도꼭지가 돌아가서 물이 나올까 노심초사한다."라고 말씀하셨다. 『금융 오뚝이의 꿈』 책은 2012년 7월 25일 세상에 빛을 보았다. 반향은 컸다. 우선 회사 동료들이 금융회사, 증권회사, 영업, 직장생활 이야기에 큰 공감대를 표명하였다. 2012년 출판된 책 『금융 오뚝이의 꿈』은 사실상 『고통이 따르지 않는 비전은 거짓이다』의 증보판이다. 금융회사 또는 금융투자회사 취업을 원하는 경우, 금융회사 직원이거나 금융투자 현장이 궁금한 독자는 일독해 볼 것을 권한다. 금융 오뚝이의 꿈은 앞으로 어떤 주제를 접하더라도 책으로 엮어낼 수 있겠다는 자긍심을 갖게 해준 계기가 되기에 충분하였다.

2012년 봄 학기 서울 종합과학대학원 논문쓰기 교육 시간에 안효상 박사가 들려준 얘기다. 남편이 소설 책을 내고자 하여 한적한 농촌으로 가서 함께 생활한 부부가 있었다. 남편은 서론을 어떻게 시작할지 고민만 계속하였다. 반면 아내는 농촌 풍경이 너무 아름다워 소소한 얘기를 일기로 쓰기 시작했다. 시간이 흐른 어느 날 남편은 여전히 서론으로 고민하고 있는데, 책은 아내가 냈다고 한다. 일기는 생활의 내용으로 모두 채울 수 없다. 오늘 내가 하고 있는 모든 것이 곧 그 날의 인생이다. 보고 듣고 배우고 생각한 모든 것이 일기 내용이 될 수 있다. 그것들을 기록하고 정리하면 반드시 활용할 수 있는 시기가 온다. 일기장 속 기록의 위대함에 확신을 갖기 바란다.

08
김 소장!
출판해 주세요

　세미나 심포지엄 포럼을 부단히 참석하면 풍부한 현장 경험이 생기고 생생한 내용을 정리할 수 있다. 학회, 아카데미는 이 분야의 분위기와 향후 방향 등을 아는데 유효하다. 관련 영화와 연극 등 공연을 보면 공감할 수 있는 부분이 많아진다. 읽은 책 중에 깊이 끌리는 책을 골라 요약정리와 독서노트도 해 둔다. 노년 노후 은퇴 등을 공부한 관련 내용이 쌓여 갈수록 혼자만 알고 있기는 너무 안타까웠다. 어떻게 하면 많은 사람들과 공유할 수 있을까? 우선 직원들에게 전달하는 방법을 해 보자. 2013년 4월부터 매주 '노년학 노트'란 제목을 달아 회사 게시판을 이용하여 공유하기 시작했다. 매주 주제를 정하고 그 내용에 맞는 글과 사진을 함께 메일을 보냈다. 이때 관련 책의 요약자료와 독서 노트도 첨부로 보냈다. 이런 경우 의지를 다잡기 위해 1년 정도 진행하는 것을 목표로 정한다. 노년학 노트 40-1로 제목을 붙여 시작하고 결국 40-40 까지 밀어붙여 본다. 중간에 여름 휴가, 명절, 연말 등을 감안하면 40회 정도면

1년이 된다.

40-1 'Neo50'이 무엇인가요

40-2 은퇴에 대해 생각해 봅니다

40-3 노년의 '카우치 포테이토'가 무엇인지 아시나요

40-4 거대한 변화, 생의 르네상스, 도대체 무슨 일이 일어나고 있는 걸까요

40-5 '어른들의 사춘기'가 되면 먼저 무엇을 해야 할까요

40-6 '은퇴'란 용어를 어찌하오리까

40-7 은퇴 학교가 있다면 무슨 과목을 배우게 될까요

40-8 나이 80이 되면 가장 신기하게 느끼는 것은 무엇일까요

40-9 100살까지 산다면 책 한 권(자서전 포함) 출간해 보고 싶지 않으신가요

40-10 웰 에이징, 장수의 비밀, 노화 극복, 100세인 탐구를 시작합니다

40-11 건강하게 장수하는 특별한 비법이 있을까요

40-12 가족과 자녀들은 노년에 어떤 존재일까요

40-13 600명의 100세인을 직접 면담 조사한 결과를 소개합니다.

40-14 50세에 홀로된 여성이라면 재혼하는 것이 좋을까요 '과부 장수론'과 '홀아비 조기 사망론'을 아시나요

40-15 당신은 바둑이가 되어버린 은퇴한 남편과 19년을 함께 살 것이다!

40-16 인생을 두 번 살 수만 있다면 두 번째 삶은 처음보다는 잘 살 수 있겠지요

40-17 부모님께 용돈 드리는 방법을 알려 드릴게요!

40-18 지금 당장 80세 노인의 몸을 체험해 보시겠습니까?

40-19 중년의 모든 고난은 동굴이 아니라 터널입니다

40-20 중년이 되면 누구나 철학자가 되는 이유는 무엇인가?

40-21 인생이란 주고받는 게 아니야, 인생이란 느껴야 하는 것!

40-22 노후를 위한 유일한 대박 보험, 솔리튜드solitude 훈련을 아시나요

40-23 인간이 자기 몸에 한 짓을 생각하면 천당 가기 어려운 법이다

40-24 의사들이 치료보다 예방으로 보수를 받는다면 어떻게 될까요

40-25 인간은 사는 기간이 너무 짧으며, 죽는 데 걸리는 시간이 너무 길다!

40-26 식습관을 뜻하는 단어 다이어트'diet'가 죽다'die'로 시작하는 이유는 무엇인가

40-27 자신만의 식습관, 운동, 약 복용 등이 맞는 방법이란 확신을 갖고 있나요

40-28 발생 확률 100%의 세상일 중에서 사람들이 하는 가장 이상한 행동은 무엇일까요

40-29 태어날 땐 내가 울고 세상이 웃었지만, 죽을 땐 내가 웃고 세상이 우는 사람이 되어라

40-30 인생이란 삶과 죽음이라는 양 둑 사이로 사랑이라는 강물이 흐르는 것입니다

40-31 어떻게 살 것인가 = 어떻게 죽을 것인가 (Wellbeing=Well-dying)

40-32 사랑한다. 미안하다. 고맙다

40-33 오래 사는 것만큼 연금을 준비해야 한다.

40-34 은퇴 설계 하신다구요? 기준값(Default value)부터 정하고 가실게요!

40-35 집 안 나가는 자식은 부모가 잘못 키운 벌이다

40-36 뿔이 있는 놈은 이빨이 없다. 각자무치角者無齒를 아시나요

40-37 결자해지結者解之, 결초보은結草報恩, 복수혈전復讐血戰의 한판이 50세 이후 시작된다

40-38 100세 시대! 신세타령은 그만하고 평생학습으로 삶에 대한 내성을 키워라

40-39 어떻게 사는 것이 행복하게 살아가는 것일까요?

40-40 어떻게 나이 들어갈 것인가, 어떻게 늙어 갈 것인가?

처음 10여 회까지 의지가 매우 중요하다. 그러면 기대하지 못했던 반응이 오기

시작한다. 많은 동료 직원들이 내용이 좋다고도 하고 이 내용을 고객들께 전달한다고도 했다. 앞으로 어떤 내용이 있었으면 좋겠다고 의견을 주기도 한다. 이때부터 탄력을 받는다. 계속하여 20여 회 이상 노년학 노트를 직원들과 공유하였다. 이때부터 직원들이 책으로 출판할 것인가를 묻기 시작했다. 그리고 정식 출판하라고 권유하기도 한다. 이쯤 되면 거기까지 생각하지 않았더라도 가능성을 검토하게 된다. 관련된 대부분의 내용이 일기장에 기록되어 있고, 사진과 책, 요약 노트가 있어 용기가 생긴다. 주제별 분류 작업, 내용의 주제별 글쓰기, 추가로 필요한 내용 확인하기 등을 진행한다. 다만 이 과정에서 기초 자료가 충분하더라도 6개월 이상 완전히 몰입하여야 한다. 대단한 인내로 몰입하는 장기 레이스를 해야 한다. 그렇다고 해서 지겹거나 힘들거나 하기 싫은 단계는 아니다. 내가 정말 하고픈 일이므로 시간이 어떻게 가는지 모르는 몰입의 희열을 느끼면서 날밤을 새울 수도 있다.

노년학 노트는 2014년 2월 40-40으로 마감하였다. 교보문고는 이 내용을 책으로 엮어내는데 적극적인 모습을 보여 주었다. 책 제목은 '명함이 있는 노후'로 정했다. 노년 노후 은퇴의 현장과 책, 그리고 다양한 논의의 전문가들은 은퇴하지 않아야 한다고 강변하고 있었다. 이를 한마디로 표현해 보고 싶었다. 많은 분들의 의견이 있었으나 와 닿지 않았다. 내가 선택한 제목이 '명함이 있는 노후'다. 제목이 너무 좋다고 한다. 2014년 9월 15일 책 『명함이 있는 노후』는 세상에 빛을 보았다. 책 제목 '명함이 있는 노후'는 장수 시대를 맞이하여 '노후의 인생도 역할과 호칭이 중요하며, 직장과 소득이 없더라도 몰입할 수 있는 일을 찾고 그 일을 의미 있게 표현하여 명함을 만드는 것이 노후 삶의 질을 결정해준다'는 의미다. 책을 내는 과정은 방대하고 어렵고 힘들다고 생각할 수 있다. 미리 출판을 염두에 두면 엄두가 나지 않을 수 있다.

단 하나 어디에서 시작할 것인가를 생각해 보자. 명함이 있는 노후도 처음부터 책을 염두에 둔 것은 아니지만 일기장 속 차곡차곡 정리된 내용들이 책으로 옮겨졌다. 오늘 쓰는 한 페이지의 일기가 창조하는 힘을 결코 가벼이 여기지 마라. 일기에서 시작하면 세월이 흘러 엄청난 힘을 발휘할 수 있다.

책 『명함이 있는 노후』가 2015년 3월 24일 '국립중앙도서관 사서 추천 이달의 책!'으로 선정되었다는 연락이 왔다. 사실인가? 무척 고무되고 반가웠다. 바로 국립중앙도서관 사서추천을 인터넷으로 검색했다. 국립중앙도서관은 '오늘의 도서관'이란 월간지를 내는데, 4월호에 사서 추천으로 내 책이 올라와 있었다. 총 10권의 책이 소개되어 있었다. 그 중 첫 번째에 나와 있었다. 추천사를 소개한다. "바야흐로 고령화 사회, 장수 시대를 맞이하고 있다. 일찍이 경험해 보지 못한 이 초유의 시대를 어떻게 살아야 할까? 저자는 다양한 현장과 경험을 바탕으로 하여 '명함이 있는 노후'를 은퇴 이후 삶에 대한 비전으로 제시한다. 장수 시대를 어떻게 이해하고 준비하느냐에 따라 인생의 의미는 달라질 수 있다. 자신의 존재를 당당하게 드러내는 명함 한 장 갖게 됨으로써 노후의 삶은 그 질이 달라진다고 저자는 역설한다. 노후를 준비하기 위해 고민하는 독자들에게 유익한 지침을 제공해 주는 책이다." 처음부터 출판을 전제로 하지 않았으나, 많은 정보와 자료가 쌓여 가는 순간 용기와 확신을 바탕으로 열정을 불사를 수 있다. 그리고 국립중앙도서관 추천도서가 된 광경을 목도 했다. 큰 영광이다. 그러면서 조금씩 지평을 넓히고, 한 발자국 더 나아가는 나 자신을 대견하게 바라보게 되었다.

09
일기 쓰기는
'자신의 인생을 발견'하는 것!

앨런 버넷의 소설 『일반적이지 않은 독자』는 일반적이지 않은 독자인 영국 여왕이 책에 빠져들면서 일어나는 일들을 다루고 있다. 주인공인 여왕은 '어떤 책을 읽으면 그 책이 길잡이가 되어 다른 책으로 이끈다는 것도 깨닫게 되었다. 고개를 돌리는 곳마다 문들이 계속 열렸고, 바라는 만큼 책을 읽기에는 하루가 짧았다'고 고백한다. 이러한 독서방법이 '꼬리 물기 독서법'이다. 호기심이 계속 꼬리를 물 듯 이어져 지속적 독서가 가능하게 하였다. 여왕은 책 읽기 덕분에 전혀 예상하지 못했던 방식으로 인생이 풍부해졌다고 한다. 그러나 책 읽기는 거기까지만 이끌어 주었을 뿐이라고 한탄한다. 책을 읽는 것으로 뭔가 부족함을 느낀다고 하였다. 책 읽기 이후의 새로운 지평을 열어가기 위한 방편은 무엇이 있을까? 여왕이 택한 방법은 책 쓰기다. 여왕은 어떤 방법으로라도 책 쓰기를 강행하려 한다. 왕가에서 책을 발간한 적이 없다는 총리의 말에 왕위를 포기하겠다는 의사까지 비치면서 책 쓰기에 강한 의욕을 보여준다. 이처럼 책 쓰기에 몰두하는 이유는 무엇일까? "책을 쓰는 일은 자신의 인생을 적는 것이 아니다. '자신의 인생을 발견하는 것'이다."(117쪽)의 내용이 여왕의 함축된 의사 표현이다. 나는 나이 50세에 삶을 자각하고, 70~80세는 '자신의 인생 발견'을 위한 노력의 절정기가 된다고 주장한다. '자신의 인생 발견'을 위한 방편이 책 쓰기다. 책 쓰기의 보편적 구현은 자서전으로 가능하다. 한 개인의 일생의 사적(史蹟)을 적은 기록을 전기(傳記)라 하고, 특히 자기가 쓴 자신의 전기를 자서전이라고 한다.

자서전을 쓰려면 자신의 삶 속 흔적을 생생히 기억해 내야 한다. 기억을 오늘에 구현하는 비법이 일기에 있다. 일기는 자서전을 쓰거나 또 다른 책의 모티브로 그 역할을 하기에 충분하다. 기록과 메모 등은 일기에 옮겨 적으면 영원히 간직된다. 그간 신문 등에 기록과 일기로 이룬 많은 사례들이 소개되었다. 그 중 몇 가지를 살펴보자.

〈기록의 소중함〉 성균관대 서정돈 총장, 2010년 3월 26일 매일경제신문/ 60학번 선배가 2학년 부터 4학년 때까지 수강했던 교과목의 수업내용을 고스란히 적은 39권의 노트를 2000쪽 이상의 한 권으로 엮은 것과 베트남 전쟁에 통신장교로 참전했던 한 예비역 장군이 그곳 전쟁터에서 1년 동안 기록했던 진중일기를 소개

〈메모는 부자 되는 길, 박카스 자이데나 작명도 수첩서 나와〉 강신호 동아제약 회장, 2011년 9월 5일 한국경제신문/부자가 되는 조건으로 가난을 통한 고생, 호기심을 발동할 것, 책을 많이 읽을 것, 평소 부지런히 메모하는 습관을 키울 것을 강조함

〈올해 나이 아흔으로 총 270쪽에 사진을 300장 넘게 담아〉 조경제

흥생한의원장, 2012년 2월 4일 조선일보/ 반세기 넘게 하루도 빠짐없이 써온 일기를 바탕으로 『성서조약국-흥생한의원 이야기』 책을 출간

〈할 수 있다. 훈련일지 쓴 박상영〉 리우 올림픽 펜싱 역전 우승 금메달리스트 박상영, 2016년 10월 16일 슈퍼맨이 돌아왔다 출연/ 박상영 선수만의 비결은 노력과 훈련일지! '국가대표가 돼서 세계에서 1등 하는 선수가 될 것이다' 등의 내용이 있는 훈련일지 공개.

〈염경엽 사퇴선언-그라운드 수첩〉 넥센 히어로즈 염경엽 감독, 2016년 10월 18일 조선일보/ 매일 그라운드에서 보고 배운 걸 수첩에 빼곡히 담으며 자신만의 야구를 준비했다.

〈글로 써두니…부부싸움 한 날 겁나게 생생〉 김안제 서울대 환경대학원 명예교수, 2016년 11월 17일 조선일보/ 초등학교 4학년에 시작해 70년간 하루도 빠짐없이 크고 작은 삶의 흔적- 담임선생님, 친구 이름, 공부내역, 일기, 가족 대소사, 먹은 음식, 첫 월급, 관람영화-을 기록한 『안제백서』를 발간

〈비망록의 진실〉 김영한 전 청와대 민정수석, 2016년 11월 16일 조선일보/ 청와대 재임 210일간 있었던 일을 꼬박꼬박 기록

〈기록과 기억은 역사가 된다〉 김문식 단국대 교수, 2017년 2월 3일 한국경제신문/ 할아버지가 16년 동안 손자를 애지중지 키우면서 기록한 육아일기인 이문건의 『양아록養兒錄』을 소개

〈인간은 사랑의 숙주-소설도 메모에서 탄생한다〉 소설가 이승우, 2017년 3월 2일 조선일보/『사랑의 생애』 장편소설을 출간. "소설가는 영감의 숙주다. 단상이 그를 찾아오면 즉시 수첩을 펼쳐야 한다. 이번 소설도 메모에서 탄생한 것이다."

〈일기장 59권으로 살아 있는 역사책 썼지요〉 한림대 총장, 2017년 5월

12일 조선일보/ "초등학교 때부터 지금까지 꾸준히 써 온 59권의 방대한 일기를 기본 사료(史料)로『살며 지켜본 대한민국 70년사』(반산 일기 1945~2015) 출간"

〈헤밍웨이와 몰스킨 수첩〉 2017년 8월 3일 조선일보 (장석주의 사물극장)/ 헤밍웨이는 몰스킨 수첩을 즐겨 썼고, 여기에 장편 '태양은 다시 떠오르다'의 초고를 썼다.

〈사살된 체 게바라 가방에서 나온 시詩노트〉 2017년 10월 19일 조선일보/ '체'가 죽고 그의 배낭 속에서 색연필로 덧칠된 지도와 비망록 두 권, 손때 묻은 녹색 노트가 나왔다. 비망록은 일기, 녹색노트에는 시가 적혀 있었다.

〈내 창작의 원천은 일기장 160권〉 이해인 수녀, 2017년 12월 20일 조선일보/ 산문집『기다리는 행복』을 출간하며 "수도원 온 이후 일기라면 일기라 부를 만한 공책을 160권 가까이 썼어요. 하루하루 허투루 넘기지 않고, 사색을 통장에 한두 푼씩 모으듯 저금했지요."

〈기록할 만한 하루〉 신춘문예당선자 소유정의 기고, 2018년 9월 14일 조선일보/ 소설가 프란츠 카프카는 장장 15년 동안의 유고 일기를 남겼다. 현대소설의 시작이라 여겨지는 그가 오래도록 회자될 작품을 쓸 수 있었던 건 매일 기록하는 삶을 살았기 때문일 것이다.

〈케네디를 미 대통령으로 만든 건 스무 살 때의 60일 유럽 여행 동안 쓴 일기〉 자녀경영연구소 소장 최효찬 기고, 2018년 10월 31일 조선일보/ 스무 살 두 달 동안 유럽여행 하면서 나라별 특색 등을 생생하게 일기로 기록. 외교 문제에 대한 식견과 국제정세의 이해를 바탕으로 진로를 대통령으로 꿈꾸기 시작했다.

겨울이 없는 4계절이 어디 있으랴! 밤이 없는 하루가 어디 있으랴! 마침표가 없는 문장이 어디 있으랴! 겨울이 있고 봄이 온다. 밤이 지나야 새벽이 온다. 마침표를 찍고 다음 문장을 쓴다. 일기 쓰기는 4계절의 겨울이며, 하루의 밤이며, 문장의 마침표이다. 우리는 하루를 정말 열심히 산다. 단지 열심히 살았다고 말하기엔 너무 아까운 하루가 지나간다. 이를 소중한 기록인 일기에 적어보자. 하루를 마감하면서 무엇이든 적고 있는 나는 삶 앞에 겸손한 자세가 된다. 늘 새로운 자세를 가다듬는다. 일기 쓰기는 하루의 마지막을 흐지부지하지 않게 보내도록 하며, 내일을 꿈꾸게 하고 준비하도록 돕는다. 그러니 일기를 쓰지 않고 어떻게 하루를 살았다고 말할 수 있으랴! 일기가 없으면 오늘 하루는 살지 않았다고 생각하자. 일기가 쌓여가면서 이루는 삶의 변화를 경이의 시선으로 바라보자.

:
:
:

내가 읽은 책들은 나의 도끼였다. 나의 얼어붙은 감성을 깨뜨리고 잠자던
세포를 깨우는 도끼, 도끼 자국들은 내 머릿속에 선명한 흔적을 남겼다. 어찌 잊겠는가?
쩌렁쩌렁 울리던, 그 얼음이 깨지는 소리를, 시간이 흐르고 보니 얼음이 깨진 곳에
싹이 올라오고 있었다. 그전에는 보이지 않던 것들이 보이고, 느껴지지 않던 것들이
느껴지기 시작했다. 촉수가 예민해진 것이다.

박웅현 광고인 책 『책은 도끼다』 중에서

PART 6

천권의 서재, 백권의 독서노트! 100세 시대를 독(讀)하다

01
독서가 무조건 좋기만 할 것인가?

2018년 6월 24일 국제도서전이 열리는 코엑스에 갔다. 여느 때보다 많은 출판사와 관계기관이 나와 있었다. 그 넓은 장소가 참여자들로 발 디딜 틈이 없을 정도다. 한국인의 독서량을 탓하지만, 현장의 열기는 이와 다르다. 특히 자녀들과 함께 오신 분들이 정말 많았다. 부모들은 자녀가 넓은 도서전 광장의 모습에서 큰 꿈을 꾸길 바라는지 모른다. 가족 단위로 온 분들일수록 양손 가득 책이 들려 있었다. 오늘 산 책들은 모두 읽혀 질까? 우리 주변에 독서의 유용함을 주장한 내용들은 차고 넘친다. 과연 독서는 그 자체로 유익할 것인가?

독서의 유익함을 설명한 몇 사례를 살펴보자.

김무곤은 책 『종이 책 읽기를 권함』에서 '아무짝에도 쓸모 없는' 책을 읽어서

도대체 어디다 써먹을 거냐는 핀잔에 대하여 기록하고 있다. 김무곤은 "오히려 아무짝에도 쓸모 없는 책 읽기를 거듭한 사람일수록 나중에 세상에서 여러모로 쓸모가 많아지는 사람이 된다는 걸 살면서 새록새록 깨달아 왔다. 아무짝에도 쓸모 없는 책 읽기를 많이 한 사람일수록 목적 있는 책 읽기만 주로 한 사람들에 비해 세상을 보는 눈이나 다른 사람들을 이해하는 마음이 더 깊고 더 따뜻한 것을 나는 보았다."(52쪽)고 했다.

김대식 카이스트 전기전자과 교수는 책『어떻게 질문할 것인가』에서 '우리는 왜 책을 읽는가?'라는 질문을 한다. 김대식 교수는 "책은 또 하나의 비밀을 가지고 있다. 바로 인간의 뇌가 몰입하기에 가장 적절한 형태일 수 있다는 사실이다. 책을 펴면 세상이 보이지 않는다. 눈은 글을 읽지만, 뇌는 새로운 세상을 만들어 낸다. 읽는 자에게 새로운 세상을 만들어 줄 수 있는 책"(74쪽)이라고 표현하였다. 윤태성 교수는 책『한번은 원하는 인생을 살아라』에서 "책을 읽으면 한계효용 체증의 효과가 일어난다. 책을 한 권 읽으면 한 단위의 지식이 증가한다고 했을 때 n권을 읽으면 2의 n승으로 지식이 증가하는 것이 한계효용 체증의 법칙이다. 이것이 바로 책이 사람을 만드는 원동력이다."(204쪽)고 하였다.

박웅현은 책『책은 도끼다』의 저자 말에서 "내가 읽은 책들은 나의 도끼였다. 나의 얼어붙은 감성을 깨뜨리고 잠자던 세포를 깨우는 도끼. 도끼 자국들은 내 머릿속에 선명한 흔적을 남겼다. 어찌 잊겠는가? 쩌렁쩌렁 울리던, 그 얼음이 깨지는 소리를. 시간이 흐르고 보니 얼음이 깨진 곳에 싹이 올라오고 있었다. 그전에는 보이지 않던 것들이 보이고, 느껴지지 않던 것들이 느껴지기 시작했다. 촉수가 예민해진 것이다."라고 읊었다. 이 말은 카프카『변신』에 '우리가 읽는 책이 우리 머리를 주먹으로 한 대 쳐서 우리를 잠에서 깨우지 않는다면, 도대체 왜 우리가 그 책을 읽는 거지? 책이란 무릇, 우리 안에 있는 꽁꽁 얼어버린 바다를 깨뜨려버리는 도끼가 아니면 안 되는 거야'(6쪽)를 모티브로 하였다고 한다. 이처럼 독서가 미치는 긍정적 효과는 그 끝을 알 수 없을 만큼 많다.

그렇다고 독서가 무조건 좋기만 할 것인가?

뇌과학자이며 뮌헨대 교수인 에른스트 푀펠 Ernst Poppel은 책『노력중독』에서 "글을 모를 때는 자신을 둘러싼 사람들의 이야기에 보다 세심하게 귀를 기울이고 세상을 알기 위해 직접 몸으로 부딪히는 일이 많다. 그렇다면 책을 읽게 되면서부터는 어떻게 되었을까? 세상에 대한 관점이 훨씬 좁아졌다." "독서는 사람을 지적으로 풍요롭게 만들지만 다른 한편으로는 순수한 관점을 앗아가고 그 자리에 간접 경험이 대신 들어앉게 되지요." "눈 앞에 펼쳐진 세상을 더 이상 예전처럼 쉽게 받아들이지 못해요."(248~249쪽)라고 말했다. 우리는 이 부분을 상세히 들여다보아야 한다. 독서가 이미 읽은 책에 한정하여 세상을 보도록 제한할 수 있다고 하지 않는가? 단지 아는 것은 많아졌을지 모르나, 이미 알고 있어 그 간접경험에 만족하면, 직접 몸으로 부딪치는 일은 하지 않을 가능성도 있다고 한다. 독서가 우리를 지금의 위치에 계속 붙들어 놓을 수 있다고 한다. 나는 충분히 그럴 여지가 있다고 확신하고 있다.

이원석은 책『서평 쓰는 법』에서 책 읽는 목적뿐만 아니라 어떻게 읽을 것인가에 대해서도 말하고 있다. '한편으로 숭배자가 되고, 다른 한편으로 비판자가 되어야 한다', '책 속으로 들어갔다 나올 때 나의 세계가 흔들릴 정도로 읽어야 한다', '사랑한 자가 미워할 수 있듯이, 숭배자만이 배교자가 될 수 있듯이, 가장 좋은 적이야말로 가장 좋은 친구가 될 수 있듯이, 매료된 적이 없는 사람이 그것에 대한 의미 있는 비판을 할 수 없듯이, 비판을 위한 비판이 아니라 이해를 위한 비판을 할 수 있어야 한다'(74~75쪽) 라고 적었다. 책 때문에 흔들린 나, 충분히 알게 되어 비판할 수 있고, 때론 매료되어 추종하는 내가 책 밖으로 나왔을 때 가만히 있을 리 없다. 사실 책 읽기의 효과는 책 밖으로 나왔을 때 그 다음 행보를 어떻게 하느냐에 달려 있다. 이러한 견해는 책 읽기에서 매우 중요하다. 우리는 이 부분도 상세히 들여다보아야 한다. 책을 읽고 과도한 숭배자가 될 때 나타나는 문제는 어떻게 해야 할까? 또 책을 읽었는데 그 책의 내용과 나를 비교하여 내가 너무 초라하게 느껴지거나, 도저히 따라 갈 수 없는 경지를 알게 되어 좌절한다면 어찌해야 할까? 도저히 다다를 수 없는 한계를 알면서도 본 책 때문에 무모한 도전을 하게 된다면 어떻게 해야 할까? 많은 이들이 책 읽기가 무조건 좋은 결과를 낳으리란 보장을 누누이 강조하지만 개인에 따라 다르다. 그럼 독서는 장단점을 떠나 일상생활에서 자연스러운 과정으로 자리 잡았을까?

생각보다 우리는 독서를 매우 어렵게 느낀다. 또 자연스러운 생활의 일부가 아니었다. 왜 그럴까?

고미숙의 책 『공부의 달인 호모쿵푸스』에 '학교가 퍼뜨린 가장 질 나쁜 거짓말은 공부로부터 독서를 분리시켰다는 사실에 있다. "*책보지 말고 공부해!*"라는 상투어가 말해 주듯, 학교에서 독서는 공부가 아니다'(112쪽) 라고 적고 있다. 학창시절 책 읽기는 시험성적과 직접적인 관련이 없다고 생각했다. 가끔은 공부 안 하고 책 읽는다는 꾸중도 들어야 했다. 공부할 시간에 독서한다는 나무람이다. 학창시절 하지 않아도 되는 하나가 독서였음은 분명하다. 독서는 공부와 관련 없는 것일까? 그렇지 않다. 독서는 공부에 분명 도움이 된다. 그러나 우리는 독서를 공부와 분리시킨 채 어른이 되었다. 어른은 너무 바쁜 일상을 보낸다. 독서가 끼어들 틈이 없다. 2016년 6월 23일 최재천 국립생태원장은 '신 노년 세대와 미래사회'란 주제의 세미나에서 '책은 모르는 것을 배우는 것이며, 독서는 힘든 일이다. 인간은 원래 눈으로 3차원의 자연환경을 보도록 특화되어 있는데, 2차원 평면에 집약해 놓은 책을 보는 것은 힘든 일이다. 즉, 책을 보는 것을 취미라 하기에는 적합하지 않다. 인간이 발명한 최악의 발명품이 책이란 생각이 들기도 한다'고 하였다. 독서가 원래 힘들고 어려운 일이라고 얘기하고 있다. 그럼에도 독서는 유익하다고 했으니 사실 강요된 독서가 시작되었다. 나는 책 읽기의 방편으로 얘기되는 고전 100선, 중 고등학생이 반드시 읽어야 하는 책 목록, 위인전 전집, 사회 저명인사의 추천 도서 등의 책 읽기를 반대한다. 우리 국민들은 강요된 독서 목록으로부터 해방되어야 한다. 이런 과정을 거쳐 자연스럽고 재미있는 책 읽기와는 거리가 멀어지고 있다.

2018년 가을 학기에 50+ 서부캠퍼스가 진행하는 '작은 책방' 과정에 참여했다. 그 과정에서 11월 9일 노명우 교수가 운영하는 '니은 서점'을 찾았다. 이날 노명우 교수는 동네 책방이 갖는 의미, 책방의 역할, 한국인의 독서 등에 대하여 진솔한 말씀을 해 주셨다. "독서가 취미라는 말을 많이 한다. 이 말은 거짓말이다. 이게 사실이라면 책이 잘 팔릴 것이다. 독서가 취미라고 하는 말 속에는 어쨌든 독서를 고상한, 우아한 영역으로 여기는 것만은 분명하다. 책을 안 읽는 이유로 시간이 없다는 건 핑계다. 진짜 이유는 책을 좋아하지 않는다. 우리는 입시 때문에 본 책, 대학 가기 위해 본 책이 전부다. 책에 대해 재미있는 기억, 의미 있게 읽은 기억이 없다."고 하였다. 이날 나는 여러 질문을 했다. 그 중에 "독서를 해야 하는 진짜 이유는 무엇인가요?"가 있다. 교수님은 "독서는 수용자의 능동적인 활동을 요구하는 유일한 미디어입니다. 인간을 지성적으로 만들어 주며, 책을 읽은 사람은 티가 납니다."라고 말씀하셨다.

이제 독서를 바라보는 우리의 시선을 이해하게 되었다. 독서가 반드시 좋다고는 할 수 없으나 어쨌든 매우 유익하다는 것은 사실이다. 그럼에도 독서는 쉽지 않다. 그럼 어떻게 친근하게 읽을 수 있을까?

일본의 저명한 기자이자 지성인으로 불리는 다치바나 다카시는 책 『나는 이런 책을 읽어 왔다』에서 '뇌 연구 최전선'이라는 테마의 글을 쓰기 위해 500권 정도의 책을 읽었다고 한다. 그러면서 "왜 이렇게까지 공부를 하는가 하면, 기본적으로 이런 지적 욕구는 책을 쓰기 위한 욕구가 아니라 제가 본래 가지고 있는 '어떻게 해서든 알고 싶다', '좀 더 자세히 알고 싶다'는 욕구 때문입니다. 확신을 가지고 말씀드립니다만, 이는 저만이 가지고 있는 욕구가 아니라 분명 모든 사람들이 가지고 있는 욕구입니다."(20쪽) 라고 하였다. 모든 사람은 본래 가지고 있는 지적 호기심이 있다. 사람들은 현재 알고 싶고 궁금해하는 호기심과 질문에 따라 선택된 책을 재미있게 읽으면 된다. 이것이 처음이자 끝이다. 개인은 자신의 경지가 있을 뿐이다. 따라서 연결고리와 호기심이 연속되는 책 읽기를 추천한다.

이근후 교수는 책 『나는 죽을 때까지 재미있게 살고 싶다』에서 여든을 바라보는 현재도 삶의 매 순간을 치열하게 생각하고 스스로 할 수 있는 일을 행동으로 옮길 수 있는 에너지의 원천을 '야금야금'이라 했다. 야금야금 일하고, 야금야금 공부하고, 야금야금 봉사하고, 야금야금 생각하고… 그렇게 조금씩 나아가고 좋아지는 걸 즐기니 지루하지 않게 오래 해 올 수 있었다고 했다. 나는 이 야금야금이 너무 좋다. 지금 야금야금하고 있으면 된다. 책 읽기의 방법으로 야금야금을 추천한다. 더 이상의 추천 방법이 없다. 야금야금은 내가 알고 있는 것과 모르는 것의 사이, 알고 난 사실과 맞닿아 있어 새롭게 알고 싶은 무엇으로 나아가는 지점, 하나의 호기심을 해결했더니 다시 일어난 새로운 호기심과의 경계에서 앞으로 나아가게 하는 가장 효율적인 방법이다. 우리는 사이, 지점, 경계에서 조금씩 나아가면 된다. 그 방법이 야금야금에 있다. 야금야금 읽어 쌓아 놓은 책을 분류하였더니 고전 100선, 중 고등학생이 반드시 읽어야 하는 책 목록, 위인전 전집, 사회 저명인사의 추천 도서 등을 읽게 되었다는 말이 되어야 한다. 야금야금이 아닌 책 읽기는 너무 재미가 없다. 독서가 어려운 일임을 강조한 최재천 국립생태원장은 '조성진 쇼팽 콩쿠르 우승자가 어느 날 갑자기 우승한 것이 아니다. '피아노를 치면서 배운다' 즉, 작은 노력과 진전이 모여서 이루어진다. 책도 이와 같다. 책 한 권을 읽고 할 일이 생기고, 또 한발 더 나아가게 된다'고 하였다. 현재 발동하는 호기심과 질문에 따라 야금야금 조금씩 재미있는 책 읽기를 계속하면 어느 순간 행동하는 나와 실천하는 나를 만날 수 있다. 이것이 힘든 책 읽기를 나의 생활 기재로 삼는 방법이다.

　세상을 살아가는데 내가 읽은 책은 어떻게 영향을 미치고 있을까? 책을 읽고 나면 순간 사라지는 느낌이라 생각할지 모르나 우리 몸 어딘가에 그대로 간직된다. 그러다가 지금 내가 하는 생각, 습관, 행동과 태도, 결정의 순간들, 도전과 응전, 자존감과 행복 등 모든 곳에 영향을 미친다. 박웅현의 책 『책은 도끼다』를 확장하여 붙여보자. 책은 터 파기다. 어떤 건물이 올려질지 모르나 그 결과는 터 파기에 달렸다. 책은 길이다. 책은 내 앞에 길을 놓는 것이다. 어떤 길이 놓여질지 읽은 책에 달려 있다. 책은 주방용 칼이다. 책은 망치다. 책은 연필이다. 이렇게 무한정 표현이 가능하다. 그런데 책이 그냥 도끼, 터 파기, 길, 칼, 망치, 연필이면 의미가 없다. 반드시 사용해야 한다. 그것이 바탕이 되어 한 발짝 진도가 나가야 한다. 그럴 때 독서는 의미가 된다. 진도가 나간 독서를 한다면 '나는 누구인가?'라는 질문에 '어떤 책을 읽었는가?'로 답을 해도 된다. '나는 무엇이 되려고 하는가?' 라는 질문은 '지금 무슨 책을 읽고 있는가?'로 답을 하면 된다. 단, 독서는 쉽지 않으므로 지적 호기심을 따라 관심 분야의 지평을 넓히는 재미있는 독서를 추천한다.

| 김현기의 생각 정리 |
지속적인 독서가 왜 좋은 걸까요

1. **(인생의 재미)** 인생살이에는 재미도 있어야 한다. 인간이 추구하는 재미는 이야기를 포함한다. 수많은 이야기가 책 속에 있다. 인문학과 소설뿐만 아니라 위인전과 자서전 등이 모두 이야기다. 그 밖에 주제별 책들도 이야기의 다름 아니다. 책보다 쉽게 접근할 수 있고 공감할 수 있는 재미있는 이야기를 찾기가 쉽지 않다.
2. **(통찰력의 향상)** 우리는 시대적 변천과 역사적 사건들을 점철하여 오늘의 세상에 살고 있다. 지금의 시대를 이해하기 위해 과거에 있었던 일들을 이해하여야 한다. 역사와 철학 그리고 인문학이 그 이해의 폭을 향상시켜준다. 이 분야의 독서는 통찰력을 키워주고, 사람들 사이에서 일어날 수 있는 일들을 알게 하여 보다 나은 결정을 하게 도와준다.
3. **(합리적 의심)** 확신보다 의심이 세상살이에 도움이 된다. 의심하면 확인하게 된다. 거듭된 확인이 실패와 실수를 줄이는 방법이다. 그런데 의심하려면 알고 있는 무엇이 있어야 한다. 아는 것이 많을수록 정확한 의심을 한다. 특정 분야의 책을 수십, 수백 권 읽으면 전문가 반열에 오를 수 있다. 전문가는 참과 거짓을 구분할 수 있는 능력이 있다. 광범위한 독서가 '합리적 의심'을 할 수 있는 힘을 제공한다.
4. **(호기심의 충족)** 호기심이 평생을 사는 에너지와 지치지 않는 열정을 불어 넣어준다. 호기심을 충족하는 가장 편한 방법이 독서다. 독서로 충족된 호기심은 처음보다 훨씬 많은 새로운 호기심을 생기게 한다. 호기심을 따라 지속적으로 하는 독서의 즐거움이 인생의 활력소가 된다. 무엇에 관한 질문도 이와 같다. 질문의 답을 찾는 가장 편리한 방법이 독서다.
5. **(기회의 탐색)** 흔히 100세 시대는 무슨 일이 일어날지 모른다고 한다. 그만큼 기회가 열려 있다. 내게 어떤 기회가 올지 어떻게 알 수 있을까? 그런데 그 기회는 가만히 있어 주어지진 않는다. 부단한 독서는 기회를 탐색하도록 돕는다. 기회를 놓치지 않고 잡을 수 있도록 도와준다.
6. **(능력의 향상)** 4차 산업혁명 시대는 자격 조건이 아니라 사용가치가 있어야 한다고 말한다. 자신의 사용가치를 높여 두어야 한다. 자신의 사용가치를 확인하고 이를 높이는 방법을 책 속에서 찾을 수 있다. 부단한 독서가 자신의 사용가치를

높이는 계기를 제공한다.

7. **(영역의 확장)** 나의 사고와 행동반경을 제한하는 단 하나의 방법이 있다. 현재에 머무르는 것이다. 그런데 그 경계를 넘어 새로운 세계로 나아가고 싶다면 무엇인가를 해야 한다. 사람은 근본적으로 새로운 경계로 나아가는 변화를 싫어한다. 책은 새로운 세계를 알게 하고 지금의 경계를 넘어 그 장소로 나갈 수 있는 자연스러운 힘을 제공한다. 그 힘으로 어학을 배우거나 새로운 기술을 배우거나 새로운 사람을 만나는 자신을 발견할 수 있다.

8. **(저자의 모방)** 창조적 삶이 우선한다는 말에 동의한다. 그런데 세상살이에 가장 편한 접근 방법은 따르고 싶은 모델을 정해두고 그 사람을 따라 하면 된다. 그러면 그만큼 확장된 삶을 살 수 있다. 책의 저자는 때론 훌륭한 모델이 된다. 책은 그 사람의 인생 경험과 지혜가 녹아 있게 마련이어서 저자를 빨리 닮게 한다. 저자의 책을 시리즈로 읽으면 그 사람과 나를 동일시하는 효과도 기대할 수 있다. 따르고 싶은 모델을 여러 명 연속해서 설정하고 같은 방법으로 계속하면 된다.

9. **(삶의 균형)** 세상은 무서운 속도로 변한다. 끊임없이 변화에 적응하려는 노력은 가상한 일이지만, 인간 본성의 상실로 이어진다. 또 세상은 양극단의 주장이 서로 교차하면서 진행하는 폭주 기관차와 같다. 내가 중용의 길을 선택하여 살기가 쉽지 않다. 내가 누구인가를 탐색하고, 인생의 중심을 잡아 균형 있는 삶을 살아가기 위해서 책을 읽어야 한다. 저자들은 자신이 거쳐온 인생에 대해 하고 싶은 말을 글로 표현하고, 이를 독자들에게 알려 주려고 안달이 난 사람들이다.

10. **(인격과 품격의 향상)** 주머니 속의 송곳이라는 뜻의 낭중지추囊中之錐는 재능과 지혜를 가진 사람은 가만히 있어도 자연스럽게 겉으로 드러난다는 의미이다. 깊이 있고 폭넓은 독서는 사용하는 언어와 표현하는 글, 그리고 의사결정에 이르기까지 그 사람의 인격과 품격, 그리고 지성이 자연스럽게 드러나도록 해 준다.

11. **(자신감 향상)** 무슨 이렇게 거창한 의미 부여를 한다고 할지 모르지만, 한 권의 책을 끝까지 읽으면, 어떤 일을 완수한 듯한 성공의 감정이 일어난다. 지속적인 독서는 성공감정이 쌓이게 하고, 다른 일들도 할 수 있다는 자신감으로 연결되게 한다. 성공감정을 쌓는 가장 간단하고 좋은 방법이 독서에 있다.

02
책을 읽습니다
재미있게, 닥치는 대로,
밑줄을 긋고

책을 출판하면 사람들의 질문은 단지 두 가지에 집중된다. 몇 권이나 팔렸는지, 저자 인쇄료는 많이 받았는지 묻는다. 몇 권의 책을 내면서 그 중 한 출판사의 사장님이 들려준 이야기다. "출판사의 이름이 적인 책이 나오고 그 책이 서점과 온라인에 출시될 때 기도하는 심정이 된다. 출판사도 이 책이 독자들에게 의미 부여가 되는 내용을 담고 있다고 판단했고 편집과 디자인에 공을 들였기 때문이다. 1쇄만 겨우 팔리면 마치 큰 죄를 지은 느낌을 지울 수 없다. 우리가 무엇을 잘못해서 1쇄가 겨우 팔렸을까를 머리를 쥐어뜯으며 고민한다. 2쇄와 3쇄가 팔리면 어느 정도 안도한다. 저자에게도 덜 미안하고, 출판사도 손익 분기를 넘어 작은 이익이 생기기 때문이다. 저자의 입장에서 5천 부에서 만 부가 팔리면 베스트 셀러다. 우리나라에서 그 정도 팔리기 쉽지 않다. 3만 부가 팔리면 대박이다. 이 정도 팔리면 사람들이 그 책 읽어 봤는지 회자 되는 단계까지 간다. 만일

10만 부가 팔리면 이제 유명세를 타고 방송국에서 출연 요청이 온다." 그곳 사장님은 출판사도 나름 고민하고 있음을 이렇게 표현하였다. 그럼 책은 얼마나 출판되는 것일까?

우리나라는 하루에 40~50종의 신간이 출판되어 한 해 1만 9천여 권이 나온다. 그 중 1만 권 이상의 책이 팔리는 것은 1%도 되지 않는 180권에 불과하다. 다른 보고에서는 한해 출판 서적을 여러 권으로 되어 있는 소설류와 시리즈 물 및 독립 서적 등을 망라하여 8만 권에 이른다고 얘기하는 것을 들은 적도 있다. 보통 초판 1쇄는 1000~3000권 정도 인쇄된다. 출판사는 1쇄가 팔려야 손익 분기점을 넘어선다. 그런데 초판 1쇄를 소진 못 할 것을 우려한다. 책이 나오면 서점 가판에 전시된다. 서점은 가판이 곧 돈이다. 세상에 빛을 본 초판 책이 가판에 나와 채 한 달을 버티기 어렵다. 진실은 가판에 누워 독자를 바라볼 기회조차 갖지 못한 책이 대부분이다. 그리고 바로 책꽂이에 꼽힌다. 그러다 어느 날 서점에서 사라진다. 우리나라 성인의 독서량은 2017년 기준 8.3권에 불과하다. 20~30대의 10%는 년간 한 권의 책도 읽지 않는다고 한다. 한마디로 저자와 출판사는 너무 어렵다고 한다. 그러나 독자의 입장은 조금 다르다. 책이 너무 많다. 그냥 서점에 가면 읽고 싶은 책도 넘친다. 독서, 어떻게 해야 할까?

우선 어떤 책을 선정하여 읽을 것인가? 책『이동진 독서법』에 나오는 얘기로 시작해 보자. "제가 가지고 있는 책은 1만 7천여 권입니다. 방송이나 강연 등에서 가장 많이 받는 질문 질문에 '그 책들을 다 읽었는가'입니다. 당연히 다 읽지 못했습니다. 매일 한 권씩 읽는다고 해도 1년 동안 읽을 수 있는 책은 365권에 불과합니다. 1만 7천 권의 책을 하루에 한 권씩 읽어 치운다고 해도 약 45년이 걸립니다. 다 읽는 것은 불가능합니다. 다 읽은 책도 상당하지만, 끝까지 읽지 않은 것도 많습니다. 서문만 읽은 책도 있고 구매 후 한 번도 펼쳐보지 않은 책들도 있습니다. 그런데 저는 그것도 독서라고 생각합니다. 책을 사는 것, 서문만 보는 것, 부분만 찾아 읽는 것, 그 모든 것이 독서라고 생각합니다."(13쪽) 이동진 작가는 다 읽지 못하더라도 책에 너무 미안해할 필요가 없다고 했다. 또 '닥치는 대로 끌리는 대로 오직 재미있게'라고 독서 방법을 설명하고 있다. 나도 이와 같다. 책은 무조건 사서 본다. 그러나 정독하는 책은 10권 중 두세 권 정도다. 김영하 작가도 "읽을 책을 사는 것이 아니라, 산 책 중에서 읽는 것이다."라고 했다. 내가 읽은 다양한 '책 읽기 방법'에 관한 책들은 한결같이 못다 읽은 책에 미안함, 죄책감을 느끼지 말라고 한다. 책 읽기의 첫 번째 방법으로 오직 재미있게 읽되, 읽지 않은 책에 미안해하지 않기로 정해 본다. 이러한 결과로 나의 경우 어렵고, 두껍고, 그저 홍보되거나, 특히 기관장 추천도서 등은 우선 선택되는 책이 아니다. 재미와 호기심으로 연결된 책만 읽으려 한 결과다. 이때 읽지 못한 책은 그대로 잊혀지는 것이 아니다. 지속적인 독서가 계속되면 어느 날 읽지 않은 책이 내 손에 들려 있는 날이 온다. 그 어렵게 느껴지던 책이 가깝게 느껴지는 날이 온다. 읽기 싫었던 인문고전도 조금씩 찾게 되는 날이 온다. 그러니 우선 재미있는 책을 읽기만 해도 된다.

　두 번째 독서방법은 다양한 독서 방법 중에 자신은 어떤 방법으로 읽는지와 관련되어 있다. 고영성 작가는 책『어떻게 읽을 것인가』에서 다양한 독서 방법을 설명하고 있다. ①계독(系讀)-한 가지 주제를 파고들어 그와 관련한 서적을 두루 읽는 방법 ②남독(濫讀)-특정 주제나 장르에 얽매이지 않고 다양하게 책을 읽는 방법 ③만독(慢讀)-느리게 집중해서 읽고, 잘근잘근 씹어서 읽는 방법 ④

관독(觀讀)-관점을 갖고 읽는 방법. 외국인, 여행가, 문화인류학자, 역사학자 등의 눈으로 읽는 방법 ⑤재독(再讀)-책을 다시 읽는 방법 ⑥필독(筆讀)-밑줄을 긋고, 별표를 그리고 메모를 하며, 궁극적으로 글쓰기까지 이어지는 독서 방법이 그것이다. 우리가 책을 읽는 방법은 위 여섯 가지가 고루 섞여 있을 가능성이 높다. 나는 주로 남독으로 시작한다. 즉, 닥치는 대로 읽는다. 그러다 보면 장르가 보이고 그 장르를 따라 깊이 있는 탐구를 시작한다. 독서 방법도 취향이므로 각자의 몫이다. 그러므로 책 읽기의 두 번째 방법으로 다양한 책 읽기 방법 중에 자신만의 방법으로 읽으면 된다고 정해 본다.

세 번째 책 읽기의 방법은 필독筆讀의 방법을 사용할 것인가와 관련이 있다. 책을 읽으며 밑줄을 긋고, 별표를 그리고 메모를 하는 필독 방법은 바람직한 행동인가? 고영성은 필독 방법의 찬성자로 아우구스티누스, 요로 다케시 도쿄대학 명예교수, 고영성, 박웅현, 필독의 반대자로 조국 서울대 교수, 최재천 이화여대 교수, 김중혁을 들고 있다. 나는 지독한 필독 신봉자다. HB 연필을 주로 사용한다. 중요 내용은 밑줄을 심하게 그어둔다. 그것도 모자라 그면은 붙임 쪽지를 빼곡히 붙여 놓는다. 그렇게 하다 보니 필독한 부분을 공유하고 싶어졌다. 그 결과가 오늘의 독서노트 100선이 되었다. 독서노트의 공유는 많은 독자로 하여금 해당 책을 빌려줄 수 있느냐는 요청이 이어졌다. 절판된 경우도 있으니 당연한 요청이다. 그때마다 과도한 필독과 붙임 쪽지의 부착으로 순수 독서를 방해하므로 빌려줄 수 없다고 했다. 이런 핑계는 책을 빌려준 후 돌려받을 고민을 하지 않아도 되어 좋았다. 우아한 형제들 대표인 김봉진은 책 『책 잘 읽는 방법』에서 "책을 읽으면 잘 살 수 있느냐?"는 질문에 '우리의 삶은 수많은 크고 작은 결정들에 의해 만들어지는데, 이때 책을 읽어 '생각의 근육'을 키워두면 조금 더 좋은 결정을 할 수 있다'면서,

"혹시 모르죠. 운명조차 바꿔 버릴 지도요"(6쪽)라고 답을 하고 있다. 그는 '접고 싶은 부분은 접고 밑줄을 막 그어도 돼요. 책은 고이 모셔놔야 하는 비싼 물건이 아니에요. 읽었던 책을 몇 년 지나 다시 펼쳤을 때, '아 그때 이렇게 밑줄을 치고도 다 잊어버렸구나'하는 생각이 들 거예요. 하지만 그 밑줄을 시작으로 다시 여행을 떠날 수 있답니다. 책에 흔적을 많이 남겨두세요. 그럼 책이 더 소중해질 거예요.'(34.35쪽)라고 했다. 그 역시 필독을 추천하고 있다. 책『서재를 떠나보내며』의 저자 알베르토 망겔도 필독의 신봉자다. 그는 "나는 빌려 온 책의 여백에 필기하지 못한다는 것도 너무 싫다. 책에서 어떤 놀랍고 진귀한 것을 발견했는데 그 책을 도서관에 다시 반납해야 하는 것도 싫다. 나는 탐욕스러운 약탈자처럼 내가 다 읽은 책이 나의 것이 되기를 바란다."(29쪽)고 적었다. 책 읽기의 세 번째 방법으로 필독을 추천한다. 다만 내 생각이므로 독자들은 자신의 방법을 사용하면 된다.

유시민 작가는 책『유시민의 글쓰기 특강』에서 '취향 고백과 논증해야 할 주장을 분명하게 구별해야 한다. 취향을 두고 논쟁하지 마라. 주장은 반드시 논증하라'(20.25.26쪽)고 했다. 어떤 책을 선정하여 어떻게 읽든지, 필독하든지 말든지 책을 어떻게 보관하든지 모두 개인의 취향이다. 책을 읽는 방법은 개인의 취향이다. 어떻게 읽든 개인의 마음대로다. 필독하든 그렇지 않든 무슨 상관이겠는가? 다만 즐거운 독서법이면 족하지 않겠는가?

03
천 권의 서재! 백 권의 독서노트!
100세 시대를 독(讀)하다

　한국에서 노년 노후 은퇴를 공부할 때 그 방법이 궁금했다. 방법들 속에 관련 책들을 살펴보아야 함은 당연하다. 무슨 책부터 읽어야 할까? 단순하지만 닥치는 대로 읽는 방법이 최선의 방법이다. 책 제목에 노년 노후 은퇴가 들어간 책들을 찾아볼 수도 있다. 처음엔 그렇게 시작해도 시간이 지나면 요령이 생긴다. 각종 세미나, 심포지엄, 포럼, 아카데미 장소에서 강연자가 언급하거나 사례 속 책들을 사서 읽는다. 특히 강연자가 직접 추천하는 책은 반드시 사본다. 이렇게 읽은 책은 아직까지 한 번도 후회하지 않았다. 신문 기고에 언급된 책도 좋은 결과로 이어질 가능성이 높다. 그러나 광고와 홍보로 소개된 책은 유의해야 한다. 선택의 결과가 실망으로 이어질 때가 많다. 큰 느낌으로 와 닿은 책 안에 언급된 책도 성공 가능성이 높다. 성공이란 선택의 결과가 만족스럽다는 의미다. 감동이 있는 책을 쓴 저자의 또 다른 책은 반드시 읽어야 하는 목록과 같다. 작가의 책 목록 집중 탐구는 그 작가와 나를 일치시켜준다. 마치 내가 작가의 생각 속에 있는 느낌이 들 때도 있다. 작가별, 주제별 범주로 묶어 집중적으로 읽는 방식을 적극적으로 추천한다. 이런 방식은 짧은 기간에 독자의 수준을 한 차원 높은 단계로 끌어 올리는 최고의 방법이다.

나는 책을 읽을 때 와 닿는 문구 밑에 연필로 줄을 긋는다. 아주 과감하게 긋는다. 그것도 모자라 그 면에 붙임 쪽지를 붙여 놓는다. 어떤 책은 너무 많은 줄과 붙임 쪽지가 있다. 붙임 쪽지가 수십 장까지 붙여 놓은 책도 있다. 가끔 책꽂이 책들 사이 붙임 쪽지를 대견한 듯 바라본다. 일부러 떼지 않는지도 모른다. 누군가 본다면 자랑하고 싶은 모양이다. 이렇게 읽은 책은 다른 사람들에게 전해 줄 수도 없다. 너무 과한 흔적들은 다른 사람이 읽을 때 방해가 되기 때문이다. 그러나 몇몇 책은 정말 혼자 읽고 덮어 두기에 너무 아까웠다. 그래서 나중에 쓸모를 고려하지 않더라도 독서노트를 작성하기로 했다. 줄 친 내용과 붙임 쪽지의 면을 가능한 그 느낌 그대로 옮겨 보았다. 선택된 책의 독서노트는 A4용지로 10여 면을 넘나들었다. 독서노트는 정리의 과정에서 연구소 직원의 도움이 절대적이었음을 밝혀둔다. 일부 책은 일기장에 독서노트를 한다. 일기장은 하루가 1면이다. 책 한 권의 요약 노트는 일기장의 1~3면을 할애하여 적어 둔다. 지난한 과정이었으나, 모든 생활은 글로 표현해 두면 사용될 곳이 생기듯, 독서도 이와 같다. 읽는 것에 그치지 않고, 짧은 내용이라도 독서 노트를 작성해 두면 좋다. 나는 하고 싶은 일이 있으면 먼저 행동으로 옮기는 성격이다. 그렇게 진도가 나간 상태를 후회한 적은 없다. 비록 방법상의 후회가 되더라도 과정에서 축적된 모든 내용은 반드시 도움이 되기 때문이다. 나의 독서 방법도 후회한 적은 없다. 다만, 내가 하고 있는 독서와 독서 노트는 바람직한 방법인가를 생각한다. 다른 이들은 어떻게 하는지 궁금하기도 하다. 그렇게 독서에 관해 쓴 독서 달인들의 책을 보기 시작했다. 그 중에 이상민의 책 『나이 서른에 책 3,000권을 읽어봤더니』에 이런 표현이 나와 있었다.

책을 다 읽고 나서 내용을 정리해 A4용지 2~3장 정도 분량이라도 본인이 직접 글로 써서 남기는 것이다. 이 노트 만들기는 충분히 투자할 만한 가치가 있으며, 결국 그것이 쌓여 나의 내공이 된다. 만약 관련 분야의 책 300권을 읽으면 그런 A4용지가 최소한 300장 이상 나오게 되는데, 엑기스만 뽑은 것이기 때문에 대단한 자료가 된다. 물론 그 중에 겹치는 내용들이 있어 결국은 A4용지 100장 정도 분량이 될 것이지만, 그래도 책으로 엮으면 한 권 정도 될 것이다. 핵심 중의 핵심만 추린 것이기 때문에 보통 책과는 차원이 다르고, 본인만 간직하면서 차별화를 시도하면 강력한 효과를 낼 수 있다. 물론 때가 되어 그것을 책으로 엮고 본인의 실무 경험까지 덤으로 넣어 출간하면 많은 사람들이 거의 무료로 혜택을 보는 셈이 된다. 실제로 잘 찾아보면 그런 책들이 있다.(224~225쪽)

나는 8년여의 기간 동안 연관된 책 천여 권을 읽었다. 일 년에 백 권 이상 읽었다. 일 년에 백 권 이상의 책을 읽으려면 일주일에 최소한 두 권은 읽어야 한다. 책은 무차별적으로 읽혀 졌고, 그저 구매의 순서에 따라 마구 책꽂이에 꽂혔다. 처음엔 은퇴를 주제로 몇 권을 읽어 나가다 노년과 중년으로 이어지고 100세 시대를 관통하는 다른 주제들도 관심이 확장되었다. 건강과 웰 다잉을 포함하여 인생과 행복, 어떻게 살 것인가로 이어졌다. 주제어의 경계를 넘나들며 독서를 계속했다. 독서를 할수록, 각종 관련 행사장을 찾을수록 가족의 영역은 핵심 주제어로 부상했다. 처음엔 책의 분류가 보이지 않았으나 어느 순간 범주가 눈에 들어왔다. 범주별로 제목을 붙여 책꽂이를 새로 정렬했다. 뿌듯했다. 자부심이 느껴졌다. 범주는 ①중년 ②노년 ③은퇴 ④건강 ⑤웰 다잉 ⑥인생 ⑦행복 ⑧어떻게 살 것인가 ⑨돈 ⑩가족으로 했다. 범주 별로 각 열 권의 책을 선정했다. 범주별 독서노트 작성을 직원의 도움을 받아 계속했다. 그 동안 여러 명의 손을 거친 독서노트는 형식과 내용 정리의 형태가 서로 달랐다. 지난 1년 동안 이를 모두 새롭게 편집 정리하였다. 이 과정은 생각보다 쉽지 않았다. 지난한 과정을 거친 작품이 '100세 시대! 독서노트 100선'이다. 이 부분 독서노트 100선 선정은 지극히 나의 자기 취향으로 결정하였음을 밝혀둔다. 당연히 독자들의 생각과 다를 수 있다. 특히 '인생'과 '어떻게 살 것인가' 범주는 특별한 이해를 부탁한다. 돈 범주는 노년 노후 은퇴와 관련한 각 연구소의 소장이나 해당 기관에서 발간한 책을 주로 선정하였음을 밝혀둔다. 향후 독자 여러분 각자가 자신의 독서목록 100 선을 직접 선정해 보실 것을 요청한다.

내가 진행한 독서 천 권의 책, 열 개의 범주와 범주별 열 권의 책으로 작성한 독서노트 100선은 과연 유의미한 방법일까? 서평가 이원석은 책 『서평 쓰는 법–독서의 완성』에서 알렉상드로 뒤마의 책『몬테크리스토 백작』에 나오는 다음의 내용을 소개하고 있다. "로마에서는 서재에 오천 권 가까이 책을 가지고 있었지. 그것들을 읽고 또 읽는 동안에 정성 들여 가려낸 백오십 권의 책만 있으면, 그것이 비록 인간의 지식을 완전히 요약한 것이라곤 할 수 없더라도, 적어도 인간이 알아야 할 만한 것은 모두 얻을 수 있다는 것을 알게 됐지. 그래서 나는 3년 동안 그 백오십 권의 책만을 자꾸 되풀이해서 읽었네. 그래서 내가 체포되었을 당시엔 그 책들을 거의 다 외고 있었으니까."(119쪽) 이 말은 이프 섬의 감옥에서 파리아 신부가 이 소설의 주인공인 에드몽 당테스에게 들여준 말이다. 파리아 신부는 감옥에서 책 『이탈리아의 통일 왕국 건설 가능성에 관하여』을 썼는데, 이것을 가능하게 한 자료는 정성 들여 읽은 백오십 권의 책이라고 했다. 비록 소설 속 표현이지만, 연구소가 10개의 범주로 엄선한 백 권의 책은 충분히 의미가 있다고 생각한다.

2018년과 2019년 일 년 이상의 기간 동안 신한금융투자 직원들의 게시판에 '신한 Neo50! 독서노트 100선'이란 제목으로 매주 화, 목요일에 범주 별 시리즈로 게시했다. 게시 내용은 범주 별 책 목록과 모음 사진, 그날의 책 미리 보기와 독서노트 자료, 그 밖에 참고 내용이다. 반응은 폭발적이었다. 미리 보기와 독서노트로 감동 받고, 책을 구매하고, 고객들에게 선물도 한다고 했다. 독서노트를 보는 시각 중에 100권의 책, 범주 별 10권의 책에 의미를 부여하신 분들이 많았다. 우리는 많은 책을 본다. 근무하는 분야가 각기 다르며 사는 시대도 다르지만, 우리가 읽은 책들을 이와 같은 방법으로 정리해 볼 것을 제안한다. 이미 많은 책들이 이와 같은 방법으로 소개되고 있기도 하다. 금융투자회사는 '금융투자 독서노트 100선'과 같은 방법으로 정리해 보면 된다. 기본적 분석, 기술적 분석, 대가들의 투자 방법, 자산관리, IB(투자은행), 연금, 보험, 투자 상품, 가정경제 등이 그 범주가 될 수 있다.

알베르토 망겔은 책 『서재를 떠나 보내며』에서 "우리는 어떤 사람의 애독서 목록을 살펴봄으로써 그가 어떤 사람인지를 알 수 있으며 또 그 사람과 사귀고 싶은 마음이 드는지 여부도 미리 알 수 있다. 그래서 모든 서재는 일종의 자서전이다."(8쪽)고 말했다. 또한 알베르토 망겔에게 서재와 책은 그 자체로도 의미를 갖고 있었다. "*나의 서재는 그 자체로 위로와 조용한 안식의 장소였다. 나는 우리가 책을 소유하는 것이 아니라 책이 우리를 소유하기에 이런 안식을 주는 것이라고 생각한다.*"(88쪽)고 표현했다. 서재와 책은 존재만으로 안식을 준다고 한다. 그럼 독서가 취미라고 하는 사람들은 책이 주는 위로와 안식을 즐길 줄 아는 사람들이다. 책『서재를 떠나 보내며』223쪽은 디오도루스 시쿨루스 Diodorus Siculus (기원전 60~30 그리스 역사가)가 기원전 1세기에 이집트를 방문 했을 때, 폐허가 된 고대 도서관 입구에서 본 문구를 소개하고 있다. 문구는 '영혼의 진료실' 이다. 저자인 알베르토 망겔은 어쩌면 이게 도서관의 궁극적 목표일 것이라 했다. 책은 단순히 읽는 목적으로만 존재하지 않는다. 나의 자서전이며, 나의 안식과 위로이며, 추억을 소환할 수 있고, 삶의 의미를 읽어 내는 영혼의 진료실 같은 것이다.

천 권의 책으로 꾸미는 서재와 독서노트가 주는 안식과 위로가 함께 하는 인생이야말로 호기심과 즐거움이 영원히 함께할 수 있는 또 하나의 방편임에 틀림이 없다. 서재와 독서가 강요될 수 있는 성질은 아니나 다만 권유하고 싶어 안달이 나고 있다.

이제 '100세 시대! 독서노트 100선'의 세계로 들어가 보자.

3-1. 독서노트 100선 소개 및 당부사항

1. 신한 Neo 50 연구소는 100세 인생과 노년 노후 은퇴에 대한 다양한 주제에 관하여 두루 학습하고, 해당 책들을 1000여 권 이상 광범위하게 구매하여 독서하였습니다.
2. 그 중 100권의 책을 엄선하여 독서 노트를 작성하였습니다.
3. 독서노트는 총10개의 카테고리와 각 카테고리 별 10권의 책으로 구성되어 있습니다. 각 카테고리는 다음과 같습니다. ①중년, ②노년, ③은퇴, ④건강, ⑤웰 다잉, ⑥인생, ⑦행복, ⑧어떻게 살 것인가, ⑨돈, ⑩가족
4. 100권의 책과 카테고리 별 10권의 책은 연구소가 지극히 자의적으로 선정하였습니다. 따라서 특별한 의미를 지니는 것은 아닙니다. 향후 지속적인 독서로 책 목록이 달라질 수 있습니다.
5. 특히 '인생'과 '어떻게 살 것인가' 범주의 목록은 특별한 이해를 부탁합니다. 특별한 이해란 여러분이 생각하는 목록과 다를 수 있기 때문입니다. 또한 돈 범주의 책들은 노년 노후 은퇴와 관련한 각 연구소의 소장이나 해당 기관에서 발간한 책을 주로 선정하였음을 밝혀둡니다.
6. 단순 노트이며 작성자의 의미부여는 하지 않도록 노력하였습니다.
7. 각각의 독서노트는 '미리 보기'를 첨부하였습니다. 미리 보기는 독자들로 하여금 적극적 구매와 독서를 안내하기 위해 작성되었습니다.

당부사항

❶ 미리 보기와 독서 노트를 보시고 여러분도 해당 책을 구매하여 정독해 보실 것을 적극 추천해 드립니다.
❷ 독서 노트가 여러분의 독서 욕구(호기심)에 큰 영향을 미칠 수 있기를 소망합니다.
❸ 독서노트 100선이 100세 시대 인생공부에 도움이 되길 기원합니다.
❹ 작성자의 허락 없이 무단 사용, 배포하는 것은 허락되지 않습니다.
❺ 독자 여러분도 자신만의 독서노트 100선 또는 카테고리 별 10권 책을 선정해 보시기 바랍니다.

3-2. 독서노트 100선 책 사진

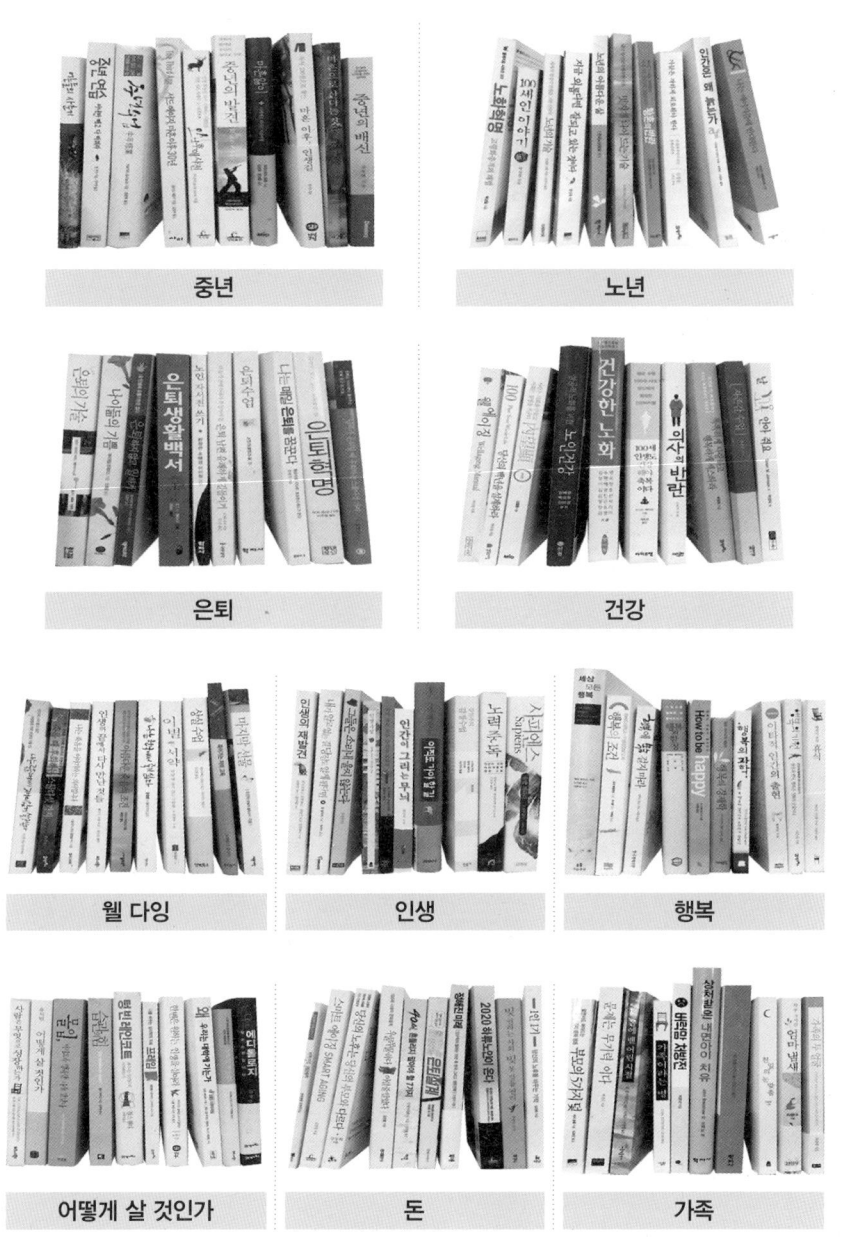

3-3. 독서노트 100선 목록

순번	카테고리	문헌	지은이	옮긴이	출판사	발행일
1	중년 10-1	어른들의 사춘기	김승기		마젠타	2013-01-16
2	중년 10-2	중년연습: 아내만 빼고 다 바꿔라	팀 번즈	정미현	베이직북스	2013-03-25
3	중년 10-3	중년수업	가와기타 요시노리	장은주	위즈덤하우스	2012-03-13
4	중년 10-4	서드에이지, 마흔 이후 30년	윌리엄 새들러, 제임스 크레프트	김경숙	사이	2008-08-30
5	중년 10-5	오십후애사전	이나미		추수밭	2011-07-07
6	중년 10-6	중년의 발견	데이비드 베인브리지	이은주	청림출판	2013-10-18
7	중년 10-7	마흔앓이	크리스토프 포레	김성희, 한상철	MID	2013-01-15
8	중년 10-8	마흔 이후, 인생길	한기호		다산초당	2014-07-18
9	중년 10-9	마흔으로 산다는 것	전경일		다산북스	2005-03-11
10	중년 10-10	중년의 배신	김용태		Denstory	2016-04-01
11	노년 10-1	노화혁명	박상철		하서	2010-06-10
12	노년 10-2	100세인 이야기	박상철		샘터	2009-04-30
13	노년 10-3	노년의 기술	안젤름 그륀	김진아	오래된 미래	2010-07-15
14	노년 10-4	지금 외롭다면 잘되고 있는 것이다	한상복		위즈덤하우스	2011-10-07
15	노년 10-5	노년의 아름다운 삶	한국노년학회		학지사	2008-11-20
16	노년 10-6	멋지게 나이드는 기술	존 레인	고기탁	베이직북스	2012-09-15
17	노년 10-7	황혼의 반란	EBS제작진		비타북스	2014-01-20
18	노년 10-8	가끔은 격하게 외로워야 한다	김정운		21세기북스	2015-12-21
19	노년 10-9	인간은 왜 늙는가	스티븐 어스태드	최재천	궁리	2005-01-10
20	노년 10-10	나는 에이지즘에 반대한다	에슈턴 애플화이트	이은진	시공사	2016-12-10
21	은퇴 10-1	은퇴의 기술	데이비드 보차드	배충효, 이윤혜	황소걸음	2012-06-20
22	은퇴 10-2	나이듦의 기쁨	애비게일 트래포드	오혜경	마고북스	2004-12-01
23	은퇴 10-3	은퇴하지 않고 일하기	데이비드 보건, 키이스 데이비스	조경연	넥서스BIZ	2010-01-10
24	은퇴 10-4	은퇴생활백서	어니J. 젤린스키	김상우	와이즈북	2006-12-30
25	은퇴 10-5	노인자서전쓰기	한정란, 조해경, 이이정		학지사	2004-01-10

순번	카테고리	문헌	지은이	옮긴이	출판사	발행일
26	은퇴 10-6	은퇴남편 유쾌하게 길들이기	오가와 유리	김소운	나무생각	2009-08-24
27	은퇴 10-7	은퇴수업	노년교육연구회		학지사	2012-09-30
28	은퇴 10-8	나는 매일 은퇴를 꿈꾼다	한혜경		샘터	2012-02-27
29	은퇴 10-9	은퇴혁명	미치 앤서니	이주형	청년정신	2004-04-22
30	은퇴 10-10	남자가 은퇴할 때 후회하는 스물 다섯 가지	한혜경		아템포	2014-07-10
31	건강 10-1	웰 에이징	박상철		생각의 나무	2009-06-04
32	건강 10-2	당신의 100년을 설계하라	박상철		생각속의 집	2012-12-03
33	건강 10-3	내망현	김철중		MID	2013-06-20
34	건강 10-4	성공적 노화를 위한 노인건강	김혜경, 백경원, 신미경		신정	2013-03-10
35	건강 10-5	건강한 노화	KEN DYCHTWALD PH.D.	김수영	양서원	2002-07-15
36	건강 10-6	100세인생도 건강해야 축복이다	라시드 부타르	제효영	라이프맵	2012-02-10
37	건강 10-7	의사의 반란	신우섭		에디터	2013-04-15
38	건강 10-8	똑똑하게 사랑하고 행복하게 섹스하라	배정원		21세기북스	2014-03-24
39	건강 10-9	자존감 수업	윤홍균		심플라이프	2016-09-01
40	건강 10-10	날 꼬옥 안아줘요	Susan M. Johnson	박성덕	이너북스	2010-09-15
41	웰 다잉 10-1	나는 죽을때까지 재미있게 살고싶다	이근후, 김선경		갤리온	2013-02-01
42	웰 다잉 10-2	죽을 때 후회하는 스물다섯 가지	오츠슈이치	황소연	21세기북스	2009-12-18
43	웰 다잉 10-3	나는 죽음을 이야기하는 의사입니다	윤영호		컬처그라피	2012-11-26
44	웰 다잉 10-4	인생의 끝에서 다시 만난 것들	레지너 브릿	문수민	비즈니스북스	2013-02-25
45	웰 다잉 10-5	아름다운 죽음의 조건	아이라 바이오크	곽명단	물푸레	2010-04-05
46	웰 다잉 10-6	나는 한국에서 죽기 싫다	윤영호		엘도라도	2014-07-08
47	웰 다잉 10-7	이별서약	최철주		기파랑	2014-07-25
48	웰 다잉 10-8	상실수업	엘리자베스 퀴블러 로스	김소향	이레	2007-04-04
49	웰 다잉 10-9	죽어가는 자의 고독	노르베르트 엘리아스	김수정	문학동네	1998-05-07
50	웰 다잉 10-10	마지막 선물	오진탁		세종서적	2007-07-15

3-3. 독서노트 100선 목록

순번	카테고리	문헌	지은이	옮긴이	출판사	발행일
51	인생 10-1	인생의 재발견	하르트무트 라데볼트, 힐데가르트 라데볼트	박상은	알에이치코리아	2012-07-31
52	인생 10-2	내가 알고있는걸 당신도 알게 된다면	칼 필레머	박여진	토네이도	2012-05-12
53	인생 10-3	그들은 소리 내 울지 않는다	송호근		이와우	2013-03-11
54	인생 10-4	인생수업	법륜스님		휴	2013-10-19
55	인생 10-5	차마 울지 못한 당신을 위하여	안 앙설렘 슈창베르제, 에블린 비손 죄프루아	허봉금	민음인	2014-04-16
56	인생 10-6	인간이 그리는 무늬	최진석		소나무	2013-05-06
57	인생 10-7	아직도 가야 할 길	모건 스콧 펙	신승철	열음사	2007-03-20
58	인생 10-8	강신주의 감정수업	강신주		민음사	2013-11-20
59	인생 10-9	노력중독	에른스트 푀펠	이덕임	율리시즈	2014-08-28
60	인생 10-10	사피엔스	유발 하라리	조현욱	김영사	2015-11-23
61	행복 10-1	세상 모든 행복	레오 보만스	노지양	흐름출판	2012-05-09
62	행복 10-2	행복의 조건	조지 베일런트	이덕남	프런티어	2010-01-10
63	행복 10-3	행복에 목숨 걸지 마라	리처드 칼슨	이창식	한국경제신문	2010-07-20
64	행복 10-4	행복의 함정	리처드 레이어드	정은아	북하이브	2011-05-20
65	행복 10-5	How to be happy	소냐 류보머스키	오혜경	지식노마드	2008-01-03
66	행복 10-6	행복의 경제학	쓰지 신이치	장석진	서해문집	2009-10-01
67	행복 10-7	행복의 과학	데이비드 해밀턴	임효진	인카운터	2012-06-25
68	행복 10-8	이타적 인간의 출현	최정규		뿌리와이파리	2009-08-31
69	행복 10-9	행복의 기원	서은국		21세기북스	2014-05-22
70	행복 10-10	행복의 중심, 휴식	올리히 슈나벨	김희상	걷는나무	2011-06-20
71	어떻게 살 것인가 10-1	사람은 무엇으로 성장하는가	존 맥스웰	김고명	비즈니스북스	2012-10-05
72	어떻게 살 것인가 10-2	어떻게 살 것인가	유시민		아포리아	2013-03-13
73	어떻게 살 것인가 10-3	몰입, flow	미하이 칙센트미하이	최인수	한울림	2013-02-28
74	어떻게 살 것인가 10-4	습관의 힘	찰스 두히그	강주헌	갤리온	2012-10-30
75	어떻게 살 것인가 10-5	텅 빈 레인코트	찰스 핸디	강혜정	21세기북스	2009-05-25

순번	카테고리	문헌	지은이	옮긴이	출판사	발행일
76	어떻게 살 것인가 10-6	프레임	최인철		21세기북스	2007-06-20
77	어떻게 살 것인가 10-7	한번은 원하는 인생을 살아라	윤태성		다산북스	2015-01-15
78	어떻게 살 것인가 10-8	왜 우리는 대학에 가는가	EBS제작진		해냄출판사	2015-03-02
79	어떻게 살 것인가 10-9	습관의 재발견	스티븐 기즈	구세희	비즈니스북스	2014-11-25
80	어떻게 살 것인가 10-10	에디톨로지	김정운		21세기북스	2014-10-24
81	돈 10-1	비하인드 은퇴스토리	한화생명 은퇴연구소		W미디어	2013-01-31
82	돈 10-2	스마트 에이징	김동엽		청림출판	2013-02-05
83	돈 10-3	당신의 노후는 당신의 부모와 다르다	강창희		샘앤파커스	2013-06-12
84	돈 10-4	우물쭈물하다 이럴 줄 알았다	김진영		홍익출판사	2013-05-06
85	돈 10-5	40세, 흔들리지 말아야 할 7가지	인생전략회의		이콘	2014-01-27
86	돈 10-6	불안한 노후 미리 준비하는 은퇴설계	한화생명 은퇴연구소 최성환 외		경향미디어	2015-12-21
87	돈 10-7	정해진 미래	조영태		북스톤	2016-09-30
88	돈 10-8	2020 하류노인이 온다	후지타 다카노리	홍성민	청림출판	2016-04-25
89	돈 10-9	빚 권하는 사회 빚 못 갚을 권리	제윤경		책담	2015-08-21
90	돈 10-10	1인 1기	김경록		더난출판	2016-04-19
91	가족 10-1	부모의 5가지 덫	비키 호플	도희진	예담프렌드	2014-01-09
92	가족 10-2	문제는 무기력이다	박경숙		와이즈베리	2013-02-19
93	가족 10-3	몸에 밴 어린시절	W. 휴미실다인	이종범, 이석규	가톨릭출판사	2005-08-05
94	가족 10-4	가족이라는 병	시모주 아키코	김난주	살림	2015-07-20
95	가족 10-5	버럭맘 처방전	박윤미		무한	2016-05-05
96	가족 10-6	상처받은 내면아이 치유	존 브래드 쇼	오제은	학지사	2004-09-24
97	가족 10-7	가족	존 브래드 쇼	오제은	학지사	2006-07-28
98	가족 10-8	천일의 눈맞춤	이승욱		휴	2016-03-28
99	가족 10-9	엄마 냄새	이현수		김영사	2013-01-18
100	가족 10-10	가족의 두 얼굴	최광현		부·키	2012-02-22

3-4. 독서노트 100선 구성도

100세 시대! 독서노트 100선

- 0. 독서노트 100선 소개
- 1. 중년 독서노트 10선
  - 2. 노년 독서노트 10선
  - 3. 은퇴 독서노트 10선
  - 4. 건강 독서노트 10선
  - 5. 웰 다잉 독서노트 10선
  - 6. 인생 독서노트 10선
  - 7. 행복 독서노트 10선
  - 8. 어떻게 살 것인가 독서노트 10선
  - 9. 돈 독서노트 10선
  - 10. 가족 독서노트 10선

- 1. 천 권의 서재! 백 권의 독서노트! 100세 시대를 독(讀)하다.
- 2. 독서노트 100선 소개 및 당부사항
- 3. 독서노트 100선 책 사진
- 4. 독서노트 100선 목록

- 0. 중년 카테고리 10권 소개
- 1. 중년 10-1 『어른들의 사춘기』
  - 2. 중년10-2 『중년연습』
  - 3. 중년10-3 『중년수업』
  - 4. 중년10-4 『서드에이지, 마흔 이후 30년』
  - 5. 중년10-5 『오십후애사전』
  - 6. 중년10-6 『중년의 발견』
  - 7. 중년10-7 『마흔앓이』
  - 8. 중년10-8 『마흔 이후, 인생길』
  - 9. 중년10-9 『마흔으로 산다는 것』
  - 10. 중년10-10 『중년의 배신』

- 0. 중년 카테고리 10권 소개
- 1. 중년10-1 『어른들의 사춘기』 미리보기
- 2. 중년10-1 『어른들의 사춘기』 독서노트

3-5. 예시 독서노트 미리 보기
(각각의 독서노트는 미리 보기가 포함되어 있습니다)

중년 10-1 『어른들의 사춘기』 미리보기

도서명 : 어른들의 사춘기
지은이 : 김승기
출판사 : 마젠타
발행일 : 2012-06-20

울음엔 항상 속수무책이다.
뒤늦게 찾아온 어른들의 사춘기를 치유하는 책!

- **하나. 책 속의 한 줄**
  건강한 사춘기를 보냈던 사람들이 건강한 어른으로 성장한다. (131쪽)

- **둘. 이야기거리**
  우리들 마음속에는 성장 과정에서 고착되어 자라지 못한 아이들이 살고 있다.
  혹 당신의 마음속 아이는 몇 살인가? 또 몇 명이나 되는가?
  성숙한 사람이란 그 마음속 아이가 제법 나이가 들었다.
  마음속 그 아이가 어리다면 비록 현재 나이가 들었어도 아직 미성숙한 사람에 속한다.
  [프롤로그 발췌]

- **셋. 이런 독자에게 추천합니다!**
  서른이 넘어도 여전히 갈 길을 몰라 헤매는 독자에게
  아직 다 자라지 못한 마음속 아이를 안고 사는 독자에게
  남을 믿지 못하고, 자신도 믿지 못하는 독자에게
  항상 타인과의 연결을 필요로 하는 독자에게

- **넷. 본격적으로 책을 읽기 전에,**
  서른이 넘었는데 내 마음속 아이는 왜 여전히 어리광을 부릴까?
  우리 안에 자라다 만 아이는 성숙할 기회가 필요하다.
  성인이 되어, 충분한 사랑을 받는다면 이 아이는 치유될 수 있다.
  만약 그러한 기회를 갖기가 힘들다면?
  우선 이 책을 펼쳐 상처 치유의 길을 발견해보는 것은 어떨까.

- **다섯. 책을 읽고 나서,**
  과거의 응어리는 제거되지 않으면 현재의 발목을 잡는다.
  적절한 스트레스는 우리 생활에 활력소로 작용하고, 스트레스는 우리 삶의 과정이기도 하다.
  결혼생활이 불만족스럽다면 자신의 무거운 콤플렉스 덩어리부터 내려놓아야 한다.

3-6. 예시 독서노트 <어른들의 사춘기>

독서 노트를 보시고 여러분도 해당 책을 구매하여 정독해 보실 것을 적극 추천 드립니다.

도서명 : 어른들의 사춘기
지은이 : 김승기
출판사 : 마젠타
발행일 : 2012-06-20

울음엔 항상 속수무책이다.
뒤늦게 찾아온 어른들의 사춘기를 치유하는 책!

작가소개

김승기
- 휴지 빼주는 남자 · 시인 · 정신분석 전문의
- 정신분석 전문의로 일하며 2003년 <리토피아>로 등단
- 시집 『어떤 우울감의 정체』, 『역澤』, 『세상은 내게 꼭 한 모금씩 모자란다』를 출간

목차

프롤로그 내 마음속 아이는 몇 살일까...
　　　　　제1장　어른이라 부르기엔 너무 어린 당신
　　　　　제2장　관계 맺기 서툰 사람들
　　　　　제3장　여럿이 함께 행복해지기
　　　　　제4장　아픈 마음을 들여다 봐
에필로그 환자를 통해 나의 내면을 들여다보았던 날들

프롤로그 내 마음속 아이는 몇 살일까...

제1장 어른이라 부르기엔 너무 어린 당신

☞ **내 안에 다 자라지 못한 아이가 있다**

　우리의 성격은 다섯 살 이전에 90퍼센트 이상이 형성된다. 따라서 누구에게나 마음속에는 다섯 살짜리 어린아이가 들어앉아 있는 셈이다. 그 아이는 세월이 지나도 크게 변하지 않는다. 그리고 성장 중 충격을 받은 경우라면 더 어린

나이로 심리적 성장을 멈춰버린 상태로 있을 수 있다.

물론 대부분 사람들이 다섯 살 이전은 잘 기억하지 못한다. 다만 '내 안에 있는 아이'가 그때를 생생히 기억할 뿐이다. 그 아이는 아주 고집불통이다. 아직도 세상을 그때의 어린 눈으로만 보고 생각하며 느끼고 또 행동하려고 한다. 그 고집불통을 제대로 통제하지 못하면 문제의 어른이 될 수 있다.

마음은 색으로 치자면 무채색일 것이나, 거기에 감정이 덧씌워지면서 밝은 색이 되기도 하고 어두운 색이 되기도 한다.

☞ **지나치게 혼자 있기를 두려워하는 나**
유아들은 태어나면서 제대로 된 시력을 갖추지 못하기 때문에 직접적인 신체 접촉이 없으면 아무도 없는 양 생각한다. 그래서 갓난아기는 업어주거나 안아주어야 울지 않는다. 그러다 엄마와 꾸준한 신체 접촉을 하면서 믿음이 쌓이면 굳이 엄마가 업어주거나 안아주지 않고 눈앞에 존재하는 것만으로도 울지 않게 된다.

어려서 양육자와의 신뢰관계상 문제가 생기면 '분리불안'을 제대로 극복하지 못하게 되고 어른이 되어서도 어린아이처럼 그 장애를 그대로 지니고 산다.

[휴지 빼주는 남자의 advice]
정신분석적으로 보면, 지금 우리가 느끼며 경험하는 많은 것, 그것은 결코 지금의 문제가 아니다. 과거 느꼈던 것을 반복하는 것이고 재 경험일 뿐이다. 어린 시절의 상처를 극복하지 못했다면 어떤 문제에 직면할 때마다 그 시점으로 퇴행하여 그때처럼 그 상황을 똑같이 겪게 된다는 말이다. 따라서 과거는 미래를 결정한다고 말할 수 있다.

☞ **무의식 속 과거가 나를 괴롭힌다**
마음속 무의식의 저장용량은 무한한가? 그렇지 않다. 그렇다면 용량의 한계를
넘어서면 무의식의 내용물들은 어떻게 되는가? 당연히 넘친다. 그것들이 바로
요상한 꿈이며, 얼떨결에 튀어나온 실수이며, 깜박 잊어버리는 건망증이다.
무의식의 양이 넘치도록 많아질 때 의식적 생각과 감정과 의지는 그들에게
마비되어 속수무책이 된다.

☞ **착한 여자이기보다 자신을 사랑하는 여자**
따지고 보면 이해관계가 서로 다를 수밖에 없는 모든 사람에게 다 좋은
사람으로 여겨지기란 힘들다. 때때로 자기주장도 하고 필요에 따라 거절도
잘한다면 모든 사람에게 좋은 사람이 될 수는 없다. 하지만 그 반대의 경우라면
정작 자신을 돌보지 않는 사람일 타산이 높다. 즉, 자신만 손해 보는 입장에
처해지기 쉬운 사람이다.

[휴지 빼주는 남자의 advice]
흔히 우리가 거절을 못하는 이유는 매우 간단명료하다. 상대와 멀어질까 봐,
상대에게 상처를 줄까 봐 두려운 거다. 그러나 결코 거절은 영원히 상대와의
멀어짐을 의미하지 않는다. 상대방 자체를 거절하는 것이 아니라, 상대가
요구한 그 어떤 부분만 거절하는 것이므로, 부드럽게 거절하고 그럴 수밖에
없음에 대해 미안해하며 사과하면 될 일이다.

☞ **꿈이 내게 말을 걸어**
누구나 꿈은 정상적으로 꾼다. 자는 동안 90분 간격으로 꾸니까, 7~8시간
잔다면 4~5번은 반드시 꿈을 꾸는 셈이다. 그러나 자고 일어나면 대부분
기억이 잘 안 난다. 이는 꿈 작업이라는 것을 통해 기억에서 지워버렸기
때문이다. 다만 심리적으로 불안한 사람은 그 꿈 내용이 너무 강렬한 나머지
꿈 작업이 실패하게 되고, 생생히 기억에 남는다.

(어른들의 사춘기 독서노트는 모두 10쪽입니다. 이어지는 면에서 계속됩니다)

3-7. 독서노트 블로그로 보는 방법

1. 아래 세 가지 방법 중 하나를 택하여
   네이버 블로그 '100세 시대 인생공부 다시 할래요'에 접속한다.

   ① https://blog.naver.com/kofin1130
      주소를 입력해서 들어간다.

   ② 네이버 검색창에 아래 블로그
      이름을 검색하여 들어간다.

   ③ QR코드를 인식하여 들어간다.

2. 블로그 메인에서 '100세 시대 인생
   공부 다시 할래요'를 확인한다.

   ① 컴퓨터의 경우 (아래 화면 참조)

   카테고리 → 100세 시대! →
   독서노트 100선 → 중년(예시) →
   중년 10-1 어른들의 사춘기(예시) →
   화면에서 미리 보기 확인 →
   첨부파일로 독서노트 확인

   미리보기 화면   [중년][10-1] 《어른들의 사춘기》

   첨부파일로
   독서노트 확인

   ② 모바일의 경우
      (우측 화면 참조)

   카테고리

   100세 시대! 독서노트 100선 100선

   - 이하 컴퓨터와 같은 방법으로 확인한다.

에필로그

정말 이 책을 끝까지 읽으셨나요? 기적을 행하셨습니다. 소중한 시간을 내어 주신 고마움을 영원히 간직하겠습니다. 에필로그를 시작합니다.

누가 시키지도 않았으나 수많은 배움의 장소를 찾아 다녔다. 배움의 기준 값은 단 하나다. 끝까지 자리를 지키고 한번도 빠지지 말자! 이런 자세는 분명히 나를 고양시키고, 그 다음 장소로 나아가도록 이끌어 주었다. 실천과 경험, 체험을 전제로 배웠다. 이 책은 그 과정을 기술한 배움기다. 그러니 가르침과 도움을 준 분들이 모두 이 책의 저자이다. 천 권의 책 저자들, 세심포아의 강사, 발제자, 토론자, 진행자, 학회 참여자들, 서울 50+ 캠퍼스와 센터, 무중력지대와 전국투자자교육협의회, 금융과 행복 네트워크, 서초구 아버지 센터, 아침편지문화재단, 공무원연금공단, 생명보험 사회공헌위원회, 한국거래소 국민행복재단, 한국노무사회, JA Korea, 청소년금융교육협의회, 한국노년교육학회 등의 강사진과 교육기획자들, 함께 공부한 참여자들과 아카데미 동기들, 이 분야의 동료 전문가들 등은 모두 기억에 고이 간직된 고마운 분들이다. 수많은 사람들과 함께 하는 배움의 자리가 곧 우리사회의 최고 경지를 보여 주었다. 그들이 곧 우리 사회의 모습이었다. 함께 하는 순간 나도 그들과 같은 수준인 듯 착각 하기도 했다. 착각은 기쁨이었으나 결코 도달하지 못하는 아쉬움이 있었다. 수준의 경계를 받아들이며 이 책을 썼다. 그러고 보면 분명 학이시습지 불역열호 學而時習之 不亦說乎는 맞는 말이다. 단지 배우고 때로 익혔을 뿐인데 이처럼 기쁜 마음을 알게 된 것만으로 족함을 넘어 넘치는 즐거움이다.

한편 이 책은 지나온 삶에 대한 통렬한 반성문이다. 못 해본 삶에 대한 후회이며, 짧은 앎을 전부이거나 정답이라 여겨 고집과 아집으로 뭉쳐 살아온 후회록이다. 새롭게 알고, 지평을 넓혀 배우면서 느낀 잘못된 생활 방식의 내용을 담은 참회문이다. 나의 삶을 투영하였으니 57살 63년생 김현기의 자서전일 수도 있다. 49세! 새로운 50년을 어떻게 살 것인지 바람을 담았으므로 기원문이기도 하다. 이래저래 100세 시대는 불확실성이 크다. 불확실성이란 어려움도 있지만, 새로운 희망도 있게 마련이다. 지나온 삶은 철저히 파헤쳐 재 구성하고, 앞으로의 삶은 창조적으로 살아보고자 하는 욕망을 담았다.

나는 지금까지 부모에게 속한 나, 가족에게 속한 나, 학교에 속한 나, 직장에 속한 나, 단체에 속한 나로 살아 왔다. 나의 삶을 살아 왔다고 여겼는데 어느 곳에도 나의 공간은 없었다. 즉, 나를 중심으로 한 세계는 없었다. 나의 세계가 없는 공간을 후회하며 탓하며 억울함을 토로해 본다. 49세! 이제 50년의 텅 빈 공간이 내게 주어지고 바로 나의 세계라고 한다. 나의 세계에 무엇을 채울 준비는 되었는가? 채울 것도 없으면서 그저 지나온 삶을 후회한다고 하면 앞뒤가 맞지 않다. 주도적 자기 삶을 살려면 공간을 채울 무엇인가를 마련하여야 한다.『100세 시대 인생공부 다시 할래요』는 공부란 나 자신을 위해 존재함을 깨닫게 해 주었다. 그러면 나이와 장소는 전혀 관련 없고, 의미부여는 나에게만 국한되니 공부의 경계가 필요 없다. 그렇게 하는 공부가 진짜 공부다.

이 책에 대하여 주제와 내용이 폭 넓다는 의견이 있었다. 매우 적절한 지적이다. 100세 시대 인생 공부를 광범위하게 진행한 결과다. 닥치는 대로 재미있게 야금야금 이것저것 넘나들며 보고 듣고 느끼고 참여하고 경험하고 나눈 것들을 모두 버무려 적으려다 보니 빚어진 안타까움이다. 나의 한계를 겸허히 받아 들인다. 그러니 끝까지 읽은 독자는 아마도 대단한 인내력을 소유 하였음에 틀림없다. 향후 핵심 주제를 선정하고 좀 더 깊이 있는 내용을 담은 새로운 책이 나오도록 계속 인생공부를 해 보려 한다. 관심주제의 지속적 탐구와 깊이 있는 공부는 새로운 몰입을 가능하게 해 주기에 충분하므로 반길 일이다. 나는 호기심이 이끄는 몰입! 그 자체가 좋다. 그렇게 살아가는 노후를 염두에 두고 있다. 삶은 끝이 있으나, 끝이 없는 배움과 공부, 그리고 인생공부로 살다 가련다.

2019년 6월 연구소에서 김현기

참고문헌, 자료 및 참관

PART 1
100세 시대를 배우는 방법

- 트러스톤 연금포럼, 시모무라 미츠오 일본 FPG 투자고문 사장(2015년 8월 7일, 금융투자교육원)
- 50+ 영등포센터 세미나, 전성은 전 거창고 교장 (2017년 1월 17일, 50+ 영등포 센터)
- 시민학교 세미나, 박인규 이사장(2017년 4월 14일, 50+중부캠퍼스)
- 『의심의 철학』 이진우
- 『철들지 않은 인생이 즐겁다』 사이토 히토리
- '한국 성인의 학습의지' 경제협력개발기구(OECD)의 성인역량조사(PIAAC)(2016년 7월 22일, 동아일보)
- 『에디토롤지』 김정운
- 『어디서 살 것인가』 유홍준
- 『호모 쿵푸스』 고미숙
- 『나비와 전사』 고미숙
- 제8회 서울 노년학 국제 심포지엄, 윤가현 교수(2013년 6월 23일, 코엑스)
- 뉴스 토마토 은퇴전략 포럼, 로버트 홀츠만 교수(2013년 9월 26일, 조선호텔)
- 서울 국제 시니어 엑스포, 변성식 소장(2013년 10월 12일, 코엑스)
- 베이비 부머 청책聽策 토론회 (2014년 2월 10일 글로벌 센터)
- 서울인생이모작지원센터 1주년 기념행사, 한경혜 교수(2014년 3월 5일, 시청다목적실)
- '도시농업의 치유기능 현황과 전망' 심포지엄, 김심환 소장(2014년 6월 9일, 국회도서관 지하 1층 강당)
- 서울인생이모작센터 2주년기념 세미나, 서명숙 제주 올레 이사장(2015년 3월 26일, 서울시 청년 허브 다목적 홀)
- 미래포럼, 사사키 노리코 강남대학교 실버산업학부 교수(2015년 4월 23일, 유한킴벌리 그린웨이라운지)
- '50+세대를 위한 주거전환 아카데미, '비틀거릴 내가 머물 곳은 어디에' (2016년 가을 학기, 50+ 서부캠퍼스)
- 한국노년학회와 한국보건사회연구원 공동 정책 세미나, 윤종률 회장(2017년 3월 24일, 한국 프레스센터 19층)
- 시민학교 세미나, 최병천 전 국회의원 보좌관(2017년 4월 7일, 50+중부캠퍼스)
- 사회공헌 아카데미, 김광렬 희망 도레미 대표(2014년 3월 11일, 서울인생이모작지원센터)
- 민요교실 아카데미 (2017년 9~12월, 서울 50+ 재단 중부 캠퍼스)
- 『한번 까불어 보겠습니다』 김종현

- 『길을 잃어야 진짜 여행이다』 최영미
- 시 '빈곳' 배한봉
- 장영혜중공업 전시회 (2017년 1월 7일, 아트선재센터)
- 『노년 수업』 노년교육연구회
- 노년교육연구회 독회, 지경주 사회복지사 (2013년 3월 23일, 연세대학교)
- 서울시 인재뱅크 시니어 마이스터 사업설명회 (2014년 11월 26일, 서울인생이모작지원센터)

PART 2
호기심 하나면 100세 인생이 즐겁다

- 『물음표 혁명』 김재진
- 시 '방문객' 정현종
- 시 '대추 한 알' 장석주
- 『휘파람 부는 사람Winter Hours』 메리 올리버 Mary Oliver
- 『월든Walden』 헨리 데이비드 소로Henry David Thoreau
- 재테크 박람회, 매일경제신문 (2018년 5월 11일, 코엑스)
- 『그 문장을 읽고 또 읽었다』 허연
- 『광화문에서 길을 찾다』 교보생명
- 행사 '세계 책과 저작권의 날' (2017년 4월 23일, 광화문 청계광장)
- 『세상을 바꾼 질문들』 김경민
- 『엄마 냄새』 이현수
- 『공부의 달인 호모쿵푸스』 고미숙
- 『조선에서 백수로 살기』 고미숙
- 『한번 까불어 보겠습니다』 김종현
- 『왜 우리는 대학에 가는가』 EBS 왜 우리는 대학에 가는가 제작팀, 정성욱
- 『흐르는 강물처럼Like the Flowing River』 파울로 코엘료Paulo Coelho
- 전시회 '디 뮤지엄, 오늘부터 YOUTH—展' (2017년 3월 4일, 디 뮤지엄)
- 『인간은 언제부터 지루해 했을까?』 고쿠분 고이치로
- 『큐리어스 마인드A Curious Mind』 브라이언 그레이저Brian Grazer
- 세미나 '글 잘 쓰는 비결' 서민 단국대 교수 (2017년 3월 9일, 50+ 중부캠퍼스)
- 전시회 '자로 잰 듯' 살지 않아도 괜찮아' (2018년 4월 4일, 리안 갤러리)
- 『묘비명으로 본 삶의 의미 인생열전』 박영만
- 『행복하려면 먼저 자유로워져라』 김용한
- 세미나 '사상체질로 소통하고 힐링하라' 류종형 사상심리연구소 소장 (2018년 6월 12일, 프리마 호텔)
- 『아직도 가야 할 길』 모건 스콧 펙 M. Scott Peck
- 『경영학의 진리체계』 윤석철
- 『어른들의 사춘기』 김승기

- 『중년수업』 가와기타 요시노리
- 『인생의 재발견』 하르트무르 라데볼트, 힐데가르트 라데볼트
- 『지금 외롭다면 잘되고 있는 것이다』 한상복
- 『소금』 박범신
- 영화 '올 더 머니 All the Money'
- 『가족』 존 브래드 쇼
- 『사피엔스Sapiens』 유발 하라리Yuval Noah Harari
- 『한국인의 관계 심리학』 권수영
- 통계 '우리나라 기대수명' (2016년 기준, 통계청)
- 강연 '인구변화로 본 한국의 현재와 미래' 스웨덴 통계학자 한스 로슬링 교수(2015년 10월 16일, 백암 아트 홀)
- 통계 '2030년 OECD 기대수명' (2017년 2월, 세계보건기구)

PART 3
49세! 새로운 50년은 나를 중심으로

- 『내가 누군지도 모른 채 마흔이 되었다』 제임스 홀리스James Hollis
- 『논어, 중용』 위정편, 주희 한상갑 역 삼성출판사
- 『남자의 후반생』 모리야 히로시
- 『텅빈 레인 코트』 찰스 핸디Charles Handy
- 동양고전 탐구 아카데미, 길진숙 (2018년 가을 학기, 50+ 중부캠퍼스)
- 『혜환 이용휴 산문전집』 이용휴, 조남권 박동욱 옮김
- 『혜환 이용휴 산문선 나를 찾아가는 길』 박동욱 송혁기 옮기고 씀
- 『신의 위대한 질문』 배철현
- 『문제는 무기력이다』 박경숙
- 『어른들의 사춘기』 김승기
- 『몸에 밴 어린시절』 W. 휴 미실다인W. Hugh Missildine
- 『천일의 눈맞춤』 이승욱
- 『가족의 두 얼굴』 최광현
- 『사랑은 상처를 허락하는 것이다』 공지영
- 『빅 시프트』 마크 프리드먼 Marc Freedman, 한주형 옮김
- 『나는 매일 은퇴를 꿈꾼다』 한혜경
- 『가족의 심리학』 토니 험프리스
- 『땡큐, 내 인생의 터닝 포인트』 강의모
- 『인생이 우리를 위해 준비해 놓은 것들』 대프니 로즈 킹마Daphne Rose Kingma
- 성주굿 공연 (2017년 4월 5일, 국립국악원 예악당)
- 『혼자 사는 즐거움』 사라 밴 브레스낙Sarah Ban Breathnack

- 은퇴전략포럼, 정은상 창직학교 맥아더 스쿨 교장 (2018년 9월 14일 더 플라자 호텔)
- 『한번 까불어 보겠습니다』 김종현
- 『어플루엔자』 존 더 그라프, 데이비드 왠, 토마스 네일러
- 『가이아』 제임스 러브록
- 『퇴사하겠습니다』 이나가키 에미코
- 『추억에 관한 모든 것』 다니엘 레히티
- 『퇴적공간』 오근재
- 시 '수선화에게' 정호승
- 『촛불 밝힌 식탁』 박완서
- 『빗방울처럼 나는 혼자였다』 공지영
- 『무연고』 이생진
- 『가끔은 격하게 외로워야 한다』 김정운

PART 4
살아 100년! 죽어 천년! 죽음도 배운다

- 『소유냐 존재냐』 에리히 프롬Erich Fromm
- 『늑대야 늑대야』 조욱현
- 『삶의 완성을 위한 죽음교육』 정재걸
- 『마지막 선물』 오진탁
- 『영성 수업』 헨리 나우엔Henri Nouwen
- 『그리스인 조르바』 니코스 카잔차키스Nikos Kazantzakis
- 시 '큰 거짓말' 박재연
- 『어떻게 죽을 것인가』 아툴 가완디Atul Gawande
- 『에브리 맨 Everyman』 필립 로스Philip Roth
- 서울 국제 시니어 엑스포, 변성식 소장 (2013년 10월 12일, 코엑스)
- 『크리스마스 캐롤』 찰스 디킨스Charles Dickens
- 『죽음의 수용소에서』 빅터 프랭클Viktor E. Frankl
- 『죽어 가는 자의 고독』 노르베르트 엘리아스Norbert Elias
- 연극 '염쟁이 유씨' (2013년 12월 19일, 대학로 내여페)
- 『노인과 노화』 이호선
- 시 '죽어 보는 날' 무산 스님
- 한국노년교육학회 월례포럼, 오명숙 성공회대 교수 (2016년 3월 26일, 숭실 사이버대학 1층 회의실)
- 쉼 박물관 (2018년 3월 27일, 2018년 5월 29일, 종로구 홍지동)
- 공연 '꼭두' (2017년 10월 18일, 국립 국악원 예악당)
- 방문 '꼭두랑 한옥' (2018년 3월 1일, 북촌 한옥마을)
- 『70세 사망법안, 가결』 가카야 미우

- 노인 인권증진 학술 세미나, 김신미 교수 (2018년 6월 27일, 글로벌 센터)
- 방문 '각당 복지재단', '사전 연명의료의향서' 작성 (2018년 2월 23일)
- 『날마다 아름다운 죽음을 살고 싶다』 김옥라
- 『성공적 노화를 위한 노인 건강』 김혜경, 백경원, 신미경
- 고령사회포럼, 이상현 국민건강보험 일산병원 가정의학과 전문의 (2016년 3월 16일, 세종문화회관 예인홀)
- 은퇴전략포럼, 홍창형 아주대학교 정신건강의학과 전문의 (2015년 9월 18일, 여의도 글래드 호텔)
- 드라마 '하얀 거탑' 김명민, 이선균 주연 (2007년 1월 6일~3월 11일/2018년 1월 22일~3월 15일 재방송)
- 『내망현』 김철중

PART 5
일기쓰기는 '자신의 인생을 발견'하는 것!

- 『유시민의 글쓰기 특강』 유시민
- 『글쓰기의 최소 원칙』 도정일, 김훈, 박원순, 최재천 등 14명
- 『글쓰기 전략』 정희모, 이해성
- 신문 "매일 10분이라도 글 써야 생각을 하게 돼" 낸시 소머스 교수(2017년 6월 5일, 조선일보)
- 『모든 요일의 기록』 김민철
- '세계 책과 저작권의 날' 행사 (2018년 4월 22일, 광화문)
- 『오빠일기』 독립서적, 저자 이름 없음
- 『이끌지 말고 따르게 하라』 김경일
- 『일기 쓰기는 사소한 숙제가 아니다』 윤경미
- 『군대야! 아들을 보낸다』 윤상복
- 『남자가 은퇴할 때 후회하는 스물다섯 가지』 한혜경
- 『구본형의 변화 이야기』 구본형
- 『마음의 양식』 1권 전윤수
- 『아파서 살았다』 오창희
- 『습관의 힘』 찰스 두히그Charles Duhigg
- 『습관의 재발견』 스티븐 기즈Stephen Guise
- 『일기는 사소한 숙제가 아니다』 윤경미
- 시 '일기' 안도현
- 『일반적이지 않은 독자』 앨런 버넷
- 신문 〈기록의 소중함〉 성균관대 서정돈 총장 (2010년 3월 26일, 매일경제)
- 신문 〈메모는 부자 되는 길, 박카스 자이데나 작명도 수첩서 나와〉 강신호 동아제약 회장 (2011년 9월 5일, 한국경제)
- 신문 〈올해 나이 아흔으로 총 270쪽에 사진을 300장 넘게 담아〉 조경제 흥생한의원장 (2012년 2월 4일, 조선일보)

- 방송 〈슈퍼맨이 돌아왔다〉 리우 올림픽 펜싱 금메달리스트 박상영 (2016년 10월 16일, 방송 분)
- 신문 〈염경엽 사퇴선언-그라운드 수첩〉 넥센 히어로즈 염경엽 감독 (2016년 10월 18일, 조선일보)
- 신문 〈글로 써두니…부부싸움 한 날 겁나게 생생〉 김안제 명예교수 (2016년 11월 17일, 조선일보)
- 신문 〈비망록의 진실〉 김영한 전 청와대 민정수석 (2016년 11월 16일, 조선일보)
- 신문 〈기록과 기억은 역사가 된다〉 김문식 단국대 교수 (2017년 2월 3일, 한국경제)
- 신문 〈인간은 사랑의 숙주-소설도 메모에서 탄생한다〉 소설가 이승우 (2017년 3월 2일, 조선일보)
- 신문 〈일기장 59권으로 살아 있는 역사책 썼지요〉 한림대 총장 (2017년 5월 12일, 조선일보)
- 신문 〈헤밍웨이와 몰스킨 수첩〉 장석주 (2017년 8월 3일, 조선일보)
- 신문 〈사살된 체 게바라 가방에서 나온 시詩노트〉 장석주 (2017년 10월 19일, 조선일보)
- 신문 〈내 창작의 원천은 일기장 160권〉 이해인 수녀 (2017년 12월 20일, 조선일보)
- 신문 〈기록할 만한 하루〉 신춘문예당선자 소유정 (2018년 9월 14일, 조선일보)
- 신문 〈케네디를 미 대통령으로 만든 건 스무 살 때의 60일 유럽 여행 동안 쓴 일기〉 최효찬 소장 (2018년 10월 31일, 조선일보)

PART 6
천권의 서재, 백권의 독서노트! 100세 시대를 독(讀)하다

- 국제도서전 (2018년 6월 24일, 코엑스)
- 『종이 책 읽기를 권함』 김무곤
- 『어떻게 질문할 것인가』 김대식
- 『한번은 원하는 인생을 살아라』 윤태성
- 『책은 도끼다』 박웅현
- 『변신』 프란츠 카프카
- 『노력중독』 에른스트 푀펠Ernst Poppel
- 『서평 쓰는 법』 이원석
- 『공부의 달인 호모쿵푸스』 고미숙
- 세미나 '신 노년 세대와 미래사회' 최재천 국립생태원장 (2016년 6월 23일, 서울 50+ 서부캠퍼스)
- 탐방 작은책방 노명우 교수 (2018년 11월 9일, 니은 서점)
- 『나는 이런 책을 읽어 왔다』 다치바나 다카
- 『나는 죽을 때까지 재미있게 살고 싶다』 이근후
- 『이동진 독서법』 이동진
- 『어떻게 읽을 것인가』 고영성
- 『책 잘 읽는 방법』 김봉진
- 『서재를 떠나보내며』 알베르토 망겔
- 『유시민의 글쓰기 특강』 유시민
- 『나이 서른에 책 3,000권을 읽어봤더니』 이상민
- 『서평 쓰는 법—독서의 완성』 이원석
- 『몬테크리스토 백작』 알렉상드로 뒤마

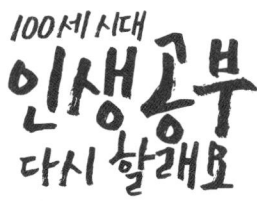

1판 1쇄 인쇄 | 2019년 6월 14일
1판 1쇄 발행 | 2019년 6월 21일

지은이 김현기
펴낸이 최준석

편집 김정은, 김채은
디자인 (주)레몬애드 노애란, 황병길

펴낸곳 한스컨텐츠
주소 경기도 고양시 일산동구 정발산로 24. 웨스턴돔1 5층. T1-510호
전화 031-927-9279 | **팩스** 02-2179-8103
출판신고번호 제2019-000060호 | **신고일자** 2019년 4월 15일

ISBN 979-11-966920-2-5 (03320)

이 도서의 국립중앙도서관 출판예정도서목록(CIP)은 서지정보유통지원시스템 홈페이지
(http://seoji.nl.go.kr)와 국가자료공동목록시스템(http://www.nl.go.kr/kolisnet)에서
이용하실 수 있습니다. (CIP제어번호 : CIP2019022046)

책값은 뒤표지에 있습니다.
잘못 만들어진 책은 구입하신 서점에서 교환해 드립니다.